U0933516

珍藏本

纪念版

汉译世界学术名著丛书

关于国家的哲学理论

〔英〕鲍桑葵 著

汪淑钧 译

商务印书馆
SINCE 1897 The Commercial Press

2017年·北京

Bernard Bosanquet

THE PHILOSOPHICAL THEORY OF THE STATE

Macmillan and Co., Limited

London, 1930

根据伦敦麦克米伦公司 1930 年版译出

汉译世界学术名著丛书
（120 年纪念版·珍藏本）
出 版 说 明

2017 年 2 月 11 日，商务印书馆迎来 120 岁的生日。120 年前，商务印书馆前贤怀揣文化救国的理想，抱持“昌明教育，开启民智”的使命，立足本土，放眼寰宇，以出版为津梁，沟通中西，为中国、为世界提供最富智慧的思想文化成果。无论世事白云苍狗，潮流左右激荡，甚至战火硝烟弥漫，始终践行学术报国之志，无改初心。

迻译世界各国学术名著，即其一端。早在 20 世纪初年便出版《原富》《天演论》等影响至今的代表性著作，1950 年代后更致力于外国哲学和社会科学经典的译介，及至 1980 年代，辑为“汉译世界学术名著丛书”，汇涓为流，蔚为大观。丛书自 1981 年开始出版，历时三十余年，迄今已推出七百种，是我国现代出版史上规模最大、最为重要的学术翻译工程。

丛书所选之书，立场观点不囿于一派，学科领域不限于一门，皆为文明开启以来，各时代、各国家、各民族的思想与文化精粹，代表着人类已经到达过的精神境界。丛书系统译介世界学术经典，引领时代思想，为本土原创学术的发展提供丰富的文化滋养，为推动中国现代学术和现代化进程做出了突出的贡献。

为纪念商务印书馆成立120周年，我们整体推出“汉译世界学术名著丛书”120年纪念版的珍藏本，寄望既利于文化积累，又便于研读查考，同时向长期支持丛书出版的译者、编者和读者致以敬意。

两甲子后的今天，商务印书馆又站在了一个新的历史时间节点上。我们不仅要铭记先辈的身影和足迹，更须让我们的步伐充满新的时代精神。这是商务人代代相传的事业，更是与国家和民族的命运始终紧密相连的事业。我们责无旁贷，必须做好我们这代人的传承与创造，让我们的努力和成果不仅凝聚成民族文化的记忆，还能成为后来人可以接续的事业。唯此，才能不负前贤，无愧来者。

商务印书馆编辑部

2017年10月

出版说明

本书作者伯纳德·鲍桑葵(1848—1923)为英国哲学家、政治理论家和社会学家。他毕业于牛津大学贝利奥尔学院,曾在该院执教10年(1871—1881)。1881年迁居伦敦,从事哲学著述并参与伦敦伦理学会和慈善组织协会的工作。1903—1908年任圣安德鲁斯大学伦理学教授,1911年和1912年任爱丁堡大学吉福德讲座讲师。他的哲学属于19世纪以格林为首的英国新唯心主义学派;他自称"左翼黑格尔派",是英国新黑格尔派的主要代表人物之一。他的思想反映了唯心主义者对19世纪末英国经验主义的不满。

《关于国家的哲学理论》是鲍桑葵的主要论著之一,发表于1899年。后曾三次再版,两次重印。作者在书中系统地阐发了他的政治观点。按他自己的说法,他的理论是属于可以追溯到柏拉图和亚里士多德时代的所谓"传统的国家学说"的。他的思想可以说与康德、费希特、黑格尔等人的思想一脉相承;他正是在阐释这些哲学家的政治学说的基础上以哲学的观点探讨了国家的性质、目的和作用。他的主张被认为是一种"国家至上论",但他并不推崇极权主义。他一方面强调国家的作用,认为"国家是公共意志的体现",是一种至高无上的权力,主张小我服从大我;另一方面也承

认主权是有限的，国家的作用有其“固有的局限性”。此外，他强调个人的价值，主张发展个性，认为“社会的结合力不在于相似性，而在于最高度的个性或特殊性”。迻译此书，对于我们研究国家理论，以及研究评价新黑格尔主义学派具有一定的参考价值。北京的南木和姚诗夏二位先生曾对本书的编辑工作提出许多宝贵的意见，在此谨致谢忱。

商务印书馆编辑部

1992年9月

目　　录

序　言 vii

本书试图对我所认为的真正社会哲学的基本观念加以说明。书中评述并阐释了某些著名思想家的学说，只是为了把这些观念最清楚地呈现出来。这就是本书的全部目的；而且除了作为例证外，我有意避免涉及实际应用方面。我确信，对基本原则的较深刻的理解确实会大大有助于更合理地处理实际问题。但是，在我看来，要获得较深刻的理解，只有撇开那些引起激烈宗派争论的实际问题，彻底检验一下有关的观念才能办到。我还认为，这些观念对实际讨论的影响，从某种意义上说，将使这种讨论脱离哲学理论。我提出的原则可以消除许多宗派偏见，使人们注意掌握许多了解事实的线索，从而把一些实际“社会”问题看作只能通过深入体验并采用适应其微妙性的方法加以处理的生活问题和精神问题。结果，这种讨论就会更加受到重视——如果可以这样说的话——并 viii
会获得与其重要性相称的独立性和彻底性。不应当把社会改革家的工作看作只是附属于社会学说的，就像不应当把医生的工作看作只是附属于生理学的那样。这样的分工当然不妨碍事实与思想在理论和实践之间的变换。恰恰相反，它往往可以通过增加对两方的补充和改善两方之间的理性沟通而促进这种变换。

哲学界的读者会看到，这里提出的理论的实质不仅可以在柏

拉图和亚里士多德的著作中找到，而且可以在很多现代著作家特别是黑格尔、T. H. 格林、布雷德利[①]和华莱士[②]的著作中找到。现在由一个不可能超越这些前辈的人按照同样的方法写出另一本书来，读者对这样做的正当性是可以持怀疑态度的。

对这一点，我想简要说明一下。首先，不言而喻，对任何一代人谈问题都需要使用当代的语言；我甚至还可以说，一种传统的伟大性理应及时引起人们对它的注意。但是，特别是关于格林，虽然我有许多论点是紧跟他的，却有两个特殊的原因使我想表达自己的独立见解。一是我试图把新近提出的心理学概念应用于国家强
ix 制论和真实意志或公共意志论，并说明社会哲学与社会心理学的关系。对于模仿论——这是本书的目的不允许在此论述的——我会在即将由《精神》杂志发表的一篇文章里简要地加以论述。[③]

另一个原因是，我确信像格林那样小心谨慎地估量国家对其成员的重要性的时代已经过去了。我在本书的正文中（第 10 章）谈到了这个问题；但是，我想强调一点，即我相信我们对社会各“阶级”日益增多的经验证明了幸福和品格的实质在整个社会统一体中都是一样的。对这一点怀疑，我认为是由于社会经验不足。有一点似乎确实值得注意，即现在对影响国民中较贫困阶级的种种不利因素已受到应有的重视，使之有可能得到补救，然而这却引起

---

① 主要参看《伦理研究》（*Ethical Studies*）中《我的岗位及其职责》一章。

② 参看已故华莱士教授的《讲演与论文集》（*Lectures and Essays*），特别是第 213 页的《我们的天赋权利》和第 427 页的《费希特和黑格尔与社会主义的关系》两文。

③ 《社会的自动作用与模仿论》，载《精神》（*Mind*）杂志，1919 年第 8 卷，第 167 页。

了严重的混乱。倡导者的热心已将他引向诋毁他要保护的人。当他证明在某些条件下“穷人”的品格不好是不足为奇的时候，他却忽略了这一点：一般说来，“穷人”和其他的人事实上是一样好的。贫困的家庭和不道德的家庭之间的非常重要的区别被忽略了。而且有一点看来是可能的，即若把一定的犯罪地区略去不计，穷人中不道德的家庭并不比富人中的多。有人装作熟悉情况的样子，对一些住有成千上万值得尊重的公民的地区任意使用“贼窝”和“贫民窟”之类的名称。我们的民主时代竟会使相信穷人品德的悠久传统变得模糊起来，这将使我们的后代感到惊讶。在较早的学说中无疑有一些假话，但还不像今天的与之相反的假话那样远离事 x
实；现在是应该使其中所含的真理重新显现出来的时候了。

我必须一再声明，我讲这些并不是想引起争论。在这些说法中并没有任何一派严肃的学者所不能接受的东西。我只是想维护我的看法，即真实意志与大我（the greater Self）的自由是个受到普遍关注的问题，而不仅是“受过教育的”人们所抱的希望和幻想。诚然，尽管一个学生如果轻视文化教育就会变得没有教养，但绝不要忘记，就今天的情况来说，一些靠手艺谋生的公民却具有文化阶层基本上不具备的可贵的智育因素。因此我认为，无论本书怎么不完备，也绝不会缺少其主题与各国人民的普通生活之间的关系。

社会学者应当避免单纯的乐观，但不应害怕充分重视他所研究的对象。那些半实际的目标造成了一个不幸后果：它们很自然地影响了社会哲学家们，使他们对自己的研究对象总倾向于采取一种如果不是敌视也是冷淡的态度。他们不像植物学家相信植物或生物学家相信生命过程那样相信现实的社会。因此，社会学说

取得的成就不佳。没有一个学者能够真正对他往往要为之辩护的
研究对象作出正确的评价。除黑格尔和布雷德利外，所有主要的
著作家都或多或少地持这种态度。因此我敢说，他们都不能完全
从最普通的实际生活各方面去把握生活的伟大和完美。有些人则
xi 采取不同的态度，这不意味着要搞蒙昧主义，也并非想阻挡一种真
正的社会逻辑的发展。他们确信，一个实际存在的社会是比一台
蒸汽机、一株植物或一个动物更加高级得无法计量的一个创造物；
而且认为就是把他们最好的思想用来分析这个社会也不过分。对
研究实际社会不热心的人，即使他们拥有一个更好的社会，也不会
热心去研究它的。“你们的美国就在此地，不在他乡。”

伯纳德·鲍桑葵

1899 年 3 月于卡特勒姆

第二版序言

这一版增加了一篇导言，表明我对欧洲某些思想运动所持的态度——这些思想运动的性质自从这部著作问世以来已显露得更加清楚。正文和注释部分也有几处作了改动，第8章的开头则是重写的。至于对一些紧迫的社会问题，我还是像以前那样保持不想引起争论的态度，虽然我已感到，为了阐明某些人或我的论点，必不可免地要涉及社会经验。

伯纳德·鲍桑葵

1909年11月12日于奥克斯斯肖特

第三版序言

在本书问世以来的二十年间，每一种国家学说都经受了严格的检验。在一些历史事件的启发下，著者的观点也受到了批评，说我是把一种不真实的独一无二性和虚构的主权当作国家的属性。
xii 因此，甚至连著者本人也难以牢记这一点：这部书原来的意图是既不夸大也不贬低国家的作用，而是要说明其作用如何来源于其性质，尤其是要着重指出其作用的固有局限性。这样一种分析在今天比以往任何时候都更有必要。有人主张以对内多元化、对外一元化的办法来限制国家的主权，经过检验证明，恰恰相反，这种主张包含着一个正当的要求，即对内对外两方面都需要更高度的统一和组织成就。而且正是这样的要求与需要重新提出了关于对国家干预的限制这个由来已久的问题。我们一向认为，从某种意义上说，不该由国家过问的事是极少的。但是，严谨的**工作方法**——避免例行公事的官僚主义和机械的集体主义——仍然十分重要。而在这一点上，我认为，尽管实际问题千变万化，有一种社会学说提出的一般原则[①]仍然是普遍适用的。当提到“国有化”这个词时，这个原则就更是绝对必要的了。本书在社会的或工业的细节

① 参看导言第2节和第8章第5节。

问题上从来不想引起争论，但一直主张有加以说明的自由；我还想大胆地提醒一点，即在任何关于工业国有化的讨论中，原则上和实际上的真正争论在于能否建立一个能满足个人责任、发明创造、主动性以及发挥能力等方面的需要的政府。[①] 因为，正如争论双方 xiii
都很容易设想的，正是这些东西，而不是自身利益，使所谓私人企业感到兴奋和喜悦，然而却被通常的官僚政治所扼杀。

本书第二版导言援引了福莱特小姐所著《新国家》一书，仅此一点就足以证明我应当感谢该书的作者。我还想借此机会提及一部较早的著作：R. A. 达夫博士的《斯宾诺莎的政治哲学与伦理哲学》。在这部极有价值的著作中，我认为作者非常成功地坚持了相信具有潜能的**自然法则**的斯宾诺莎哲学，不过格林也许没有充分认识到它的重要性。因为这种自然法则或潜能——达夫博士是这样阐述斯宾诺莎的思想的——对每一种自然体以及对人来说，都是上帝制定的生存和有权在宇宙中占有一席之地的法则。这正是斯宾诺莎的著名学说的要点，那就是不要对人的天生欲望和感情横加指责，而要加以研究。因为这些感情形成了国家的必要性及其存在的条件。国家发展其公民权利，正是通过有效地驾驭和培养这种感情来进行的，历史记录了这项艰巨任务的进程。由自然权利产生的公民权利也和自然权利一样，是一种力量，这种力量来自各种欲望的协调一致。因此，主权和真正专制的国家是事实上的存在，是实际的创造物。正如《新国家》的作者所断言的，它们的

① 参看霍尔丹勋爵对桑基煤炭委员会提出的关于训练公务人员的证词，并参看马歇尔的《工业与贸易，1919》(*Industry and Trade*，1919)，第 850 页，《一个民主政府的工业建设的性质与限度》。

存在是靠实际的发展和成就，虽然它们也像其他事物一样具有自己的本质，而且它们的多少并不是你所能选择的。“没有人愿意过
xiv 没有它〔国家〕的生活。”[①]但是，不愿过没有国家的生活的人，必然愿意要有助于国家发挥其效力的全部条件，否则他就只能在没有国家的情况下生活。因为即使是国家，“也是个自然的客体，有它自己存在的法则”〔斯宾诺莎〕。你可以建立一个国家，也可以不建立。但是你不可能建成一个国家而又可以随心所欲地给它或不给它什么权力。

“这些[②]不受国家控制的力量并非是真正的限制或对一种权力本身来说也许是有利的限制，而不过是一切主权所赖以建立的必要条件。”〔也就是说，这些必要条件不包括统治者必须拥有那些力量〕从这个意义上说，主权和专制都是有限的。限制它们的是它们本身的性质而不是别的什么东西。

这部书还使我们想到，[③]**对公民的私人生活有约束力的**[④]法律规定和道德标准对国家与外国的交往并不具有约束力这一原则，其创始人并不是“德国人”，而是马基雅维里。斯宾诺莎接受了这个原则，他指出，完全不同的事物不受同样的法则支配。不过，他当然并不认为国家是不受任何法则约束的。它要受“上帝的法则”，即它自己的本性的法则的支配；按照这个法则，它的行为可好

---

① 《斯宾诺莎的政治哲学与伦理哲学》(*Spinoza's Political and Ethical Philosophy*)，第 274 页。

② 第 473 页：这里讲的“力量”是指思想、言论和宗教的自由。

③ 第 453 页以下。

④ 着重号是我加的。这是基本论点。参看本书第 1 页(指中译本边码，下同。——译者)关于西奇威克的注释。

可坏。斯宾诺莎当时这样讲绝不是要否认国家应负的道义责任。他的意思基本上是下文所指出的：[①]把国家的任务同私人的任务相比是不会从中得到什么指导的，而且还会造成混乱。然而，这似 xv
乎是一个与文明的发展有很大关系的问题。在得到一个公认的权威支持，形成一种国际义务的关系时，制约国家的情况和制约个人的情况之间的差别就会缩小。不过，在《新国家》一书中，很多地方都提到，主权必然是现实的产物。

《自己和邻居》的作者赫斯特先生写了一本和达夫博士的著作大不相同的书，他在前言中承认达夫博士的书对他有帮助，也许可以希望这种帮助不限于帮助他修改论据。我不打算提及他对绝对论者的形而上学观点的评论，因为这跟本书并无特别的关系。但似乎需要提及他对善良或真实意志的看法的不足之处。在我看来，他一开始就摈弃了把利己主义和利他主义相对立的流行公式，这确实显示了一种健全的直感；但是，就我所知，在社会或者爱的观念上，他却在稍高一点的水平上沦为这同一公式的牺牲品。一提到自己和邻居之间的一致这个概念，他就坚持认为是包含着关系平等的一种公正无私的一致，而**不是**人与自然和上帝全然一致所固有的一个方面，认为只有这样的概念才可视为共同利益的内容，即善良意志的目的。

在我看来，形成这个概念的原因在于没有领会这一点：一些伟大的社会思想家用不同的说法表明的他们所理解的善良意志或真实意志，即自我保全或自我满足的冲动，乃是对一种能使大家各尽

① 本书导言，第1页和第299页。

xvi 其能、各得其所的生活体制的自发祈求。他不能理解这一点，是由于他对过去一些伟大哲学家的研究只是走马观花，从而未能发挥自己真正的解释能力。我觉得有必要指出这一点，因为这是个通病。他本来可以从柏拉图或亚里士多德那里，从斯宾诺莎那里——达夫博士是最好的向导——或从黑格尔那里，从对康德的任何恰如其分的评价中，也肯定可以从格林的著作中，获得所需要的理解。而事实上这位作者根本不理解斯宾诺莎所说的上帝的理智之爱，即善良和普遍意志的基本冲动，而这种上帝的理智之爱几乎已为每一个伟大的社会思想家在某种形式上视为自己的思想基础。他要找到适用于全人类并为全人类所一致要求的价值标准，但他没有掌握任何原则，而只有爱或社会或人际经验等空洞的名称。在该书的第113—114页可以看到这种错误看法的灾难性后果，它表明“自我”和“他人”的幽灵没有真正被驱除掉。“因为只有当善寓于意志之中时，才能避免发生利害冲突。而且我们认为，要使‘自我’和‘他人’的利益始终保持一致是不可能的，或者说，即使把诸如知识或艺术或快乐都当作‘善’的组成部分，也不可能使道德问题获得令人满意的解决。”

我猜想他的问题在于，认为最高的精神价值含有享受不均的意思，而享受不均对“社会”来说是致命的(参看第99页)，这种想法恐怕是由拉什道尔博士对他的错误引导而产生的。因此，对他
xvii 来说，真正的关于利益可以分享的学说是模糊不清的。他想不到，就可以分享的利益而言，不均这个词会失去其贬义，因为任何人对这种利益的享受增多都不会使大家的享受减少，而只会使每一个人的享受增多。而且这种特点甚至在很大的程度上由它们传到它

们的物质手段上。如果我对他的理解是对的，那么那种使共同利益的概念变得残缺不全的平等原则，在造成这种恶果之后终于被摈弃了，而协调一致终究被理解为存在于一种排斥那种平等原则的共同利益之中(第274—275页)。除了指出这一点外，我确实认为不用再说什么了。

在第三版中，导言部分增加了几页，加了一些脚注，标明是1919年加的，索引也扩充了。正文部分我尽量避免重写。我想应当让读者看到一个作者的思想发展情况及其理由，这样对读者才比较公平。

本书最后一章可能对《新国家》一书中关于邻里问题的探讨有稍许助益。我提到这一点只是为了说明，如果是这样的话，那不过是这种观念又回到了它的发源地。因为，其中特别强调的地方是我通过在伦敦与斯坦顿·科伊特博士的交往得到的，而他的思想我相信是出自他在纽约所从事的社会工作。

伯纳德·鲍桑葵

1919年11月于奥克斯斯肖特

xxvii 第二版导言

一　三种评论

自本书初版问世以来，从许多方面都可以看出：现代生活带来的大量新经验正趋向于使这里所提倡的理论的轮廓变得模糊起来。特别是有三种倾向看来可能会使传统的国家学说逐渐遭到破坏；因此简单地谈谈每一种倾向会是有益的。有人鉴于现代的各种现象和调查研究，认为关于政治社会的哲学过于狭隘而刻板，过于消极和过于强调理性。

（一）认为这种哲学太狭隘和太刻板。说它太狭隘的理由是：用以说明城邦并对民族国家重新作出解释的那种分析被认为不适用于现代生活中我们所熟知的种种不同层次的政治共同体——不适用于一个人在由自由领地组成的帝国中，或在欧洲国家的联合组织中，或在人类的议会即世界联盟组织中的成员资格；更不用说它不适用于在民族国家自身范围之内与我们有关的各种团体的等级制度了。可能有人认为民族国家的观念甚至会逐渐失去其独特
xxviii 性与至高无上性，因为在若干个同中心的政治共同体中根本无法确定何者具有民族国家的显著特征。也许会循着别的路线回到中

世纪状态，那就不容许有真正独立的主权国家存在了。再者，这种理论也许显得过于刻板，因为对自治的最具民主精神的评价最容易被理解为：即使没有必要通过基层的集会，至少也要通过选出的代表机构来行使权力，这不仅是指议会，而且是就地方政府和帝国政府而言的。但是，现在有一些趋势和现象表明，由选举产生的代表机构，小至市政府，大至整个帝国或联邦，并非都是公共意志更可取的机构形式。

1. 在探讨狭隘性这个说法时，我想首先要求注意本书提出的这一论点：国家是最后的和绝对的调节力量，因而对每一个个人来说必然是独一无二的。[①] 也请注意这一观点[②]：在现代现象的广泛的特征中难以识别我们所说的国家，完全是由于人们往往只见树木不见森林；所以我们的分析难以得到证实，正是因为它非常可靠，也确实具有强得多的可适用性，还因为原来据以作出分析的比较明确的客体较少，而就现代的经验而言可供应用的范围则广泛得多。因此我们可以更清楚地看到国家的真实特征，它是全面调节的源泉和维持由各种集团组成的复杂等级制度的精神力量；尽 xxix 管我们很想把它等同于统治者或"政府"或地方机关，但它本身并不是像它们那样的一种可分的事物。我还想引用已故梅特兰教授为他翻译的吉尔克所著《中世纪的政治学说》一书写的一篇脍炙人口的导言来进一步说明这个问题。[③] 他在那篇导言中概述的看法和我们的国家理论完全相符。他认为在人类的每一个合作集团中

① 第 8 章，第 3 节。

② 第 10 章，第 6 节。

③ 剑桥出版社 1900 年版。《导言》，第 xi 页和第 xli—ii 页。

都存在着某种程度的真实意志或公共意志。两三个人聚到一起，只要具有某种程度的共同经历和合作关系，就存在着与之相当的公共意志。国家的公共意志是独一无二的，而且必然是独一无二的，这是由前面提到的一个绝对权力对每一个个人都是独一无二的这种必然性所决定的另一特点。任何一个集团对其各个成员所拥有的绝对权力都可受到组织惯例或权力斗争（如美国的州政府和联邦政府之间的斗争）或国际法庭或国际联盟的干预，只不过在程度与细节上有所不同而已。必须记住的是：我们的理论并不是把主权赋予某一个特定的人或由人组成的团体，而只赋予整个组织系统的作用。[1] 所以，只要明确规定，在最后调节权方面，分散的个人从属于哪个权力系统，那么，使民族国家变成较大的权力合作形式就没有什么技术性的困难。看来，要过上文明的生活，至少
xxx 总得要有一个机构来把这一点讲清楚（如负责解释美国宪法的最高法院）。最重要的是，应当维护对真实意志或公共意志的承认。正如上文所述，最近的法学理论倾向于支持这一点，认为这是承认一个确凿的事实。

2. 关于刻板的问题可以论述得更简短一些。根据上述各节以及我们理论的整个倾向，政府表达公共意志并不一定限于由选举产生的专门机构，而可采取不违背民主自治原理的任何方便有效的形式。[2] 要详细规定一种必不可少的形式是不可能的，即使就事务最重要的方面来说也是如此。因为在国与国

① 第5章第4节；第10章第8节。

② 参看第10章第8节论美国政府走向独裁的趋势。由于种种“法定的”委员会取代了纯粹由选举产生的专门机构，就以另一种形式提出了这个问题。

之间，管理方式存在着很大的差别，尽管可以设想这些国家大体上是同样自由和民主的。正如处理一切实际问题一样，首先需要的是诚意，就是说要全社会都真正想使各种机构反映人民的最好意愿。这就总得通过一整套复杂的组织机构，而绝不能通过一群人的声音，来表达一个民族的自由；因此对每一套复杂的组织机构都必须根据其表达自由的功绩加以评价。任何一种形式的议会制政府，作为文明民族所采取的正常的政府形式，似乎都不大可能被取代。但是，英国的司法制度——我想是受到普遍赞许的——足以表明：就某些职能而言，高度的独立性对维护社会的利益来说是需要的；甚至责任心——这是对 xxxi 自由必不可少的保证——也可以说是公开性的必然的结果，而不是对某个人民团体的直接服从。提出这些看法，只是为了保持我们理论的具体性和适应性。现在，许多人热衷于直接研究团体生活并改善它，这在一定程度上是受了前面提到的一些评论的影响；这种热情往往会淹没人们对严谨的政治理论的兴趣。但是，要真正了解团体生活，就必须将其内在的和精神的一面归之于公共意志一类事物，而将其外在的可见的形式归之于一套复杂的组织机构，从而确定其内在的一面与外在的一面彼此之间以及它们与社会统一体之间的真实关系。

（二）认为我们的国家论太消极。

1. 这个论点是针对本书捍卫的一个原则而言的，该原则出自康德的著作，与格林所持原则完全相同。这一原则依据一个明显的事实：国家的独特行为不能与社会整体的积极的目的相比，但它的独特之处在于它仅限于对付所谓外部活动，这意味着能用强制

手段对付的一切活动都是外部的。[①] 由此得出的理论是：可以把
xxxii 国家的独特职能恰当地描述为对美好生活的障碍的障碍。国家机构只偶然以精神的方式运用精神影响，至于用物质手段，包括运用明显的强制性物质手段，来促进精神目的，则只有通过非常细致而间接的方法才可能做到。

2. 在这一点上，我们又碰到了上一节提到的可描述为"只见树木不见森林"的现代特有难题。国家的活动已使它的形式和机构大增，多得令人不知所措。虽然与古代的城邦相比，现代国家尽管已把像宗教和艺术之类的事务排除在它的权限之外，但总的看来，它在生活中所起的作用也许比全盛时期的城邦要大得多；今天，人们对自己所希望得到的外在条件知道的要多得多；对外在生活加以调节的要求也更多地得到公认。

但是，由于现代国家在我们的心目中显得如此重要，弄清楚它的真正独特的权力和作用就尤为重要了。这种特点越难弄清楚，弄不清楚的危害性也就越大。如果没有人对国家抱很大的希望，那就不会有什么危险；但是，当它受到普遍注意时，如果不准确地了解它实行干预的情况，那就将是致命的。

① 见第 8 章第 4—5 节。这个观点类似康德的这一说法：我们以完善(道德上完美)为目的的行为只限于自身的范围，而对别人则只限于试图使之得到幸福(控制客观条件)。凯尔德认为，这个观点属于康德的个人主义(《康德的哲学》〔*Philosophy of Kant*〕，第 2 卷第 396—397 页)。毫无疑问，别人的完善最终确实不能和我们自己的完善分开，而社会影响则可能是感化的手段(格林的《伦理学导论》，第 10 节)。但是，正如凯尔德在提到康德关于人的道德教育的观点时实际上指出的那样(同上，第 550 页)，想通过对付外部活动来促进完美或完善，只有用间接的办法才能办到——这种说法也还是正确的。

3.错误在于——也许是两方面的——对人类的社会存在所含的内容认识不足。由国家力量支持的各种活动是看得见的，独立 xxxiii
的或想要独立的个人的极为狭隘的突出自我的活动同样是看得见的，而处于二者之间的整个社会的发展——即人的普遍性格的发展，这些活动仅仅是这种发展的极有限的实例——却没有得到应有的承认。

(1)一派人把不通过政治组织的正式程序所做的一切事情都归功于个人——即想象中可以离群索居自我生存的人；因此把例如艺术与宗教看作“个人的”活动和个人关心的事情，这样就有理由断言个人是目的，而社会是手段(这种论点竟然还认为，社会至多是直接的政治机器)。[1]

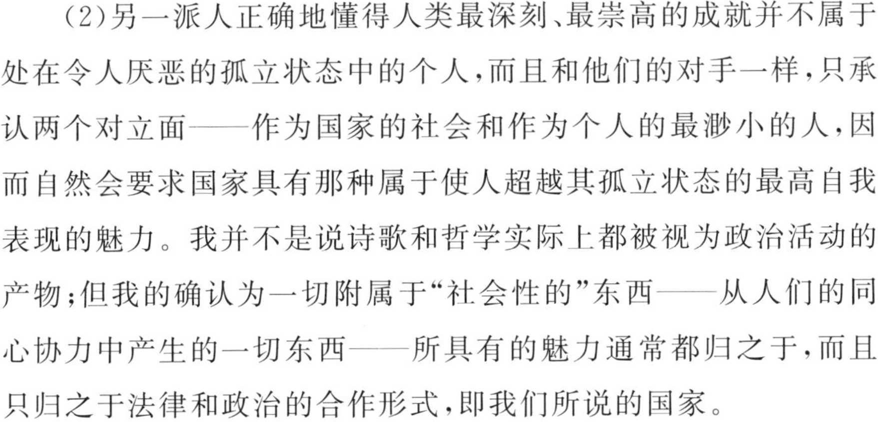

(2)另一派人正确地懂得人类最深刻、最崇高的成就并不属于处在令人厌恶的孤立状态中的个人，而且和他们的对手一样，只承认两个对立面——作为国家的社会和作为个人的最渺小的人，因而自然会要求国家具有那种属于使人超越其孤立状态的最高自我表现的魅力。我并不是说诗歌和哲学实际上都被视为政治活动的产物；但我的确认为一切附属于“社会性的”东西——从人们的同心协力中产生的一切东西——所具有的魅力通常都归之于，而且只归之于法律和政治的合作形式，即我们所说的国家。

这两派对“社会的”这个词的较深刻的含义并无认识。这样我们便看不到亚里士多德在论述**理论**是整个社会的精髓和奉献时所表达的伟大而重要的真理。于是，我们便认为国家和渺小 xxxiv

① 参看第76页。

的个人都是有代表性的概念，因而完全不可能了解既非半政治性的、又非“个人主义的”活动的性质；而只要一提到立法工作与行政工作的消极情况，我们就倾向于认为这是对整个人类社会生活的亵渎。

4. 不过，如果采取刚才提到的观点，我们就能够想到，国家作为拥有暴力的社会，其活动怎么会具有消极的成分，而不会在一种错误的对比驱使下，把所有丰富的积极成就归功于“个人主义的”因素。正确的说法应该是，把我们所提到的基本成就当作真正社会活动的最充分的实例，懂得这些成就既是超社会的，高于一切强制性的团体安排的，又是超个人的、不能独占的——这种独占思想不管多么荒谬，却紧紧依附于流行的个人观念。不难理解，从最深远的意义上说，正是这种超社会和超个人的生活水平才能体现出既是社会的又是个人的最高成就。而低于这个水平但属于同一个总的发展路线的，则是一整套极其复杂的“社会”合作，这种合作以各种不同的间接程度同国家相联系着。严格说来，这两类活动既不属于国家，也不属于坚持其孤立状态的个人。

如果按照这种观点去理解各种现象，那就立即可以看出，国家的活动具有一定程度的消极性，因为它是必然带有强制性的一种社会自我表现形式。

xxxv (1)先讲最简单的一点，因为这确实是整个问题的关键。道德和宗教信仰都不能由国家强加于人，这是绝对无疑的。问题是措辞上有矛盾。绝不能因为对这种情况很熟悉就忽视它。这就是说，社会的和人的种种最强烈的动机是不能由国家的力量直接支配或施加影响的。有人也许会坚持认为，这些动机是可以“促进”

的；但这是另外的问题，属于我们下文将要谈的范围。[①]

为了说明忽视这个道理而导致的谬论，我们可以注意一下这种悲观的论调：就物质成就同道德价值和社会贡献不相称的这个意义而言，像现在这样安排的社会基础是不道德的。产生这种不满是由于忽视了国家权力的性质和作为其最终目的的美好生活的性质二者必然是相对立的。使物质成就同真正的价值和社会贡献成适当比例的企图，完全是自相矛盾的。物质成就属于某种可以显示一定能力与效用的业绩。其分配基本上按照“把工具交给会使用的人”这一原则——这在任何和每一种可能的经济制度下基本上都是对社会有益的原则。但是，谁也不会盲目否认这一点：如果讲最确实、最伟大的社会贡献，那么排在最前列的应当是伟大的诗人或伟大虔诚的教师。而刚刚提到的分配方案却会产生这样一种后果，即这些人将被巨额财富压垮，或者在任何制度下，都将被大量追求实利的任务压垮。这既是对他们的特殊生活方式的致命打击，也很可能给社会带来灾难性的后果。物质手段与精神目的 xxxvi
之间的关系比这还要微妙得多；甚至推崇纯粹道德上的公正的最轻率的信徒也必然讨厌这种想法：最优秀者——精神上的最强者——应有最称心如意的境遇。[②] 如果考虑一下体力方面类似的情况——假定现在要分配爬山或作战的任务——我们本身就不屑于采取上述那种不满情绪所持的原则。就美好是事物的本质而

① 第 xxxvii 页。

② 这种想法就是我提到的那种不满情绪产生的基础。如果说最伟大的成就是最沉重的负担，因而应当属于精神上最优秀的人，其依据就会是近似于我现在提到的一个相反的原则。

言，最优秀者的美好品德与物质成就有一种深刻的潜在关系，[①]这一事实进一步证明了这个问题的微妙性，但并不能成为这种不满情绪所希求的直接关系的正当依据。[②]

(2)此外，任何消极的东西当然也有积极的一面；局限于外部活动的国家行为，[③]不能直接促进其精神目的这一事实并不意味着所谓的行政虚无主义。这个问题在整个生活中程度不同地经常出现，对所有要对别人的生活负责的人来说尤其如此。这就是通
xxxvii 过应付外部环境唤起高尚精神的问题；一般说来，要解决这个问题，这样的唤起必须是间接的。我们知道寄生的危险，[④]也知道外部条件的那种微妙而容易令人不知所措的性质——可以举身体的健康、舒适的住所、丰厚的收入为例——这些条件极近于精神产品，因而最不可能靠强制手段加以保持。[⑤] 所有这些经验使那些充分意识到它的人头脑中产生了社会改革的悖论，其中阐明的实际必要性证实了我们的国家理论。也许我可以从对这个问题探讨得更详细的我的另一本书中引用一段话。“我们共同的目的是人类心灵的完美：作为社会改革家，我们能够用以达到这个目的的唯一手段是法律条文和对公众和私人行为的管理，而这些是完全不能直接影响外部环境以外的任何东西的。因此，只能用间接的办

---

① 参看前页注②。美好品德当然可以运用物质力量，但不一定采取个人成就的方式。

② 这种悖论可用基督教创始人的命运加以说明。从中可以看到连在一起的两个极端：最优秀者一时的明显失败和历史上任何一个个人所产生过的最大的实际影响。

③ 就所阐明的特殊意义而言，见第 8 章第 4 节。

④ 第 2 章第 2 节第 3 个问题。

⑤ 第 8 章第 5 节。

法促进我们要达到的目的，从而在对待改革计划方面需要有最高超的技巧和最细致的调节。对于你希望做成的事不顾一切地动手去做，是招致失败的方针。”[①]

(3)最后，可以说明这种看法的例证是，国家改善社会的活动内容同我在这里称之为与国家行动相对应的社会活动实际上存在的普遍关系。正如我在另一处更加详细指出的，[②]也正如最近关于增 xxxviii
加国家活动的最极端的建议所承认和坚持的，[③]为了公共利益进行的立法和行政工作的内容，即发明、试验、创造性因素，几乎完全是由并非国家发起的这种或那种形式的社会活动所提供的。这种关系基本上就像由树木加工成木材或由肌体产生骨骼的关系。国家的工作实际上大部分是“认可”或“接管”——对由伸缩性较大的活动或单纯的生活进步通过长期大胆试验或悄悄发展而形成的东西予以批准，这就是国家力量的象征。不依赖国家力量的真正的社会工作是社会发明的实验室。国家接管社会发明有些像有限公司接管个人经营的商店，结果是好是坏也与之类似。实行国家社会主义，将会出现这样的大规模接管。我们现在并不想从总体上讨论这

① 《社会标准》(*The Social Criterion*)，布莱克伍德，1907 年。

② 《论文与演说集》(*Essays and Addresses*)，索南沙因，1891 年。论文 II:《个人与社会改革》。(用我现在认为更恰当的说法来讲，这篇论文中所说的个人的等于纯社会的，“社会的”等于带有强制性的社会的。)参看另一篇文章:《1909 年济贫法委员会多数派的报告》，载《社会问题评论》(*Sociological Review*)，1909 年 4 月。

③ 《1909 年济贫法委员会少数派的报告》，xii，5。社会工作表明这种关系的例证多得不可胜数。如儿童福利委员会的专题论文(我在《社会问题评论》上发表的文章中详细说明过这个例子的历史及其意义)，健康检查，友好访问，弱智者之家，儿童假日学校，工人住所，工人聚居区等。这些例子都有其长久而有意义的由纯社会努力和发明创造构成的历史，很值得另写一本比现在更专门的著作来记述。

种大规模接管的利弊。我们只想指出这一点：细说起来，正常的改进过程是从纯社会发明开始的，如果转为国家采用，那也是以后的事。当然这并不是说国家的代表没有发明和适应的能力。但是，有
xxxix 大量经验可以证明这个简单的推论：由于独特的和正常的国家活动不能直接强制推行美好的生活，所以在促进这种美好生活方面，国家的活动也就主要不是发明、改良和进行细致调节的力量。

(4)这并不是否认国家机关能够学会并借用那种间接的自我服从于精神目的的方法。我们整个论点的要旨是：就其超出“法治国家”——仅仅按照法律维持一种社会秩序——的性质的范围而言，这些方法正是国家必须学会和依靠的。这种必要性是由作为其存在的理由的同一特点所赋予的，这个特点就是既要以精神方式又要用强制力来表明生活的目的，而且，国家越是难以在它现今所承担的大量任务中辨明这一点，它就越是会在辨明这一点时遭到惨痛的失败。我们要再次指出，国家的目的无疑是美好的生活或精神的完美；但是，对主要用强制手段安排物质生活的当权者来说，对我们大家所能控制的可以影响别人的物质条件的力量的程度来说，达到这个目的的唯一途径在于十分细致的调节，这种调节是为了收到它们**在理论假设上**所不能收到的效果。①

① 在初等教育的重要例证方面，我也许会遭到非议。在这一点上，当然可能有人坚持认为国家已创造了一种广泛而积极的精神产品，并用强制手段恰当地加以普及。我很不愿显得对我们的公共教育有任何甚至极少一点轻视的意思。但我认为，它确已按照一种非常普通的标准，开始实行“由一些学者为一个劳动者国家设计的一种教育”，并正在公众抗议、社会实验以及无疑还有最优秀官员的奋力推动下，非常缓慢地走上正轨。另一个明显的例子是，现在新型(或者旧式)城市的促进者正在试图补救我们早期的公共卫生事业犯下的严重错误。

（三）这种国家理论被认为过于强调了理性的作用。哲学上反对 xl
“理性主义”的运动不宜作为另一个论题的附带问题来处理。但是，它无疑在影响着有关国家的理论，因此，我们必须表明对它的态度。

1. 我们可以简要地提示一点：任何大运动似乎总是与大谬论融为一体的。当今欧洲到处充满着在人类的实际利益和情感引导下为了真正的进步而提出的伦理的和民主的要求；这也是为了由人类给自己创造一个未来而提出的。[①] 随之而来的是来自多方面的，并得到外国同盟者支持的对高度理性认识的怀疑。这种怀疑我们在叔本华的著作中看到过——是从东方输入的，在约翰·亨利·纽曼和基德先生的著作中也看到过，而且不比在威廉·詹姆斯教授和柏格森先生的著作中看到的少。[②] 像这样的运动当然不是以纯粹的幻想为依据的。它的依据是，而且自以为是，人类自我认识上的某种至关紧要的思想和某种比如说自卢梭以来一直在不断发展的思想。这个运动在某种程度上是要以世俗的力量反抗理性的天国，是一场维克托·雨果描写过的革命，在这场革命中朱庇特要向潘神[③]下跪。[④] 但这种思想 xli
的理论价值要依其解释者而定。而在关键性的一点上——技术

① 推动这个运动的力量无论是好是坏，只要多看几眼在欧洲大陆某个城镇出售的有关图书资料，任何人都会对此一清二楚的。

② 必须记住，F. H. 布雷德利先生曾在《逻辑学原理》（*Principles of Logic*）一书中说明需要有一些这样的怀疑。

③ 朱庇特是罗马神话中最高的神，即希腊神话中的宙斯，为一切神和人类的主宰。潘神是希腊神话中的畜牧神，为丰收的象征。——译者

④ 可与康德对卢梭所持态度相比较，见本书第 9 章第 2 节，并参看维克托·雨果的作品，我相信在《历代的传说》（*Légende des Siécles*）中有这句话：“我是潘神，朱庇特给我跪下！”

性的但非常重要的一点上——一些最杰出的解释者却把它引进了死胡同，造成了我所说的大谬论。[①]

2. 我在本书的初版中就已提出要注意模仿论者对同一与差异的特殊看法[②]；这种看法至少有一种显著的倾向，即把同一和差异、重复和新颖、模仿和创造都割裂开了；结果便在正常的理性活动同进步和创造这类活动之间设置了障碍。从此，这种倾向变得更为显著，并广泛接受了一种以下述假定为依据的哲学，即假定理性的领域已完全为那种把同一看作同义反复的原则所占领了；[③]

① 这个谬论在于认为理性的原则是抽象而空洞的。我认为，作为一种世界性思想运动的实用主义是对这种错误所造成的后果表示反感的大众心理，并且在保留这种错误的同时，用一种相反的错误纠正这些后果。

②③这显然是柏格森先生的哲学的基本观点。的确，在他看来，哲学可避免科学的狭隘性，但是在这样做并寻求其直觉时，它也会避开理性的基本原则。见《论意识的直接论据》(*Données*)第 158 页："同一的原则是我们的知觉的绝对规律。"《创造进化论》(*Évolution Créatrice*)第 218 页："理智的主要作用是把相同的事物连接到一起，而且只有重复的现象才完全适合我们的理智的范围。"这里显然是在重复塔尔德先生的话(见《模仿的规律》〔*Les Lois de l'imitation*〕第 14 页)，而且很明显，柏格森先生至少是只在他称为"绵延"的直接感受的差异中寻找同一。威廉·詹姆斯教授在《多元的宇宙》(*A Pluralistic Universe*)一书中实际上采用了柏格森的措辞和观点，而且竟然认为在有争论的同义反复这个意义上说的同一逻辑是布雷德利先生提出的(同上书，第 211 页)，虽然他清楚地知道黑格尔惯用的说法(同上书，第 3 章)，而布雷德利先生分明是同意黑格尔的说法的。把柏格森一再重申的已达到其顶点的这个观点同关于同一的一种有机概念的成果比较一下是很有意思的。他在《创造进化论》中一再重复的观点是："理智的特点是天生没有能力理解生命。"(第 179 页)可以和凯尔德的《康德的哲学》第 2 卷第 530 页的说法比较一下："说一个有机的统一体是我们不能理解的是不正确的，说我们不能理解别的什么倒比较接近真实。"(参看黑格尔的《哲学全书》〔*Encyclopedia*〕，第 216 页)

按照这篇《导言》的全部议题引证黑格尔的一般判断也许是很有意思的。"所谓狭隘、难以理解、没有意义之类的指责——往往都是针对由知觉与直觉产生的思想的——依据的是这个荒谬的假定：思想只能作为一种抽象的认识能力起作用。"(《哲学全书》第 115 节，华莱士的译文。)

认为生命、新颖、创造与理性的性质不相容，因而理性并无力量使 xlii
自己等同于自由或创造性发展。

3. 这样就使我们陷入了一种荒谬的不可知论。生命、意志作用、直接经验似乎都变成了康德的物自体。因为，其论点是：一旦精神找到清晰的言辞或表达方式，它就脱离了自身的完整和实际的存在。而且，像所有的不可知论一样，这很容易变成悲观主义。因为一旦我们被引导相信决定的因素是衍生的和第二位的，并认为最好的经验和生命的真正本质都无法用言语表达，我们便立即陷入了悲观主义。

这样的一种看法对国家理论的影响是显而易见的。例如，我们可以把它和黑格尔的言论对比一下。“思想本身就是自由；否定思想而谈论自由的人就是不知道他自己在说什么。”[①]这是因为，在他看来，思想正意味着在差异中实现同一；即障碍的拆除，内部
与外部、新与旧、自己与他人的融合。但是，如果把直接经验确定 xliii
为物自体，而认为理性是它的从属现象，那么，任何明确的组织都会受到怀疑和贬斥。问题还没有严重到把社会的利益和感情追溯到生物学史上早有记载的种种本能以扩大社会分析的范围。柏拉图是不会反对这样做的，而且事实上他自己做得很多。可是，在这种分析中，[②]社会生活的——还有更多的超社会生活的——内容都消失得无影无踪，剩下的只是一个没有上层建筑的基础。

① 参看下文第 9 章第 2 节。

② 如麦克杜格尔先生的《社会心理学导论》(*Introduction to Social Psychology*)就充满趣味，它对从某种意义上说会在人类社会中出现的多种类型的情感和活动的起源做了探索。但对社会的实际结构却不置一词。

所有这种不幸的选择，不是指对本能和情感的分析，而是指分析社会精神时忽视了有组织的观念，这从技术上说是由于假定同一是理性的原则，并将同一视为同义反复或视为具有重复中显示相似性的现象。这种说法不是使我们相信“观念是能动的”，而是要我们将观念设想为静止的体系，是只有通过类似影片迅速连续移动的方式才能表现其活动的东西。凡是不能重复的东西都假定是不合理的。

4. 如果我们摈弃那个必不可少的假定，那就无法在理性和真正的内心生活之间作出选择。正如一些最伟大的思想家所认为的，任何一种观念都可以说是最认真和最具体的，就因为它处于非常有组织的精神集中状态；这种集中状态把由这种观念的内容所
xliv 引起的兴趣和情感保持在它的内部。一种观念的实现就是我们所说的意志的实质；因此，对我们来说，国家既是一种最后的调节力量，又是一种持久的意志。

我认为这里提出的这些观点不仅对各种社会力量和进程作出了最确切的解释，而且近来业已被证明是社会进步最有效的指南和鼓舞力量。我希望以后再写一本书，更加全面地确立这一点；不过，看来最好是趁此机会提醒人们注意威廉·詹姆斯教授的一句话①：“一种理性主义的哲学，确实可以自称是严谨的，但它却完全没有明确地涉及具体事实和生活的甘苦。”我认为，任何一个曾经思考过社会工作的性质，并思考过过去半个世纪在讲英语的国家中曾激励过这项工作的种种影响力量的人，都不会写出包括这句

---

① 《实用主义》(*Pragmatism*)，第1讲。他在这里提到了T. H. 格林。

话的这一章书。[①]

因此我深信大量的现代经验只会使古代的国家理论得以加强 xlv 与充实。虽然本书对国家各方面的新近发展和活动涉及得很少，但我相信，它依据由一些对文明生活素有研究的最明智和造诣最深的学者所确立的传统，可以对解释这些发展情况提供有用的线索。

二　1919 年国家理论的情况

1.“那时所有古老的东西都是正确的。”

这是过去五年中发生的事情给我留下的极为深刻的印象。就事实可能证明观念而言，我们在年轻时习得的一切简单的道理今天又重新展现在我们面前。所以，只有精神的利益**才**是真实的和稳定的；世俗的和物质的目的**都**是虚妄而危险的，也是引起冲突的根源。这是对迄今发生的事情的简单明白的说明。我们讲的精神利益是指可以于己无损地同别人分享的东西，而物质利益则与之相反。根据我们的老师们的教导，一个巨大的文明组织如果骄傲自大，并采取以物质繁荣为主的方针，就会招致灾难，其严重程度

① 《伦理学导论》(*Prolegomena to Ethics*)中包含的人性和对人类经验的洞察，在同时或稍后出版的哲学著作中，除了布雷德利先生的《伦理研究》外，还没有哪一本书能比得上；而且这本书对实践的影响也一直很大。奇怪的是：像詹姆斯教授这样的一些敌对的批评家，除了极偶然地提过一星半点之外，却从来都不愿研究人类任何实际的成就或表现；而受到他们批评的那些人，可以公正地说，则是别的什么都不研究。例如，要研究绝对的东西，为什么不先研究社会呢？这是同一类型但更接近现时经验的问题，而他们的批评却根本不谈它。

与该组织的大小成正比。要详尽而确切地预言将发生什么，一般来说是很荒谬的。过去和今天一样，也有对抗的势力。而且灾难可能只限于采取为我们所经常遇到的比较微妙而持续的形式。但是，事实上，这种危险大体上是可以看得到的；而且，在我看来，当灾难突然降临时，谁也不会真正感到惊讶。如果说基督教徒和异
xlvi 教徒都曾表示相信的一些比较高尚的事情中有什么真理的话，那么，我们就是**依靠虚妄的想象**过日子了。[①] 我要再说一遍，给我留下的极为深刻的印象是："啊，所有古老的简单事物都是真实可靠的"；而且是惊人地、令人难以置信地真实可靠。

因此，过去和现在似乎还没有什么比事态的发展在许多人心目中引起的惊异和愤慨更令人吃惊的了。"嗨，难道你不知道事情总会以某种方式发生的吗？"如果不是可笑地自诩预见能力特别高超，这样问似乎是自然的。因此，如果像一个非洲的巫医在发生瘟疫时凭嗅觉来断定祸害应由什么人的巫术负责那样来开始工作，那就不仅会表现为一种理论错误，而且是道德上的不负责任。因为我们大家身上都有巫术在作祟。

> "上帝知道，悲惨的生活，
> 并不需要坏人！激情就会编织阴谋，
> 内心的妄念会使我们走上邪道。"

① 著者曾在多处根据 1914 年以来发生的事件讨论过与国家有关的种种问题，参看《国际危机》(*The International Crisis*)中的《理想国家中的爱国主义》一文，米尔福德公司 1915 年版；《社会理想与国际理想》(*Social and International Ideals*)中的几篇论文，特别是《论国家在促进全人类团结方面的作用》和《内尔曼的仆人们的智慧》，麦克米伦公司 1917 年版；《对伦理学的一些看法》(*Some Suggestions in Ethics*)，麦克米伦公司 1918 年版。参看索引的"战争"条目。

坏人无疑是很多的，有些国家好像还曾经特别彻底地欺骗自己。但是，“坏”人或“坏”国家还没有多到足以成为不幸的原因。更确切地说，不幸是像我们自己一样的普通人在为了达到平常的目的而合作时缺乏才智所造成的简单而自然的后果。说缺乏才智是因为这些目的有合理的和必要的一面；但是，危害来自我们在实践中把它们变成了这样的目的：在实现它们时我们的得便是别人的失。我们的物质利益和天生的爱国心会自行把我们引入歧途。xlvii
它们需要某种激励与训练以使这个世界对人类是安全的。发动战争的并不是国家，也不是主权，既不是德国的百姓，也不是德国的皇帝。那都是我们大家只顾追求自己的各种目的而引起的，这些目的全然不考虑别人，并且不择手段，从而必然使我们发生冲突。在物质目的的影响下，人们会滥用和曲解国家，正如人们会滥用或曲解家庭或工场那样。但是，**滥用不能成为反对正确使用的理由**。

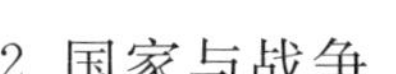

2. 国家与战争。

国家论[①]，按我的理解，主要是希腊人的生活和思想的产物，并且已在英、美两国的经验中找到了非常适宜的生存土壤。[②] 的确，德国的一个伟大天才已在我们之前正确评价过希腊的政治观念，并预见到英国人的生活注定要加强的那些观念。不过，这些观念的进一步发展应归功于那些精通英国人的自治或受意大利复兴

① 这个用语一直有人反对，认为它指的是一种唯国家论。我觉得这种解释纯系语法上的误解。这个习语表明它是一个严格按照其内涵使用的习语；而且值得注意的是，反对这个用语的人把一些与其内涵相反的特征归之于国家。

② 福莱特小姐的《新国家》(*The New State*)一书对证实这一点贡献很大，我在下文中还要大量引用这部书。

运动鼓舞的思想家。

我将简短而明确地说明我对这一点的理解，不在争论上浪费笔墨。因为重要的和最终起决定作用的毕竟是实际的东西。

xlviii 我认为这个理论首先明确告知我们的是：[①]国家是人类精神的形形色色的化身，是历经历史的磨难和失败后在各自领土上形成的集团。每个国家都是一个伦理的国际大家庭的成员——至少是柏拉图和黑格尔所断言的、当然是符合他们所持观点的欧洲大家庭的成员。按照马志尼的著名的学说，国家的特点在于，每个国家都有其独特的使命[②]或作用，借以对人类生活作出具有特色的贡献。

所以，每个国家在其领土范围内都有由历史赋予的类似的任务，这正是 T. H. 格林所坚持的；[③]而且，每一个国家在其领土内达到其使所有人的才能得以充分发挥的正当目标方面做得越好，其他的国家这样做也就越容易。显然，每个国家都是一个世界性合作组织的构成单位。认为国家必须如此的理论，其精髓就在这里。

主权是一个真正的统一体的固有特征。它是不能赐予或剥夺的。“一个人只要他能把组成其本性的各种要素统一起来，他就是自己的主权者。两个人只要能做到完全一致，他们就是他们自己的主权者。一个集体只要能团结一致，它也就是它自己的主权者。一个国家只有当它能使全体国民团结一致时，它才

---

① 这段话几乎完全是根据《社会理想与国际理想》第 275 页复述的。

② 我也曾用这个词来说明一个民族国家道德上的一致，参看下文第 298 页。

③ 《政治义务的原则》(*Principles of Political Obligation*)，第 170 页。

是主权者。主权是由一种逐渐变得自觉的、完全相互依存的关系所形成的权力。”[①]它是一种集体生活的现象，不可能通过别的 xlix 经验去理解它。

有了这些前提，如果再要问主权和国家是否有利于战争，那是很可笑的。柏拉图业已指出，战争是由国家的那些导致扩张政策的弊端所引起的。为了支援别国的权利组织，每一个国家必须从事的主要事务是完善自己的权利组织。国内的不满因素是向外扩张的主要动力。[②]

在国家与战争的基本关系这个问题上普遍存在着一种奇怪的思想矛盾。这种思想一方面想贬抑国家的个性和影响，一方面又想加强它的道德责任。但是，二者是分不开的，而且必然同时变化。道理是很清楚的。我们的理论既强调国家的意志和个性，又强调它的道德责任。一个国家和一个人一样，应对其职责和关系负责，而且就与其所承担的责任或后果相一致而言，当然有谋求并确保和平的义务。但是，在把国家和守法的个人作比较时，我觉得有一点令人奇怪地被忽略了，那就是当一个国家出于道德或宗教上的原因而反对战争时它可能采取的立场。实际上到目前为止，这种比较还不适用。毫无疑问，由于缺乏有效的国际法，一直不得

① 《新国家》，第 271 页。

② 参看 J. W. 黑德勒姆的文章，载 1917 年 7 月 31 日《威斯敏斯特报》。《法兰克福报》在提到冯·贝特曼-霍尔韦格先生* 时说：“当时在君权后面一直有几股强大的势力：为以后的收入担心的农民、惧怕受到议会和帝国非难的军人、必须加以安抚并使之满意的受到高度保护的大臣和阴谋家。”

* 冯·贝特曼-霍尔韦格（1856－1921），德国政治家，曾任德意志帝国宰相（1909－1917）。——译者

不靠武力来维护正义。但是姑且承认这种比较是有根据的。结果又如何呢？

1 个人基本上总是依据自己的良心行事的，国家若要在道德上负责，则必须按自己的良心行事。它是道德利益的捍卫者，必须忠于自己的职责。只要这样想象一下：由一个强大的自封的国际联盟一致同意推行或纵容按某种道德标准进行的贩奴贸易——在某种巧妙的托词，即某种短暂的阴谋的掩饰下，我认为这种情况并不是不可想象的。一个爱好自由的国家不是显然会为了抵制它而流尽最后一滴血吗？总之，单纯的生存要求在一定的时间和地点总是有可能同生活得更好的要求发生矛盾，尽管我们相信这是一个正在消失的可能性。这样，凡是真正有人性的人和机构，不论是个人还是集体，就都知道该做什么了。我相信国际联盟是人类的希望和庇护者；但是，我并不相信哪一个有道德的人会放弃自己的道德责任或对履行这种责任的最后手段加以限制。

不过，就一种国家论而言，最重要的是要把国家的道德义务与个人的道德义务区别开来。我认为，本书注意到了这个问题的这个最重要的方面[①]，因为它使得有人认为我是在否认国家的道义责任。但是实际上我是赞成明确承认**每一个**有道德的人都有按其地位与能力应负的责任，而反对一位高级权威人士提出的一种论

① 见第 301 页以下。

点，这种论点似乎不重视这一区别，因而忽略了这个问题的本质。[①]

① 幸运的是，这里所提到的论点刚好重新发表了，见艾伦-昂温公司1919年出版的亨利·西奇威克所著《国家的是与非和国际的是与非》(*National and International Right and Wrong*)两篇文章中的第一篇，书中附有布赖斯勋爵写的序。这个讨论当然既有趣，又富于启发性。但是，除了第一篇论文在结尾处提了一下托管这个概念以外，li 坦率地说，我觉得问题的本质被忽略了。作者所用的语言很可能是有意暗示，公共道德是政治家生活的全部道德，个人道德则是其他人生活的全部道德；而且政治理论一向强调政治家在其全部生活中可以不承认其他人已经接受的道德标准。作者反复说的一些话，如"政治家的行为可以不受道德的约束"(第26页)，似乎意在以一种实在令人遗憾的诡辩术来坚持这种观念。我在本书第9章第7节中详细指出国家可能有的各种行为和任何个人可能有的各种行为之间的区别，就是为了批评上述论点，只是没有提到这篇论文，因为它在我之前发表在某个杂志上，而这份杂志已经找不到了。国家的行为和个人的行为根本不是一回事。而且，如果因为看到国家的代理人在代表国家办事时每走一步所要考虑的都不是他的，而是国家的财力、能力和必然在某些方面以不同程度互相矛盾的复杂的义务关系，就认为他和国家是一回事，那么，坦率地说，我觉得这只会引起更大的混乱。

应当特别指出的是，西奇威克最后放弃了反对政府行为违背一般道德的全部理论，因为他承认，如果由于人类共同福利的需要而这样做是无可非议的，只有在为了局部利益，只想着自己的民族国家的情况下这样做时，才是应该反对的。正如他的论点清楚表明的那样，乐于采取这种观点乃是功利主义的特色，因为对功利主义者来说，道德原则不过是谋求人类幸福的一种手段而已。因此，对于各种道德义务之间的冲突和某些道德义务不可避免的牺牲，我们中的大多数人要比他看得更为严重。因为我们认为，我们通常称之为道德善行的，其本身就是美好的事物。不过，我们也注意到他的学说对该书正文中提到的一种无法驳倒的想法是承认的，尽管他的看法应当说还很不成熟。任何人不管他处在什么地位，也无法做到想做的事就做，不想做的事就不做，即使他能够随意充分运用其惯有的道德观念。每个人都知道不应当完全说实话(参看《环与书》〔*The Ring and the Book*〕，《怎样面对一个兄弟说——》一文)，也不要力图纠正所有的错误或履行所有的诺言。"……即使对他自己有妨碍也要这样做吗?"是的，不过也有限度。每个人都与别人有牵连，因而必须考虑自己的行为所产生的后果，至于一个大的组织就更不用说了。在代表一个庞大的组织行事时，无论是政治组织还是其他组织，对诚实、公正和守信用(这是西奇威克举的例子)的这类限制就变得更为重要。我们可以用作指针的和我们真正需要的，只是忠于最高的社会准则、常识和真诚。

事实是因为常常有人无疑是出于恶意地把一个同国家或国际
lii 政治无特殊关系的普遍原则夸大地应用于国家理论，使它特别受
到强烈的指责。这就是义务互相冲突的原则，它毫无例外地适用
于各种生活方式，但特别强调适用于所有大组织和大规模的活动。
说国家的利益可以为任何背离现行个人道德的行为辩护，那当然
纯粹是胡说。没有任何事物可以作为一切事物的辩护理由；但另
一方面，如果我们忘记任何事物都可以成为某件事物的辩护理由，
那也同样是荒谬的。一个怀孕妇女可以享有她以前没有的权利。
一个煤矿工人可能会因为我是他的邻居并且在受冻而把自己的煤
分一半给我，但他却会支持他的组织让全国受冻。自由贸易主义
者和保护主义者都会拥护招致一些人破产的措施，但是如果能做
到的话，他们会用自己的钱补偿他们。任何改革或改良都几乎不
可能不损害某些人，主张这样做的人会承认自己从道义上说应当
尽可能不让任何人受到损害，但这是办不到的。

在这种情况下极力主张自我牺牲以便使一些人免受损害，那
liii 是徒劳的。立即就会得到这样的回答："我只能这样做。被牺牲的
将不是我；只要我们这样做，被牺牲的将是我的同事、我的阶级、高
尚的事业、人类的团结和幸福。在这些大组织采取的重大行动中，
必然有一些人受到损害。我们对事业的责任和我们个人对这些人
的责任发生了矛盾，但前者高于后者。"①这个原则在整个私人生

① 这一点在铁路大罢工中比我所能预料的更快、更清楚地得到了证实。我尽可能要强调的一点是，应当从中引出正确的道德标准。不是说铁路工人在原则上错了；而是说如果你认为他们有可能是对的，那就不能说发动战争的国家一定不对。1919 年 10 月。

活中当然是可以得到承认的。义务与地位是相关的；你应该做和可以做的事情，我却不可以和不应该做。完全可以这样说：目标绝不应是局部性的，而应当总是服从于对全人类幸福的考虑。不过，这对义务之间的矛盾并没有造成任何原则上的分歧。无疑会使我们避免一些损害，少做一些背离道德义务的事情。但是，义务的矛盾总会造成很多不可避免的损失。矛盾产生的原因在于生活是多方面的，任何有道德的个人或组织不可能同时对生活的一切方面都做到公平对待。对于像人类幸福这样的一个普遍目标的承认，也不会消除义务之间的冲突。最终的分歧存在于对人类幸福的性质和达到它的步骤的真正的信心之中，这种信心代表着忠实和真诚。道德的基本准则是经得起考验的；但人是受到限制的，谁也不能完全经得起任何考验。

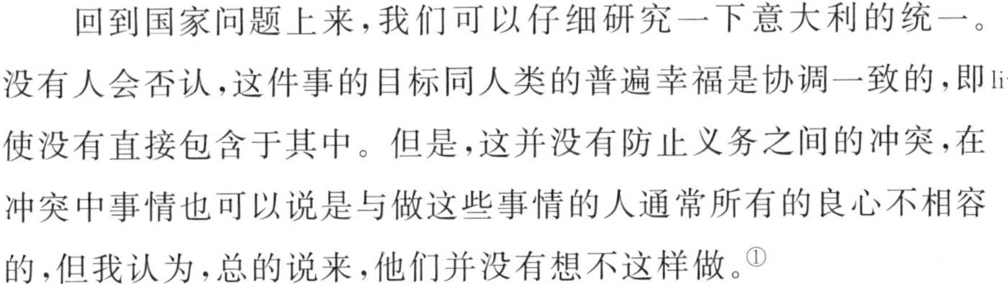

回到国家问题上来，我们可以仔细研究一下意大利的统一。没有人会否认，这件事的目标同人类的普遍幸福是协调一致的，即 liv
使没有直接包含于其中。但是，这并没有防止义务之间的冲突，在冲突中事情也可以说是与做这些事情的人通常所有的良心不相容的，但我认为，总的说来，他们并没有想不这样做。[①]

这是人类生活所固有的一个问题，要想加以利用，不论是为了支持国家还是为了反对它，都是愚蠢的。需要做的是，认真辨别一

① 珀桑诺（撒丁舰队司令）曾把他的日记手稿交给阿泽格利欧（撒丁前大臣和驻博洛尼亚公使），请他对发表这本日记提出意见。阿泽格利欧引用加富尔的话说："如果我们为自己去做我们现在为意大利做的事，我们就是十足的恶棍。"他请求珀桑诺不要公开自己的秘密，说自从波兰被瓜分以来，"还没有一个公务人员对这种十足的恶棍行为公开"表示承认。见法伊夫的《欧洲近代史》（*History of Modern Europe*），第2卷，第292页注释。

切有道德的人和组织特别是一些强大组织的地位和真正的职责，并努力防止除了不可以避免的一切损害。我们要想到这些组织的代理人所承受的道德责任是非常重的，如果能处理好，那么，甚至在个人道德方面，在勇敢无畏、奋发有为、说实话、慷慨、同情、为人类献身等方面，他们都很可能大大超过普通人。

3. 国家与多元论。

“面对着工团主义向各个方面发展的情况，断言国家已经死亡已不再担什么风险了。”

这句话出自一位无名作者，是近来一些最优秀的政治理论著作探讨多元论的开端。[①] 我在序言中曾简要地提到这篇论著中一
lv 些见解，我对它们发表看法，是为了证明我们有权利坚持自己的主张以继续发挥这些见解。

这位女作者赞成多元论者“反对我们的法学理论以之为出发点的主权”，[②]也就是反对奥斯汀派的主权概念。她同意多元论者的观点，认为这种看法即关于一元化的专制国家的看法必须摈弃。但我认为，她所想到的一些作者——我相信她自己的判断力是健全的——并不完全了解奥斯汀所讲的主权即法学专家所考虑的主权同我们的理论所考虑的主权是截然相反和根本对立的。二者的历史和特点都完全不同。奥斯汀所讲的主权是以暴力观念为基础的；我们所讲的主权则以整体的意志为基础。[③] “主权只存在于作

① M. T. 福莱特：《新国家，团体组织，对人民政府的解释》(*The New State, Group Organization, the Solution of Popular Government*)，朗曼公司 1918 年版。

② 《新国家》，第 272 页。

③ “国家的基础是意志，而不是暴力。”这是 T. H. 格林的著名的原则。

为有组织的整体而起作用的那个有组织的整体之中。”[①]因此，说主权是绝对的只是就团体为它效力而言，我们完全可以像我现在所提到的这部书那样发挥对主权的看法。至于我，我也打算这样来阐明我的主张，对这位作者的无可非议的创见我毫无指责之意。

在她看来，健全的政治理论必须建立在对团体生活的心理学认识的基础之上，这种认识一旦获得，就会成为共同生活的艺术的新知识和新实践——她认为到目前为止几乎还不能说存在着这种艺术。一群人的相似性、模仿的作用、相似点的交流或承认，都无 lvi
助于说明真正的社会团体——这样的团体总是促使差别一体化，而且可以象征它的不是一群人，而是一个第一流的委员会，这个委员会是真心实意地从事于通过集中大家的意见而不是通过相互妥协来提出新的意见。因为妥协等于放弃和减少意见；而一体化或创造则意味着把全部必须提出的意见包括在成为集体意志的更为完整的概念之中。

这样，组成社会的单位仍然是个人；但是，作为这种意志载体的个人并不是天生的，也不是你可以找到并谈论的任何一个人；他是这个集体的成员，受到各种关系的约束，并被召唤去进行创造性活动。用一种老的说法来讲，他并不是一个已知数，而是一个问题。政治学的目的就在于去发现并了解这样的个人。

那么，什么是主权呢？“人民的主权是由他们实际创造的。”[②]“五个人可以产生一种集体观念、一种集体意志。这种意志立即成

① 下文第 262 页。

② 《新国家》，第 274 页。

为这五个人必须服从的权威。但它不是任何别人必须服从的权威。而另一方面，其他任何人也不能对这五个人发号施令。这种意志是由社会过程产生的，这是一个自我满足的无所不包的过程。产生集体意志的过程将同时产生集体意志的强制性。给予自治是绝对不可能的。谁也没有给予的权利；谁也没有给予的力量。甲团体能准许乙团体自治吗？除非乙团体已经学会自治，否则准许
lvii 也是空的。自治总是需要培植的。”[①]政治哲学家们谈论国家，但是，直到我们缔造了国家才有了国家。[②] 可以在威廉·詹姆斯的著作中找到他关于这个问题的看法，他承认意识中的国家可以自由地分离和组合，而且在成为较大范围内并存的多种经验领域的一部分时也能保持它们的特点不变。[③] 每个人不仅是他自己也是国家。

这种想法会促成有关趋于统一（不是已经统一）的国家的理论。姑且承认地区团体和职业团体的极端重要性——对此已有详尽的探讨——但是，有了这些团体，趋于统一的力量也不可能被阻止。在团体内部发展起来的这种力量并不随着团体的形成而消失。[④] 它必然继续发展成为一个趋于统一的主权。

在考虑任何形式的“功能主义”时，我们必须注意，功能——即使把一个人的所有功能一一列举出来——并不能把一个人的本性

① 《新国家》，第 275 页。

② 同上书，第 265 页。

③ 同上书，第 264，266 页。参看詹姆斯的《多元的宇宙》，第 290—292 页。如果我们对这位作者理解得不错的话，她对黑格尔的评价比詹姆斯更公正；另参看布雷德利的《论真理与现实》(*Essays on Truth and Reality*)，第 152 页。

④ 《新国家》，第 285 页。

毫无遗漏地全部显示出来。“国家绝不能靠一个人分解自己的尝试而得到这个人的整体。”“国家不能由团体组成，因为任何一个或若干个团体都不能包含我的整体，而理想的国家却需要我的整体。”“我的团体利用我，而我的整体却仍留着奉献给这个整体”——“职业代表制与一般人无关，它只与石匠和医师有关”—— lviii
“每个人的整体都必须和他的公民身份合而为一。”[①]“真正的国家必须把各种利益集于一身。它必然接受多方面的忠诚并设法使之融为一体。我具有所有这些不同的忠诚。如果不能把它们统一起来，我就必然会过着一种分裂的因而是乏味的生活……真正的国家受到我的拥戴，因为它把我的各个方面都集中到它身上了，它是我的多重自我的象征，使我的多重自我具有意义，得以实现。如果让我自己来处理我的多重自我，就会使我陷入孤寂的境地，我的心灵渴望它具有意义，并需要有所寄托。我心灵的寄托就在国家。”[②]

这里的主导思想是：一个组织，即一种效忠或主权，虽然在另一个组织之中，它也不是后者的一部分，而是后者基础的一部分。[③] 作为若干团体——主要是地区性团体和职业团体——的一个组织和协调力量，国家不是变得不如过去重要，而是变得更加重要了。主权并不是一种特许权；它是固有权力的增长。组织形式当然也要自我形成。民主使我们不能采取刻板的形式。只是民众这个概念已完全过时。这位作者坚决主张采取某种形式的联邦

① 《新国家》，第 291 页。

② 同上书，第 312 页。

③ 参看《社会理想与国际理想》，第 281 页。

制。但是，公民要直接成为国家的一员，而不仅仅是组成它的某个团体的一员。组成联邦的团体并不简单地取代个人，作为仅有的独立单位，通过一个多数——尽管目前是团体的多数——而起作用。我们需要由这些团体给予活力的一种新的个人主义。国家的成员将不是或者由人或者由团体组成的一群人的联合，而是在这
lix 个团体系统中显示和实现多方面能动性的完整的个人。

4.国家与国际联盟。

上述原则以同样的精神要求世界国家或国际联盟。统一的活动不可能随着国家的成立而停止，正如不会随着团体的形成而停止一样。根据这样一个原则，那种因想象一个至高无上的中心力量会降低各个国家的独立性而产生的踌躇不前的心理，[①]就再也站不住脚了；其奥秘在于以差别的一体化反对相似的一般化。正如我所强调过的，[②]参加国全体对一种绝对的公共意志的支持是产生世界意志的先决条件，或毋宁说是世界意志的实质和不断自我更新的根源。在这样一个基础上，或者说只要我们能够设想这个世界意志的根源——因为它像一切主权一样必然是实际发展的结果——我们便可满怀信心地前进。带着这样的期望，我们对国际联盟的看法可以用我在世界的命运看来还未确定时讲过的一些话来说明，这些话我现在要大胆地加以引用，作为对本书的理论在1919年的情况的总结。

① 《社会理想与国际理想》，第286、292页。

② 同上。

民族主义与国际主义①

这个题目是很常见的；两种观念都很好，也确实都需要。但是，在动乱的时代，二者被弄得互相对立，而且不是像理所当然的那样互相加强，而是变得

“好像两个精疲力竭的游泳者，
他们紧紧地抱在一起，
以致两个人的本领都无法施展。”

对于一个要使二者结合起来的学者来说，这种情况是令
人痛心的；在不管他如何憎恶这种情况仍然有人指责他支持 lx
一方以反对另一方时，尤其是这样。

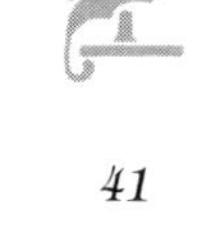

道理很简单。只要注意观念是如何发展的，它们是怎样开花结果的就够了。拿我们的民族、我们的祖国、我们的国家——英国来说，对于那些热爱它的人一直意味着什么呢？我不能说得很周全，但至少可以说是意味着诚实、正义和自由。当然，我们以前是愚昧无知的，往往以为只有我们才代表这些；而在这样想时，我们就有罪了，是亵渎了这些信条。不过，尽管如此，我们还是代表它们的；我们帮助过希腊和意大利，也承认我们曾伤害过美洲。“英国”一向意味着人类的事业，任何一个国家只要认识到善，并为之而奋斗，就同样如此。大家对善的看法并不一样；人类的住所里有许多房间；但是，大家都只看到其中的几间，而不是整个住所，因而并不懂得他

① 发表于《威斯敏斯特报》，1918 年 8 月 20 日。

们要看到和维护的是整个住所。

好啦，现在情况越来越清楚了，英国意味着什么也开始比过去更明确了。我们最优秀的人物——还有和我们一起战斗的全世界最优秀的人物——对我们说：“你们要学会承认种种限制；学会容忍你们也许不喜欢的和也许是你们现在预料不到的事情。”当然，他们的话是对的，如果有人和我的想法一样，也会跟随他们走到底的。这只是要理解并信奉英国所一直意味着的诚实、正义和自由；难道我们一向真以为它们只适合于我们而不适合于别人吗？当然不是。

此外，现在作一个英国人至少是意味着属于英联邦。这就是说，既有过去的含义，也有现在的含义；含义不是变少了，而是无限地增多了。对一个澳大利亚人或加拿大人来说，也
lxi 是这样；他们都意味着属于英联邦，也是既有以前的含义，又有更多的无限增多的含义。

眼前出现了更远大的前景：这同一含义将极度扩展；属于英联邦将意味着属于全人类的联盟；伟大的价值和特征都将展现出来，充分显示它们对人类的意义。这一切与“国家”是敌对的吗？“人类的灵魂追求什么？”这个问题和“为的是过美好的生活”这个答案是从哪里来的？难道不是来自第一部论国家的伟大著作吗？不是希腊人或犹太人的灵魂，而是**人类**的灵魂。主权会感到难以接受种种限制吗？很可能是艰难的；主权就是要做困难的事情。要在帮助人类灵魂的同时找到你自己的灵魂；二者都是难事；但是一起做肯定会比分开做容易些。它们是对立的吗？我认为不是。

5. 关于《新国家》的两点保留意见。

最后，在同《新国家》告别之前，我觉得有两点需要加以注意。

(1)我认为社会与国家之间的相对差别是固有的和永恒的。社会始终具有严酷和消极的一面，因为在社会中法律本身总要表现为一种强制，尽管可以用一种不断取得胜利的活力成功地掩饰它，而且似乎可以取代它。无论我们在改进刑法的实施方面取得多大的成就，城市仍然经常有必要采用针锋相对的办法也就是为惩罚而惩罚的办法，[①]以切实制止明显暴露出来的恶劣行为。在丰富的最高的社会个性中，只要它的基础是健康的，就必然会有支 lxii
持善良和公正的明确而坚强的意志，国家的法律机构和政治机构也会予以支持和捍卫。

(2)在研究共同生活这门"新"艺术的热情中，没有强调在我看来是十分重要的一点——也许作者认为这是显而易见的，所以无须提及。我指的是，社会生活必须以一种超出其现时活动范围的指针和准则为前提条件。在团体生活中，任何训练都将把社会精神引导到不会因分享而减少的积极价值方面去；引向美，也就是引向真理和信仰。亚里士多德使信仰成为公民生活的最终目的和精髓，这无疑是正确的，只有热爱这些最高的社会准则，才能把欲望引上正道，使爱国主义保持纯洁和清新。[②]

作者力图引起所有人的重视，这一点我想是收到了一些效果

① 参看《对伦理学的一些看法》，第 8 章：《论对惩罚日益增强的反感》。

② 参看下文第 309 页；《社会理想与国际理想》，第 16 页；《国际危机》，第 132 页；《个性与价值的原则》(*The Principle of Individuality and Value*)，第 10 讲，附录 12，《论亚里士多德伦理学中的灵魂完美》一文。

的;她极力摈弃神秘主义(对神秘主义法学家是特别反感的),并将心理学而不是形而上学应用于研究现实的统一体。所有这一切也许只是个措辞方便的问题,只要我们没有忘记——我敢肯定她还记得——这一点的话:以实际的最高的社会准则为目的和依据的生活,是爱国主义的可靠保证和社会意志的衡量标准,因为它是保持心满意足的唯一源泉,也是防止贪得无厌的唯一可靠屏障。

第一章　关于国家的哲学理论的兴起与条件 1

(一)首先，用简单的几句话阐明“哲学理论”的含义，以别于不自称为哲学的那些理论，这将是恰当的。二者的主要区别在于：用哲学观点探讨问题时，是把事物当作一个整体并且是为了它自身而进行研究的。从某种意义上说，这种研究可以跟一个小孩或一个艺术家注视一件东西相比拟。就是说，要探讨其研究对象的总的完整印象。这就要求弄清事物的真相，充分了解其全部特征和实质及其在世界总行动中的成就。历史、解释、对原因和条件的分析，只有在它们有助于对所研究的某一实际整体的性质和性能作出明智的估计时才是有价值的。我们都知道，一朵花对几何学家来说是一回事，对化学家来说是另一回事，对植物学家来说是一回事，对艺术家来说又是另一回事。那么，哲学当然并不自以为能够
同任何一个专家在该专家的研究领域内去争衡。但是，哲学所承 2
担的任务，其性质一般是要尽可能借助于各行专家训练有素的洞察力，以期了解这朵花作为世界这部巨著中的一个词或字所具有的全部意义。而且我们把这称作如实地研究它，毫无保留或不带先决条件地为了它自身而研究它。为了进行哲学的探讨，可以设想，每一件事物都有自己的特征，值得按其本身的价值并为了它自

身而加以研究；就人类的政治生活而言尤其是这样。它的各个阶段是怎样产生的，哪些原因或条件对它的发展起过作用，是另外一些很值得加以研究的问题。但是，哲学的问题并不是要去追溯我们的研究对象的历史或分析其因果关系，而是要如实地观察它，弄清它是什么，可以说，就是要估量它在世界上自我维持的性质与程度。

不过，不要让“它是什么”和“为了它自身”这一类说法把我们引入歧途。这类说法并不意味着可以对我们所体验到的任何实际事物的性质脱离生活与知识的一般领域而孤立地作出评价。恰恰相反，这类说法的意思是：当我们根据最恰当的观点，全面、公正地进行研究时，我们的研究对象就会显示出其真实地位及其与人类能够从事和能够了解的所有其他事物的关系。这种地位和这些关系便构成其在全部经验中的地位或意义，而这种价值或意义——就目前情况而言，即我们所讲的这种生活方式能使人类做什么和变成什么
3 样子——就是我们所说的研究对象“自身”的特征，或其完整的特征，或根据恰当的观点“为了它自身”而作周密研究的意义。至于恰当的观点和有偏向的或受限制的思维方式之间的区别，以及前者与后者之间的关系，我们将在下一章中进一步加以说明。

（二）从某种意义上讲，可以说凡是有人类居住的地方就有“国家”。也就是说，从来就有某种规模比家庭大而且不承认任何权力高于它的联合组织或自治组织。但是，这种按“国家”一词的一般含义而说的国家的经验，显然是与真正的政治经验不相同的，必须有比这更明确得多的东西才能唤起人们的好奇心：想知道自己感到是其成员的那个政治共同体具有怎样的特征和价值。

这种好奇心已被唤醒，而且经久不衰，其主要原因（如果不是唯一原因的话）在于两种相似的共同生活的类型——古希腊的城邦和近代的民族国家。如果我们对导致政治哲学的兴起（与前者有关）和复兴（与后者有关）的种种特征略加注意，就会认清我们所研究的问题的性质。

在联系政治哲学的诞生研究希腊城邦时，引起我们注意的有三点：(1)它们所提供的经验模式；(2)这种经验所包含的精神模式；以及(3)这种精神从这种经验得出的阐释模式。

1. 希腊城邦与盛行于非希腊地区的人类联合体的种种模式形
成了鲜明的对比。二者最大的区别在于城邦具有明显的个性。毫 4
无疑问，埃及人或亚述人、腓尼基人或以色列人的生活与行为都具有明显的特征。但是，在近代世界开始以前，在希腊城邦中存在过也只在那里存在过这样一种共同体：它和一个人一样，有明显的青春阶段、成熟阶段和衰落阶段，而且几乎是自觉的；其成员的言谈举止和戏剧中的角色一样，具有可识别的声调与神态；它在人类活动经久不衰的各种领域中表现它的精神很像一个艺术家在其天才的创作中表现他的个性。严格意义上的政治意识是这种国家经验的一个必要的因素。要求“自治权”——根据自己的法律管理——和要求“同等的政治权利”——根据平等的法律管理——乃是希腊人的天性，尽管往往远未得到满足；而在历史的曙光中震撼着希腊世界的革命阵痛和为立法而作的不懈努力都显示了这种天性的勃勃生机。就我们所知，从事一切政治活动的手段正是由希腊人发明的。用以进行有秩序的选举以及使少数人愿把多数人的意志当作自己的意志予以默认的简单方法，是在希腊政治生活中第一次

成为日常作出决定的方法的，这是与杠杆或车轮的发明同样确定无疑的一项发明。

2. 这种经验模式包含着一种相应的精神模式。科学与哲学的诞生应归功于创立政治学的天才，这是不会令人感到惊讶的。因
5为政治学讲的是把人与人联系在一起的种种关系的道理，而科学与哲学讲的是把人类全部经验连接起来的种种关系的道理。精神若能在国家的法则中实际上认识自己，便能在自然的法则中从理论上认识自己。科学虽然开始时不会但最终会变成哲学，因为在空间与时间中看到的东西引起好奇心之后，注意力就会转向人类本身存在的关键与中心问题；而精神、行为和政治意识本身就会成为思考的对象。众所周知，这种好奇心从外部转向内部——实际上是从局部转向整个世界——的情况曾表现在苏格拉底的著作中。苏格拉底把自己伟大的智慧和品格赋予了时代要求的一场无法避免的运动。于是便引出了他的两个后继者柏拉图与亚里士多德的伦理哲学和政治哲学，它们恰恰兴起于希腊独特的政治生活开始衰落的时期。

3. 这种哲学和所有真正的哲学一样，是对当时的经验所作的阐释；既然如此，这种阐释就是由一些其本身就是他们所反思的现象的一部分的有才智的人做出的。这样的人，尽管他们可能感到自己与时代精神是对立的，也不论他们多么热情地发出改革或革命的呼吁，仍然是时代精神的代表；他们的阐释尽管可能更改甚至歪曲了当时的情况，但还是极其清晰地显示了当时的主要力量与原则。因此，柏拉图对家庭以及其他似乎是希腊文明不可缺少的
6因素所作的否定性的探讨，并没有妨碍他无比有力地掌握并表达

他周围生活的主要原则。正如我们在柏拉图和亚里士多德著作中所看到的，希腊政治哲学的基本思想是：人类精神只有在一个精神的共同体中才能获得完美而高尚的生命。更确切地说，这是一个只有一种精神的共同体，这种精神虽然在该共同体的每个成员的生活与行动中表现各异，但其本身却始终是一致的。这一思想还可以用另外一些用语表达，如“国家是自然的”，就是说国家是一种发展或演变，没有这种发展或演变，蕴含于人类起源中的目的便无法达到；“国家比个人重要”，就是说有一种构成个人生活基础的原则或条件，除非由国家生活所构成的整个领域或活动场所实际上被认清，那种原则或条件便不会容许个人生活成为依据它所应有的那个样子。这种观念的全部含义可以用亚里士多德的名言来概括：“人类是生来就适于过城邦生活的动物。”正如我们在柏拉图的国家中所看到的，这一观念的形成是令我们感到奇异的；但是，其难以企及之处恰恰在于它既质朴无华又直截了当；而且迄今为止还没有一种正确的政治哲学不是柏拉图思想的具体化。其核心观念是：在这个共同体里，每一种人——政治家、军人、工人——都具有某种使其成员适应其职责的独特的精神模式，而且这个共同体实质上存在于这些精神模式相互关联的活动之中，这种联系使他们服从共同的利益。上述的活动或调节显然最终有赖于这个共同体的成员心灵最深处所具有的品质；因此，社会的外部组织确实好像是一举一动都反映某种精神特征的肉体。我们不应在此停止不 7
前，而应继续探究这种概念的后果。但是，那些思考这个问题的人立刻会看出其含义，即每一个体精神都必须以不同的方式充分表现自己的特性，以适应——实际上是促进——形成这个共同体的

各种关系与功能；从这个意义上说，每一精神都是一面镜子，或者说是从各自特有的角度对整个社会的反映。柏拉图思想的道德主张或原则是：一个健全的国家组织会通过某种必要的联系使个人心灵的特性得到健全的平衡与调节，反之亦然。本书的后半部分将试图进一步说明这个原则。这里我们所关心的只是柏拉图思想——具有希腊政治哲学特征的思想——的一般性质。

重要的是注意到这一点：在这种哲学的社会观形成过程中，出现了一种强有力的对立观点。一个人除非能够拒绝承认他所在的共同体，他就不能在其中随意地发现并发挥他自己的特长；正如一个逻辑学家可能会说，否定的可能性对于真正有意义的肯定来说是必要的。所以，我们便在柏拉图与亚里士多德时代发现了对那些似乎与他们的思想截然相反的近代思想的最惊人的预言。我们发现，已经有人认为自然不是成熟的充实状态，而是生命的空虚的起点；我们看到了素食主义、以水代酒、把穿着减少到最低限度等现象，总之是一些为大家所熟知的渴望“回归自然”的种种表现及
8 其全部寓意；我们发现，法律和政治统一被当作一套计谋与惯例，个人不屑承认自己是某一国的公民，而声称是外来人，是世界的公民。要证明这些观念并非毫无道理，只需指出：在某些情况下，它们带有抨击奴隶制的用意，而这种制度，作为一种团结的形式，至少在有限的意义上是受到亚里士多德的支持的。这种否定性批评的存在足以表明这位希腊的才智非凡的人是多么清楚地看到了这个重要的问题：个人与社会之间的关系，以及在善于分析的有才智的人们中间把这种关系保持得如此密切该具有多么高尚的品质。

（三）许多著作家都谈到希腊的精神在希腊城邦失去独立的主

权以后发生变化的经过。就我们的目的来说，只需提到这个事实就够了：由于这种变化，伟大的希腊时代的政治哲学或社会哲学不仅失去了它的至高无上的地位，而且几乎不再被人理解了。从这个时期起直到近代民族国家的兴起，人类关于生活与行为的思想都具有道德理论、宗教神秘主义与神学或法理学的性质。个人要求在道德和宗教的领域中看到一种能使他摆脱任何确定的人类社会的生活——这是柏拉图与亚里士多德认为无法解决的一个问题。斯多葛学说和伊壁鸠鲁学说是西方世界最早的无国家的信条，它们成功地发展的一些观念，在我们看来，最初几乎只是对苏格拉底哲学基本思想的反抗。世界主义、博爱的概念、关于一种不 9
排斥妇女参加的“公谊会”——伊壁鸠鲁信徒联合会——的观念以及“不要对生活存分外的指望”的箴言，这一切取代了高度个性化的国家和它的男性的好战生活与政治生活以及它的只要还有一件事没做成就感到一切事都没有做成的急躁性格。

随着文明世界这种倾向的改变，苏格拉底的直接继承者未能加以陈述的人性的许多方面被提到了显著的地位。在亚里士多德到西塞罗这段时期中，我们在《新约全书》中听到了一阵像号角一样的响亮呼声：“既非犹太人，也非希腊人；既非野蛮人，也非西西里人；既非奴隶，也非自由人。”但是，最终表现为基督教的那种出世思想却注定要经历一个漫长的转变过程：在它从近代思想恢复到它起始的统一状态以前要经历各种形式的来世思想；而在从亚里士多德去世到宗教改革运动中出现近代意识觉醒的期间，伦理与宗教的历史却几乎与真正的政治学说毫无关系。

古代的政治思想能保存至今，不仅得益于柏拉图和亚里士多

德的手稿，罗马的法学也起了作用。罗马的统治，尽管僵化古板，
对真正的政治功能和自由的激励作用一无所知，但也有其特殊的
10 贡献，即将关于人类生活的伟大思想萌芽传给了后代。在这里，不
便对从罗马“外国人法庭”的活动中归纳出来的大量实用理论的根
源详加描述。这种名为**国际法**的理论带有理想色彩，因而又称作
自然法。无论提到“天赋人权”时会产生什么样的谬误，其含义都
是：人作为人总有某种应当受到尊重的东西，即有一种属于人的
“本性”的生活法则，这实际上是人有理性的另一种说法，从某种意
义上说就是指“自由”和“平等”，这是他天生的权利——这种思想
不仅是斯多葛学派观念的遗产，几乎具有一种宗教的启示力；而且
是以前所未有的那个最注重实际的民族的司法经验为可靠依据
的。

(四)要使蕴藏于天赋人权与自由的观念中的力量像植物种子中的力量一样在近代社会中显示出来，就必须再现与最初产生这些观念的环境相类似的条件。可是这些原先的条件乃是希腊城邦的条件；因为正如我们所知，关于人性的观念就是在那里盛极一时的。当时的观念是：有目的地促成一种充实的多方面的社会生活，而在斯多葛学派的哲学和罗马的法律理论中，这种观念却日益成为空洞的口号和公式，失去了它原有的适用范围广泛的深刻含义。

要恢复古希腊城邦传统公式的古老含义，并按照较大局面的
要求加以发展，需要的正是由近代民族国家提供的经验模式。近
11 代欧洲的民族国家据说是从 9 世纪到 15 世纪之间发展起来的。
就是在这个时期结束前后，特别是在 17 世纪，当英国人的民族意
识和其他民族一样完全觉醒时，自亚里士多德发表《政治学》以后

中断了的严格意义上的政治思考就又开始了。只要举一个例子就够了：当我们在莎士比亚的剧本《理查二世》中读到冈特的约翰赞美英国的那些话时，我们便立即觉得接触到社会统一体的思想，犹如好追根究底的人必然会想到雅典和斯巴达的特征使柏拉图与亚里士多德所想到的那些问题。我们因而看到近代世界最早的政治思考仿佛是在探索那些有助于说明一个由个人组成的自治的主权社会的经验的观念。而这些已出现的观念多半是罗马的法学思想，不过是被政治上的应用和新教徒的狂热所曲解了的。正如里奇先生[①]所指出的，天赋人权和自然法的概念与威克利夫特[②]的呐喊奇特而又有效地结合起来了：

> 在亚当耕种、夏娃纺织的时候，
> 谁是出身高贵的人呢？

契约、约束力、一个法律上的“人”的代表等概念现在都分别或一起被用于说明这个自治的个人共同体的现象。但是，答案仍是不完善的，自治的基本事实既不容许把它视为原来自由和平等的个人为了某种有限的目的而进行的联合，也不容许把它视为这些人的意志完全集中于专制君主“自身”。

恢复法学传统中一些抽象词语所包含的真正的哲学意义，总 12
的说是18世纪的事。为了讲清楚并尽量以历史的观点对这一贡献作出公正的评价，我们可以把它和一个人的名字联系起来，这就是让·雅克·卢梭。因为一方面处于霍布斯与洛克之间，另一方

① 《天赋人权》(*Natural Rights*)，第8页。

② 威克利夫特(1328—1384)，英国宗教改革家，曾把圣经译成英语。——译者

面又处于康德与黑格尔之间的正是卢梭，而且在他的著作中可以连续不断地看到，关于人性的完整的观念奋力甩掉衰老传统的外壳，实际上获得了复兴。在洛克与卢梭之间，维科[①]与孟德斯鸠的天才通过在他们身上表现出来的社会活力，赋予枯燥的法学公式以新的意义。此外，希腊人的经验也在关键时刻复兴了。这对卢梭本人是有影响的，尽管他对近代社会政治上可能出现的情况了解不多，但在纯原则的问题上，这种影响总的说来使他把握了正确的方向。他认为，每一个政治统一体都会提出希腊城邦曾经提出过的问题，也会涉及一些同样的原则，这种看法是有道理的。他还给他的后继者留下了这样的任务，即要用关于本质上具有社会性的人的共同生活的观念取代关于契约、人性和原始自由的空话与虚构，表达并支持处于最佳状态的人的意志。

根据上述看法，使真正的政治哲学从法学抽象概念的尸体中复活，是由维科与孟德斯鸠开始的，而明确宣告它复活的则是让·
13 雅克·卢梭。关于“《社会契约论》的新福音”，我们多数人已经形成的观念和这种说法的意思是不一致的。可能会有人问我们：它就是激励法国革命领袖们的真正的政治哲学吗？即使否认法国革命时期的理论与实际之间有任何联系，这个问题也是不能回避的。革命文告所用的词句[②]——这些词句在熟悉 19 世纪的社会主义

---

① 维科（1668－1744），意大利哲学家、历史学家。——译者

② 参看里奇教授《天赋人权》附录中收集的一些非常有趣的文件。使人感兴趣的是：在两份关于权利的革命文告中，所讲的“代表”都是指参加形成公共意志的活动，这想必是一些政治家对卢梭学说所作的改进。参看我的文章：《卢梭的政治思想》，载《形而上学与伦理学评论》(*Revue de Métaphysique et de Morale*)，1912 年 5 月，第 335 页，注 2。

的读者看来会显得语气非常温和，甚至是保守的——在很大的程度上无疑是从卢梭的著作中借来的。

对这个问题的实际情况也许可以作如下的探讨。通常描述一个伟大人物的观点时，很容易直接落入他特别警告过世人的陷阱之中。这种情况可以在很大程度上适合于像柏拉图与斯宾诺莎这样的人物，对基督教创始人的适合程度也许更为惊人。原因是显而易见的。一位伟大人物会运用他那个时代的观念并予以更新。但是，就更新而言，他会超越一般人的思想；而就运用而言，他却仍然易于为一般人所理解。他自己的思想也有平凡的一面；他所能促成的观念更新也不是完满的，而当时的一些看法不仅会限制他取得成就的整个范围——最有耐力的赛跑健将能跑多远，必须看他从哪里起跑——而且会在他生气勃勃的思想之流中漂浮而不被 14
同化。他的思想的平凡一面也会带有他整个性格的力量与光彩。这样，看上去他似乎宣扬过他所反对的一些迷信思想。部分原因是他自己因受了影响而这样做过；部分原因是一些阐述他的思想的人有很强的倾向性，把着重点从他的中心思想转移到了某些次要的细节或比喻上，以致恰恰把他提出的告诫的意思弄颠倒了。大家早就知道斯宾诺莎这个“上帝迷”怎样被认为是个“无神论者”的，而实际上他倒是个“泛神论者”；卢梭也同样被误解了，只是程度差一些而已，他本来是力图说明真正的主权在于通过法律和制度表现的共同的社会利益的统治，却被认为是要把至高无上的权力归之于多数人的偶然联合体，尽管他曾明确指出过这种联合体本身是毫无权力的。

但是，上述关于伟大人物的观念影响到实际社会的情况，还须

进一步加以说明。如果这个完整而积极的观念在触及日常生活过程中变得狭隘、消极了，那就可能不仅是经普通人传播的结果，而且是对它应起的作用的一种限制。比较狭隘的道理也许可以说是比较完整的道理的利刃，正如否定是肯定的利刃一样。关于人民主权与天赋人权的一般概念是必要的，它可以起到一种更有系统的社会理论因过于精深而不能起的作用。像早期的基督教徒信仰救世主会迅速再现一样，让·雅克的福音所采取的形式，在当时革命的法国人看来是适用的，也是不可避免的。如上所述，倘若伟人常被误解，那么，看来结果必然是：当他播下思想种子时，要想最终结出果实，就必须让它们首先经过比较低级的阶段。因此，尽管我们并不否认卢梭对法国革命的影响，但还是要试图指出，他后来造成的另一种影响更充分地显示了他的天才真正能起到的作用。

第二章　社会学理论与哲学理论相比较 16

（一）从历史上说，社会学与社会哲学的出发点无疑是不同的。本章的目的在于确定这种区别的性质，并估量其重要性与可能的持久性。我打算先一般阐明一下这种区别；然后考察一下社会经验——换言之，就是社会生活的各个方面或各种情况——的来源；因为社会理论要受到社会经验的影响，并必须对之加以探讨；最后，还要对社会学与社会哲学根据经验的范围各自提出的独特任务形成一些看法——整理这些经验正是社会理论的功能。

从维科的[①]《新科学》开始，在现代欧洲不止一次地有人试图创立作为一门新学科的社会科学。但是，被称为社会学的这门学科的发展尽管至少已有半个世纪之久，最先把它所特有的现代精神表达得正确无误的乃是奥古斯特·孔德。他最先把这门学科称作社会学或社会 17
物理学，这是一个独具特色的现代概念。其要旨在于把人类社会纳入自然科学的研究对象之中；其口号是规律和原因——仅指实证主义所要探索的原因——以及科学的预言。[②] 孔德哲学中关于统一体的广

① 参看帕尔格雷夫的《政治经济学辞典》（*Dict. of Pol. Econ.*）"社会科学"部分中关于J.D.罗杰斯的条目。

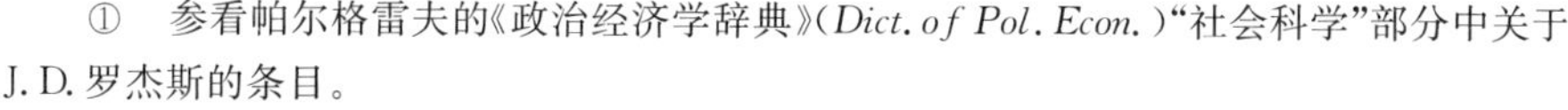

② 参看吉丁斯的《社会学》（*Sociology*），第6页。

泛概念确实与希腊社会哲学家所坚持的原则有很多共同之处。一切社会现象的密切的相互依存关系，人与自然的统一，以及道德理论和政治理论与数理科学体系的必然互相关联等观念，可能是孔德直接从柏拉图和亚里士多德那里借来的。不过，现代的出发点与古代的还是迥然不同。现代的探索者——诸如社会学家——是根据孔德的思想，用物理学的语言向自己提出这样的问题：对人类集合体起作用的规律和原因是什么？可预测的结果又如何？古代哲学家——伦理学家和形而上学家——面对的问题主要是："人类最完满和最实在的生活是什么样的？"后者的思想从卢梭和黑格尔起已由现代唯心主义哲学所恢复，并在英国找到了第二故乡，而前者的思想则已在社会学研究的特定范围与传统中发展起来，尤其在法国和美国的土壤上获得了
18 累累硕果。这两股思潮继续沿着各自的轨道向前发展，并非毫无合流的迹象，却是 19 世纪文化中一个值得注意的现象。考察它们的合流有多大的必要或可取的程度如何，乃是本章——而且从广义上说也是全书——将要探讨的问题之一。

（二）毫无疑问，每一门学科在某种程度上都要作一些类比；但是，人与人之间各种关系的复杂性与非物质性迫使社会学带有的这个特点达到了惊人的程度。若不试图运用白哲特先生在他的《物理学与政治学》一书中提出的研究方法，就不可能说明社会学思想与哲学思想的发展趋势。一些突出的经验模式和类型必然给整个思想活动染上特别的色彩，而且如前所述，这种影响特别容易波及不能有效地通过直接实验或感官观测进行研究的部门。因此，对于提供了适用于社会学说的观念的经验，我必须力求简要地考察其主要的部分，并指出在研究社会时由于专心致志于进行这

种或那种特殊的类比而出现的一些偏向。

1.牛顿的万有引力学说是进入现代科学世界的大门。弄清“这门学科的牛顿何时会出现”[①]是研究任何可知事物的现代探索者的愿望。因此，这是不足为奇的：要求社会科学具有阐释的完整性和类似天文学或数理科学所显示的预言能力，应该是人类社会 19
已被纳入可确知事物范围的象征。社会物理学这个名称就体现了这一思想。对孔德来说，这个名称和“社会学”是相同的，可以相互代替。不难看出这种思想的价值和危险：它体现了自然科学的精确性，却是根据迄今为止的社会学观点推测出来的。任何一门科学都必然是一门自然科学，而且任何一门自然科学都必然是精确的科学吗？——这些是用数学观念研究社会所涉及的根本问题。这种做法是要达到最高度的协调与精确，就这一点来说是无可指责的。唯一的问题在于：是否可以提供一种恰当的比较模式，比方说，是否可用曲线定律来说明一种制度的成长。那种认为人类的各种关系与自然界的各种规律之间具有连续性的一般看法确实完全符合柏拉图精神，并显示出一种称得上是伟大事物本源的科学热情。特别是在经济学领域中，某些比较简单的假说业已基本上证明是有效的说明手段，能够被用来分析一些复杂的现象，这在某种程度上证明希望建立一门精确的科学是有道理的。

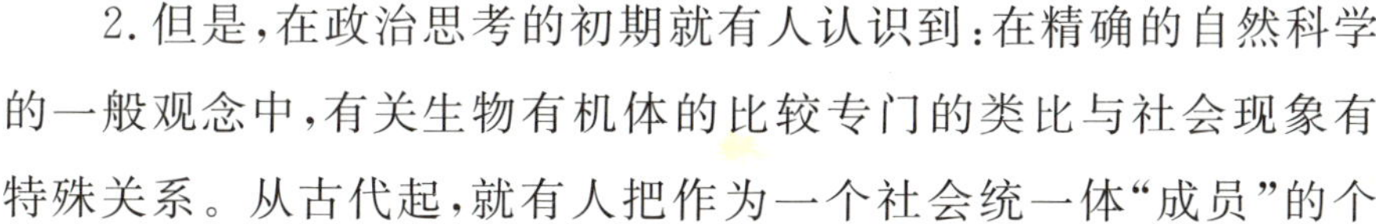

2.但是，在政治思考的初期就有人认识到：在精确的自然科学的一般观念中，有关生物有机体的比较专门的类比与社会现象有特殊关系。从古代起，就有人把作为一个社会统一体“成员”的个

① 摩根：《悖论集》(*Budget of Paradoxes*)，第355页。

20 人同生物体的各个部分或器官相比，甚至同构成一种思想的成分相比。到了现代，这种类比业已为生物学和人类学的新创造所扩充和增强。因此，连续感增强了，从而具有“进化”这个现代术语所包含的完全相同的含义。这就给社会学的研究带来了大量的启发性材料，但同时也使它产生了一种也许现在才开始要摆脱的特殊偏向。这一特点大致说来就是：用比较低级的现象去阐明比较高级的现象——前者是指在未开化的民族或动物界中那些比较容易观察到或推断出的现象，后者是指更为明显的人类现象。任何通晓逻辑的人都懂得，这种偏向往往由于一种微妙而自然的成见而加重了。该成见断言：由于早先暂时地连续出现而显得本身是所谓“原因”的现象，具有高度的真实性。这种偏向在社会学家当中非常严重，以致那些主要对文明社会的特征与成就感兴趣的学者也不由得草率地宣称：社会学家①根本很少认真研究真正的社会现象，而是把他的注意力集中于原始人和低等动物，偶尔用间接提及的方式来说明这些领域的研究，而并未显示出对文明社会的实际情况有什么真知灼见。随着时间的推移，这种意见会变得越来
21 越没有道理，社会学也会摆脱那些研究低级生物的学科的强烈影响而恢复正常。从“比较低级的”或比较纯自然的方面出发进行研究的方法还会在社会学的终极特点中保留多久，是我们要在本书中探讨的涉及社会学性质和命运的主要问题的一个组成部分。但是，仍然可以这样说，而且注意到这一点很重要：以社会学的名义

① 我说的“社会学家”是指专门研究社会学的著作家。任何独立的研究，如韦布夫妇的《工业民主》(*Industrial Democracy*)，当然可以归入“社会学”的范畴。但是，这类著作通常都没有使用社会学著作家的特殊方法和语言。

并用社会学特有的方法进行研究的人至今尚未达到许多对自己的问题直接感兴趣并直接从事研究的人已经取得的重大成就；无论在政治经济学特有的范围内，还是探讨有关社会价值与道德价值的各种问题，如贫穷、博爱、环境卫生、教育、居民状况、比较政治学等，抑或分析物质条件与地理环境对社会发展与艺术发展的反作用，情况都是如此。

另一方面，毫无疑问的是：我们所谈到的时代与影响已经把一份具有不朽价值的遗产留给了社会理论。简言之，这份遗产已经使我们对事物的连续性，从而也对它们的统一性重视起来。它使我们看到了人类、他们的国家、宗教、美术和科学所取得的光辉成就，这是远在原始的有机世界就已出现的一些倾向所达到的顶点，这些倾向一开始就是互相关联的——像宗教的各种实际情况一样——只是在它们高度地单独发展时，这种联系很容易被忽视。"回归自然"和"高尚的野蛮人"已被赋予一种永志不忘的意义，是批判永远也抹杀不掉的。这就是 18 世纪下半叶和 19 世纪大部分 22
时间通过生物学与人类学对社会学作出的一般贡献的主要内容。

特别要指出的是：必须根据类比的内容来注意生物学对社会学的双重影响。

(1)由于生物学对社会理论的促进作用，现在仍然在人们心目中显得非常重要的思想无疑是生存竞争或适者生存的观念。应当引起注意的是：把这种类比应用于社会时，不是把某个人类社会与单个的动物有机体相比较，更不是与一个人相比较，而是与某一种动物的整体，甚至与所有动物的集合体相比较，其依据是各种动物或之间或种内均处于彼此竞争的状态之中。社会学理论有一个方面完全是以运用这种生物的类比为基础的，斯宾塞先生曾坚持不懈地鼓吹这一方面，而且被他当作他的原则的那个悖论也自称是直接仿效自然界与动物个体的关系而得出的。这种悖论主张，分配利益时对成年人应当把利益直接当作他们的贡献，而对未成年人则应当反过来把利益当作对他们的贡献。这就是他的社会学的基本原则。如果为了适应人类社会而用慈善之心或利他主义来修改这个原则，那么即使做得非常好，也只能表明它是不恰当的。不过，我们可以认为：生存竞争这种类比业已表明，生物在任何既定的情况下都要有能够适应那种情况的特定本领才能维持生存。尽
23 管这个原则本身看来很刻板，但把它应用于人类社会绝不是不必要的。

(2)有一个比较新的学派坚决主张作补充性的类比，这种类比可以说是把社会与单个的有机体相比较。应当提醒注意的是：这里正是这一思想领域中最初引起古代社会哲学家注意的相似之处。但是，据说在动物界中各个动物之间有互助的一面，这跟单个有机体的各个组成部分之间的协同作用并无二致。可以断言：只看到动物界存在自相残杀的竞争的观点在解释各种实际情况时过于草率和肤浅。因此，有人认为，社会成员的合作同互相竞争的现象一样，均可在较低级的自然界中找到其根源；也许社会学不久就会承认竞争与合作不过是同一个常见的事实——分工、功能的重要性和真正由个人提供的服务的独特性等事实——的消极面与积极面。如果有一种对有机体的类比认为，生物的存在取决于是否具有适合其所要占有的位置的能力，那么，另一种类比则显然表明：能够满足占有某种地位的要求的能力大体上和原则上就是能

够实现一种为整体服务的功能的能力。

由于受到具有启发性的批评，在斯宾塞先生的学说中上述两个方面具有非常明确的关系；[①]他对这种批评特别耐心地作了回答。如果说人类社会相当于单个的有机体——斯宾塞先生的著名 24
学说以许多方式这样说过——那么，一个完善的有机体所具有的绝对中心控制系统一旦出现在人类社会中，对斯宾塞先生来说，怎样会成了不完善的标志呢？回答只能是：从人类社会的许多特点来看，与其说它相当于单个的有机体，不如说它相当于某一类有机体的地方变种。这在实质上是不同的，即不是单个的有机体，因而在这一点上，就不是和单个的有机体相类比，而是和一类或一种有机体相类比。

但是，斯宾塞先生实际上并不是说，人类社会在其成员之间的内在联系上没有超过一种动物的地方变种。为了表明人类社会的真正性质，他用了一个很妙的词——但只是一个词，即“超有机的”。[②] 这个词很重要，它使我们或许能认识到生物社会学对人类国家统一体所能提出的看法的局限性，并引导我们超出这个范围。值得注意的是，一旦人们对真正的人类社会的实际情况了解得比斯宾塞先生更为透彻，但还没有追查关于单个有机体与动物生活的互助现象的线索时，便出现了一种倾向：要切断人类和“较低级”自然界的联系，并将伦理进程和宇宙进程说成是绝对相反的。我们知道，赫胥黎先生就坚持这一观点，[③]这也许标志着社会学本身

① 《社会学》，第 1 卷，第 586 页。

② 《社会学》，第 1 卷，第 1 章。

③ 《进化与道德准则》(*Evolution and Ethics*)，第 82 页。

摆脱大量伪科学废品的时代开始了。不过，耐心细致的研究会继续认识到，竞争与合作这两个因素在人类社会中和在动物界中一
25 样都是根深蒂固而又难以分开的；高级形式竞争的基本意义在于抛弃并压制那些不能满足不断提高的对合作能力的要求的成员；关于寄生现象[①]和退化淘汰现象的研究会继续告诫人们不要试图使人类摆脱宇宙秩序的严峻的一般条件。人们还会认识到，在退化现象中包含着对环境的适应。但是，与最纯粹的“适者生存”现象相比较，失败是可以理解的，[②]因为它显示了有机体与环境的充分协调和意义。重要的是要看到这一点：至少在刚提到的两位著名生物学家的著作中，关于单个自我——关于突出自我和自我约束之间的关系——的学说完全是一种不文明的和反社会的理论。生物学上的各种现象，至少就它们的情况而言，似乎并没有提供任何暗示，使人认为社会的自我从积极意义上说是高于较少承担社会义务的自我的。斯宾塞和赫胥黎两位先生跟柏拉图在《理想国》中所持的否定态度一样，认为“自然界”实质上是自作主张的，而
26 “社会”实质上是自我约束的。[③] 在这里，我们又涉及在斯宾塞先生的“超有机的”一词上看到的局限性，而且我们感到必然会出现

---

① 《大英百科全书》，第 18 卷，第 253 页 a，格迪斯条目：“关于退化变态的过程和一些非常重要的退化现象都不能在这里详加说明；这类变化的发生一般是由于环境简单——没有危险，食物丰富，十分平静等等（总之，就是通常被认为是完满的物质幸福的那些条件），只要对这一点比较清楚就够了。”

② 参看萨瑟兰：《道德本能的起源与发展》（*Origin and Growth of the Moral Instinct*），第 1 卷，第 28、29 页。

③ 赫胥黎：《进化与道德准则》，第 31 页；斯宾塞：《人与国家》（*Man v. State*），第 98 页。

一种不同的观点。

3.政治经济学在现代社会学问世以前就存在了，而且现在仍然是现代社会学中唯一取得明显的和无可争辩的成功的一种释义科学。这一理论的胜利发展甚至对黑格尔的政治哲学也产生了影响，使他考虑到“资产阶级社会”与“国家”的区别。更不用说，它必然会对发展中的社会学本身产生重大的影响，因为这门学科的理想也许可以说是要把在经济问题上已经证明非常成功的研究模式推广到整个社会。这种影响已经引起社会学研究中的一种趋势，即所谓用经济的或唯物主义的观点研究历史，并进而研究社会。这种观点主要是和马克思的名字联系在一起的，也能用巴克尔和勒普累的许多论点来说明，并确已成为一个学派的准则。简言之，这种观点是：文明的基本结构，例如家庭的类型和社会各阶级的等级关系与发展，一向是而且必然是由人类生存的基本需要和满足这些需要的气候与食物条件所决定的。根据这种观点，只有经济事实才是实在的和构成原因的，其他一切都是现象和结果。

在谈论这种观点的真正重要性以前，纠正一下对其性质的陈
腐看法可能是有益的。从严格的哲学意义上说，唯物主义意味着 27
只确信实在的东西或是受引力作用的东西才是真实的。根据由这一观点得出的一种不是很有说服力的推理，我们以非常不严密的和通常的方式所谈到的一切与肉体有关的感情和需要，都可被认为并往往被认为是“物质的”，与似乎更适合归之于非物质的精神力量相对立。但是，应当注意，这后一种说法并无重要的伦理上的含义，特别是在没有人能否认一切精神活动都与肉体有关的时候。像圣保罗的宗教语言中的“肉体”或“身体”一样，人的“肉体的”或

“物质的”需要与欲望乃是精神的一个组成部分，确定它们的地位与价值，不应当根据它们在某种程度上与“身体的”条件有关这种看法，而应当根据其他理由。经济史观之所以被视为并一向自称是唯物主义的，部分是由于我刚才所讲的那种陈腐的习惯看法，即常把某些它认为是基本的感情和需要，相对于伦理的或观念的，称之为物质的——这是完全没有道理的对立——部分则是由于我在本章开头提到的那种看法，即政治经济学的成就在某种程度上类似研究抽象问题的数学的成就。

因此，如果抛开哲学唯物主义的那些不合理的看法，[1]我们在
28 经济史观中所看到的差不多是下述意思：在政治家们争论不休时，爱与饥饿却统治着人类。气候与自然资源对历史产生影响；职业决定家庭的类型；农业社会与工业社会绝不会有同样的等级关系，而能够适应小商店零售业的经营方法或经营思想也应付不了大规模的商业活动。但是，各种经济的需要与手段并不是孤立的，可以说也不是人类生活的绝对前提[2]——这一事实已使“唯物主义的”这个形容词变得模糊不清了，因为事实上在经济活动中并没有真正的物质因果关系问题——因此可以清楚地看到，我们在这方面

① 马克思的观点中很可能有仿效真正唯物主义的地方，如认为意志与意识是由分子运动引起的“附带现象”，也就是说它们是结果而不是原因。对这种观点不能在这里评论，但是可以指出一点，即在这样的基础上，“肉体的”感情等等一点也不比道德上的“绝对命令”更具有“物质性”，所以并不更能构成原因。

根据物质对象的占有不能分享的道理（参看本书第 lxii 页）类推，“物质的”要求可以被认为是指自私的要求。但是，从这个意义上说，这个词根本不能正确地说明经济的目的，关于家庭或忠于氏族的事实清楚地表明了这一点。1919 年。

② 参看下页注②。

并没有什么优先的起决定作用的社会存在框架，有的只是人类精神活动的某些重要方面从一切其他方面被孤立出来而受到相当狭隘的理解。如果我们认真思考一下像“生活水平”这样一种经济学概念的含义，就会明白：对于已为人们普遍承认的[①]在经济状况的机械压力与观念的影响之间存在的明显差别[②]需要加以全新的评论和全面的重新陈述。不过，尽管对唯物主义的混乱概念和经济学的真正成就所引起的夸大说法有所怀疑，我们还是一向认为，经 29
济史观关于人与周围环境的连续性的论断是完全正确的。毫无疑问，人的生活是与地球的存在、气候和他所处的环境分不开的，可以说人乃是他的种族和国家得以形成和发展的环境的代言人。唯一的困难在于：倘若在人和环境之间任意画一条线，使恰恰是他的生活资料的环境被当作影响他生存的异己力量，结果是把他描绘为环境的奴隶，而不是周围事物的集中反映和清晰表达。我们是否认为，如果荷马不是希腊的代言人，但丁不是意大利的代言人，莎士比亚不是英国的代言人，他们的天才会得到更伟大或更自由的发挥？人生活于其中的世界就是他自己，但这当然得由一种精神表达出来，而不是由严格意义上的物质因果关系所构成的；即使有这种物质因果关系在起作用，像炎热的气候或某种食物对身体产生影响那样，它也仍旧不能决定人类生活的类型，除非是进入了

① 参看有关著作，如迪尔凯姆的《社会学年刊》(*Année Sociologique*)，1897 年，第 159 页。

② 即好像经济条件是一种要首先架起的铁梁，而文明则是它们的装饰。这是个由来已久的问题：忘记了躯体在先，骨骼在后，骨骼是寓于躯体之中而由躯体使之成型的。

人类对自己所描述的那个世界。

这类想法在最近的社会学说中很受重视，部分是由于有一种毫无根据的看法，认为它们有新颖之处。我们原来依靠柏拉图和亚里士多德对这些问题作出的稳妥而明智的论述大都被现代社会学家忽视了，虽然这种由现代社会学和古代社会哲学所代表的学术界的分裂是非常自然的，但也不免有点令人吃惊。

30 这些现代著作家的整个社会观就是不断地应用他们的全部哲学的这个基本原则，即“形式”是“物质”固有的有组织的生存方式，因此，一个国家的较好生活，只能是它的物质条件和工业与经济组织的潜力有可能得到充分发挥的结果。最终要表现为国家的全部正义性源泉的法律，在经济活动中有其最明显的和物质的象征——柏拉图是这样告诉我们的；而且对柏拉图和对亚里士多德来说，每个地点所处的环境以及工业、商业和公民的种族类型都有助于现存有机体以某种适当的个体形式产生出更高级的生活。倘若我们自问，古代关于经济因果关系的观点和“唯物主义”历史学派的观点之间有什么不同，我们就会发现答案是：前者的观点中没有上述那种不真实的孤立现象。对希腊思想家来说，“特质”或“条件”与“形式”或“目的”的联系并不是一种异己需要的压力，即不是一种敌对的环境的压力，而是原则上要经过其一切阶段连续发展的一种生活的开始。立法者的思想把各种条件的集合作为一种物质的或本能的倾向，固定在独特的意识与意志的形式之中，这种情况用一个古老的比喻来说，就像艺术家把大理石刻成雕像那样。运用这种思想，由于更富有同情心，对这种联系的探索比我们认为科学只不过是揭露人性的桎梏时所能达到的要精确得多。而且，

研究古代的现代学者业已按照希腊思想家的精神致力于发现环境
与历史的实际联系；对他们所取得的成就，一般的现代社会学家似 31
乎还一无所知。当我们想到古希腊最伟大时代的历史是多么具有典型意义，而且相对来说又是多么容易孤立起来加以详尽研究时，有一点似乎令人感到意外，即在说明自然资源、商业与经济的发展同历史的伟大成果之间的关系时，通常竟没有考虑对其地理、商业和经济条件业已进行过的大量细心的研究工作。[①]

不管目前的情况如何，至少在分析经济和半经济条件与各民族生活的关系方面，我们获得了一个真正的研究课题。就现在所能见到的情况来说，这个课题也许是属于纯社会学家最少争议的研究范围。它实际上不属于自然界因果关系的范围，而是精神生活中某些与客观情况相符的简单而一般的条件，这些客观情况是可以或多或少地加以明确陈述的，还可以希望将之归纳成相当可
靠的统一形式。这样的例证有迪尔凯姆先生关于人口密度对分工 32
的影响的调查，[②]还有吉丁斯教授对人口聚集的原因与限制条件

① 例如，我从未见过任何社会学论文提到厄恩斯特·库尔提乌斯论述伯罗奔尼撒半岛的地理与其历史发展关系的巨著；也没有论文提到敦克尔和毕希森舒茨的著作。以及纽曼先生编辑的亚里士多德的《政治学》。波依克的《论雅典的公共经济》，(*Treatise on the Public Economy of Athens*)也只在麦卡洛克的《政治经济学文献》(*Literature of Political Economy*)中被轻蔑地提了一下。(我觉得上述批评对目前的大量社会学专著都还是适用的。不过，我也乐于承认国外对古希腊的研究有一种新的精神，使得社会学与考古学携手合作，二者都对文明的意义作出了有启发性的评价。吉尔伯特·默里教授的《希腊史诗的兴起》(*Rise of the Greek Epic*)就是我提到的结合多种研究方法的一个杰出的例子。1909 年。)

② 《社会分工论》(*De la Division du Travail Social*)，阿尔玧，1893 年版。

的观察。[①] 现在我们要谈谈一种严重滥用社会学家使用的概念的情况。

4. 研究社会学的人一旦撇开生物学的类比和经济条件，转而去考虑由法学和权利科学提供的丰富经验和思想，就会看到一片全新的景象。这时，他会确实懂得，一个实际领域的显而易见的那一面并非是唯一的一面；社会存在的各个方面之间的协调一致肯定是可以追溯的。不过，他也将能够克制把事情完全讲清楚的欲望，并将公正而坦率地考虑整个历史和他目前所受到的指责的含义与启示。

(1)因为，我们在这里面对的是一些**理想的论据**，这是一些最清楚而又最明确无误的经验材料。作为权利科学基础的大量文献——它所提供的材料完整而全面，也许是社会科学的任何其他学科都比不上的——在任何情况下至少可以对一种社会现象即对
33 思想与意志的一种正式活动提供证据，这种活动旨在维护某种相对正确的行为或制止某种相对错误的行为，并在某种意义和程度上得到了社会的承认。理论家们说过，正义不受事实的支配。这种说法尽管意思并没有错，但未免过于轻率。正确的说法是，理性不受文明的支配，或者说精神不受文化的支配。正义在以往的历史事实中并未被耗尽，而是随时体现于事实之中；存在于我们最确实而又最不易改变的经验之中的种种社会现象，未免带有理想的

① 《社会学原理》(*Principles of Sociology*)，第2册，第1章。在这方面非常有趣的是普尔先生在《农村卫生》(*Rural Hygiene*)一书中对现代城市生活的机械条件的考察，他讲到排水与供水设施以及由于鼓励一种拥挤不堪的和有害健康的生活方式而带来的后果。

性质，而且由智力非凡者对其所处的种种关系的自觉的认识所组成，懂得这一点，就是向了解科学在研究社会的基本任务方面迈进了一大步。自有社会理论始，就有人用法律的事实反对关于自然发展的观念。据认为，作为由意志的正式活动所维护的一种确定的制度，社会是人为的、因袭的、由契约所规定的。今天我们大家都知道，关于社会发展的性质与原理需要说明的远不止于此。但有一点仍然是对的，即社会统一体有人为的一面，即意志与设计的一面，也就是有自由意识的人取得一致和互相承认的一面。就法学史已提出天赋人权的思想而言，这一点绝不会像上面所理解的那样毁损人为的或理想的社会特性。因为，“天赋的”权利属于这样一种“性质”：它包括而不排除那种智力活动，由于这些活动，社会可以称之为人为的；而且它不过是社会意志对之在起作用并在某种程度上总是使之具体化的那个原则的显示。

因此，法学与权利科学的论据，或“天赋人权”的论据，作为法学的成果，必然会与社会科学根据其他概念得来的关于不断发展 34
和自然因果关系的急进思想相抗衡。这使我们想到：我们毕竟是在研究一种自觉的有目的的有机体，这种有机体能明辨是非，并拥有许多由自觉的才智结合到一起的成员，尽管可能并非单靠自觉的才智。法学的一些概念，诸如主权或契约，曾被认为其本身就足以充实一种社会理论。如果现在认为必须从两个方面——从较低级的性质方面和从民族精神与文化方面——来对这些概念加以完善的话，也不应使我们忽视这些更多地由法律和公认的义务所确实证明了的重要真理。

（2）从经济史观出发，像看待文明生活的其他现象那样看待法律，这是理所当然的。可以简单地认为，法律确实是各种实质性关系在经济条件或其他基本社会力量影响下的具体表现形式。这种看法显然是有道理的。社会意志像我们任何一个人日常的意志一样，不是**在真空中**形成的，它是贯穿于我们生命的一切力量的集中点。把我们在法律全书上所看到的那些法令的经济意义或其他社会意义弄明白是一个很好的研究题目；因为它们具有非常丰富的含义，是说明社会意识与正义的作用的最好教材。但是，当把各种社会力量集中于一点时，法律作为社会意志所采取的行动不是少了而是更多了。如果以为情况适得其反，那就好比是说没有任何能够真正体现一个人所特有的生活目的的意志行动。

35 我愿举个例子来说明在研究实在法的论据方面社会学分析所具有的相对价值。在这一点上我受惠于迪尔凯姆先生，他的著作对我来说是最新颖和最具启发性的现代社会学著作之一。遗憾的是，本书的直接目的使我没有理由对关于约束性法律和契约性法律的非常有趣的全部理论加以阐述和评价——我们现在讨论的问题就来自这种理论。

据说，对纯理论的社会学者来说，一个行动一旦伤害了社会的明确而强烈的集体感情，那就是犯罪。[①] 这完全是用因果观点看问题。这个行动因造成伤害而成为犯罪；它不是因犯罪而造成伤害。这种推论也是有价值的。在这样的基础上，要把作出惩罚反应的意图区分为促使改过自新的、惩罚性的和制止性的，是徒劳无

① 迪尔凯姆：《社会分工论》，第 1 卷，第 2 章。

益的。[①] 一次犯罪行为本身既是一次特殊性格的表现，即一次伤害行为，也是一种威胁。假使有人在街上突然袭击我，我把他打倒了，这时倘若问我这样做是想制止他的无礼，还是想惩罚他袭击了我，还是想防止他再次袭击我，提出这样的问题多么没有意思！事实是有人侵犯了我，而我用伤害和反抗回击了对方。我认为，这一观点可以说明问题。只要回想那种简单的行为动机——尽管可以假定它多存在于处于早期发展阶段的部落人头脑中（迪尔凯姆先生提到的主要是宗教侵犯）——我们就找到了一种容易想象和理解的心理反应的简单模式。在这一模式中，我们立即可以看到由各方面组成的统一体，各种形式的法律和法律的或哲学的理论后 36
来在某种虚假的程度上倾向于使统一体分解。这使我们进一步想到：任何法律都必须有其根据，即根据某种明确的观点或信念，否则便无法解释和毫无意义。

但是，在谈了这些之后，绝不要以为刑法已被降低到一种强烈而明确的集体感情的水平，或者说罪行已被降低到一种找麻烦的水平。一个自我存在的社会集团，其最简单的刑法也不同于一群人或乌合之众的愤怒。它含有某种持久的意义，而持久便意味着可靠性和普遍性——是非分明。正式确定罪行，即宣布一条法律，意味着仅仅厌恶不能成为判刑的理由。法律意味着有某种值得加以维护的东西，而且这种东西是得到公认的；违犯这一点不仅不得人心，而且是违背公共利益和毁约的罪恶行为。非如此，便没有真正的犯罪。

---

① 参看下文第 8 章。

因此，如果我说得对，那么，纯“社会学的”因果论与法学的论据的关系，就是为大家所熟知的比较抽象的学科与比较具体的学科的那种关系，这在逻辑学上通常是用从物理学角度和从音乐角度对乐声加以解释的关系来说明的。对理论物理学家来说，和声与噪音不过是震动的两种不同的组合。对音乐家来说，它们不仅具有相反的效果，而且是导致相反结果的原因。一种强烈的集体感情和正式的法律之间的关系亦复如此。这种强烈的感情不过是一个事实，一种力量；社会学家就是这样看的。法律涉及主持正义的企图，因而是感情加某种东西即关于社会利益的观点。它旨在
37维护正当的行为并含蓄地指出错误的行为，从而要求据此去理解它和评价它。一种暴力行为仅仅根据它所引起的反应不能构成犯罪；因此必须制定法律。法律的理想的一面是承认正义，这与可能提出并支持过这一点的感情或需要的事实是同样现实、同样可靠而又可以证实的。这样，社会学的因果论与法学的论据的关系，对于被视为自然科学的社会学与社会理论要研究的更大范围事实的整个关系来说，是很典型的。

5. 但是，涉及纯法律性的观念虽然可以有力地证实社会整体的自觉的和人为的一面，却总有人根据某种理由把它们视为空洞的和形式化的模式。把法律当作附带刑罚的命令，或把社会发展趋势描述为从相对独立式变为契约式，可能具有重要的意义，但显然与阐明全部真理相去甚远。再者，这种概括诚然具有某种深思熟虑的法学的特征，但一点也不能代表在权利科学本身范围内业已达到的那个最高水平。然而，当我们超出这些日常有效的概念的范围时，我们便开始离开法学的主要根据，转向一种更加完整地

研究生活与文化的观点。对这种观点的需要及其出现的时机可以用上一章里提到的民族特性的恢复来衡量，这是真正的政治哲学在现代复兴的确实的根据和时机。孟德斯鸠继维科之后作了类似 38
的努力，对“法律精神”进行了研究，认为法律比命令更深刻，这实际上是看到了一个民族的文明的基本一致性，而对其政治方面，连霍布斯与洛克都曾试图借用法律理论提供的一些不充分的材料加以阐释。孟德斯鸠与维科的看法不过是18世纪下半叶所特有的对文明进行多方面研究的先驱，探究的问题就是卢梭的悖论中所说的：“法律本身必须根据它所要创建的社会精神制定。”承认一个民族的社会精神是支持其法律、文化与政治的中枢，这是对造型艺术、诗歌、语言、宗教和国家进行各种研究的原则，它标志着18世纪的终结（与沃尔夫关于荷马是一个民族精神的代言人的看法相比较），并为19世纪的唯心主义奠定了基础。

从温克尔曼时代开始的真正的希腊文艺复兴，使现代思想家接触到古希腊思想的本来面目；学者们不再以拉丁文为媒介，而是直接了解到古代城邦的鲜明特征，从而为他们提供了从事这些研究工作的一种模式和焦点；古代城邦的一些原始传统曾对卢梭并通过他对法国大革命产生过最强有力的影响。与此同时，那些相互联系的科学也充满了活力。歌德毕生的事业乃是这两个运动平行发展的标志。孔德的学说显然是把他周围发生的变动的意义加以系统陈述的一种非常片面的尝试，尽管他深刻地感受到社会存在的一致性，但在表达它时却没有完全重视时代的教训。因此，法 39
学的一些概念由于文化科学的成果而焕发了生机并得以完善；而关于民族的精神与特性的概念也在现代社会理论中占据了无可争

辩的地位。这里还应提到被后来的历史学家引向可称作“比较政治学”的那门学科的研究，即政府管理下的社会与管理社会的形式的关系。[①] 因为，这项研究的本身虽然范围狭窄而又空泛，但确实有助于揭示社会的有目的和有意识的性质，纠正把社会完全当作一种“自然”现象的偏向。

6.“因此，时运变迁使他得以复仇”。法国社会学现已成为一门心理科学，尽管它的创立者曾把心理学排除于社会学方法之外。最具有启发意义的事莫过于注意一下研究社会经验的不同学科强调不同观点越来越多的情况；经过批判，它们显示出这样的倾向：提出一个在整体上适合于它们的唯一范畴，使它们各自和彼此都得以完善。每一个认真研究社会问题的人都是根据自身的经验来理解问题的，所以，在谈论一件具体事实或一份统计材料或一项法令的社会意义时，可以说它不可能不既看上去真实可信，又依附于作为唯一统一体的精神的关系，这种统一体使它变得可以理解，并
40 与其他本身也同样是不全面的经验相互关联。例如作统计，就像是在墙上的一些洞里摸一个移动的生物，一会儿摸到它的这个部位，一会儿又摸到那个部位，摸到哪里，就把哪里记下来。[②] 但是，如果想要知道这个生物的真实形状，并且把你的全部材料综合到一起得出一个精确而完整的观念，就必须把它弄到外面来研究。而当问题涉及一种生活时，要做到这一点就只能靠掌握它的精神，

① 弗里曼的《比较政治学》(*Comparative Politics*)和西利的《政治学导论》(*Introduction to Political Science*)。

② 参看 C. S. 洛赫的《社会科学的成果》一文，载《社会问题面面观》(*Aspects of the Social Problem*)，麦克米伦 1895 年版，第 287 页。

因为即使你亲眼看到了一个社会单位，你所看到的也只是一部分而非全部。据说，法国的火车、公共汽车和轮船每到星期五，乘客就会减少。[①] 这个无言的事实说明了什么？人们不喜欢在星期五旅行，或者说喜欢在别的日子去。这种偏爱又说明了什么？真正能提供一种解释，能把这种不合常规的个别情况和它所从属的整体联系起来的唯一统一体，乃是产生这种现象的那个社会中现存的精神与意志。解释的目的在于指出各种情况与整体的关系；而除了精神外，别无真正的整体。因此，随着经验范围的扩大和批判的深入，精神不可避免地成为社会学所注视的各种经验的中心。

我们可以特别指出这种发展中的一些重要论点，尽管现代社
会学的整个发展过程确实是刚刚提出的命题的独一无二的例证。
关于社会的差异问题的讨论，不再涉及有机的或经济的概念，而是
涉及下述概念："类群意识"，[②]"一群人的精神"，[③]"模仿"与"创
造"，[④]社会意识的异同，[⑤]"社会逻辑"与被看作一个三段论式的社 41
会，[⑥]以及模仿性的人与创造性的人。[⑦] 塔尔德先生的著作对整个
运动特别具有代表性，无论是表示同意还是与之争论，他的话都被
大量引用。对他来说，与社会性质共存的一个事实乃是"模

① 塔尔德：《模仿的规律》(*Les Lois de l'Imitation*)，第 115 页。

② 吉丁斯：《社会学原理》，第 17 页。

③ 勒蓬：《群众心理学》(*Psychologie des Foules*)。参看上文第 lvi、lviii 页，1919 年。

④ 塔尔德：《模仿的规律》。

⑤ 迪尔凯姆：《社会分工论》。

⑥ 塔尔德：《社会逻辑学》(*La Logique Sociale*)。

⑦ 鲍德温：《对心理发展的社会解释和伦理解释》(*Social and Ethical Interpretation in Mental Development*)。

仿”——思想与实践借以在智者群中广为传播的手段。因为,在他看来,可知现象的特征是“重复”,[①]而“模仿”就是“重复”社会事态的手段与工具。但是,在这里,我们只作了一般性概括,鉴别则需要一个单独的出发点。这要由“创造”这个概念来提供;因此,“创造”与“模仿”是一切社会发展过程的普遍形式,从另一方面来说,这个问题也可作为“信仰”与“要求”来分析。每一种制度都是一种信仰,[②]每一种活动都是一种需要或者要求。在《社会逻辑学》中,这些关于社会生活的一般手段与过程的概念都被说成是对社会精神与意志的形成起实际作用的。据说,确实不可把社会比作一个有机体,却可比作大脑;它的活动是协作式的,是演绎推理的,其中的一部分原理可以由另一部分加以改变和运用。令人不解的是,塔尔德先生的极具说明性的假设竟然与西奇威克先生提出的假设
42 一致。西奇威克先生[③]假定宇宙中只有一种有感觉意识的生物,从而简化了一个伦理学问题;而在塔尔德先生看来,则连一种也没有;典型的社会的人是一个易被催眠的生物,是一个按别人的暗示行动的梦游者,尽管他自己并不知道这一点,还误以为他自己是正常的。[④] 最有趣的是,看到社会科学在不可靠的和不熟悉的基础上全凭一些论据和经验而把自己搞得筋疲力竭。研究人的科学必

① 关于从逻辑上对这个概念所作的评论,见我的《逻辑学》(*Logic*),第 2 卷,第 174 页,1919 年。

② 这个说法也许是来自甫斯特尔·德·库朗日的《古代城邦》(*La Cité Antique*)。

③ 《伦理学方法》(*Methods of Ethics*),第 1 版,第 374 页。在第 6 版的第 405 页,这段话有很大的改动。

④ 《模仿的规律》,第 83 页。

定是研究精神的科学，这一点似乎已无须争辩了。

对这一进程的实质，有一种意见是任何从哲学方面研究这个问题的评论家都必然会想到的。

由于个人与社会的关系是一切社会问题的根源，心理社会学必然在很大的程度上存在于同一与差异这个主题的运用中。这种运用到目前为止还多半是无意识的和不自觉的。而且，对同一的逻辑不屑一顾的一些研究者在探索重大真理上所达到的高度，有可能最有力地证实这一共同经验：忽视理论比忽略事实更无害。然而，显而易见的是，符合逻辑的批判业已成为绝对必要，或者说，即使做不到这点，至少也要论及古代或现代社会哲学的为人们所熟知和确认的那些成果。

因为，当前社会学运动的一般特点是把同一与差异归于不同 43
的范围，认为“这一个”和“那一个”是相互排斥的。[①] 由此引起了种种困难与谬误。这样，我们就会把一群人相互感染的共同感情[②]当作集体精神的真实类型，这显然是由于不懂得同一的结构怎么会包含差异，即含有一些合理的差别与关系，而这些因素实际上构成任何一个社会的有效用的精神。我们还把一种类型的法律划分出来，认为它与社会相似性相符，[③]同时认为另一种类型的法律与社会分工相符；其原因就在于用相似的范畴取代了同一的范

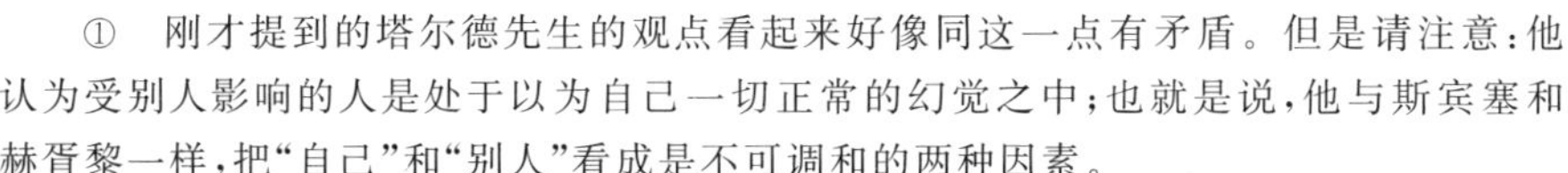

① 刚才提到的塔尔德先生的观点看起来好像同这一点有矛盾。但是请注意：他认为受别人影响的人是处于以为自己一切正常的幻觉之中；也就是说，他与斯宾塞和赫胥黎一样，把“自己”和“别人”看成是不可调和的两种因素。

② 勒蓬：《群众心理学》。

③ 迪尔凯姆：《社会分工论》。

畴，并认为相似是排除了差异的；结果便在试图把刑法条例的整个范围与涉及工业组织的范围分开时，使事实遭到了真正可怕的歪曲。“模仿”、“重复”、“创造”等一整套概念的情况也是如此。[①] 把模仿与创造分开完全是把差异排除于同一之外的流行看法；而把重复当作可知现象的特点和社会模仿的表达方式，就是把合理的同一限于最空洞的形式，并把每一种真正的合作结构都排除在社
44 会理论之外。因为，真正合作结构的特点绝不是重复，而往往是有差异的同一；这不是一个螺丝钉与另一个完全同样的螺丝钉的关系，而是螺丝钉与它的螺母的关系。

在讨论利己主义与利他主义时，[②]困难就变得非常大了。有些著作家认为先有利己主义后有利他主义；另外一些著作家则比较谨慎和开明，倾向于认为利他主义发生在前；观察力非常敏锐的迪尔凯姆先生认为这两种猜测都是荒谬的，他认定这两种特征从一开始就包含在人类的意识之中，[③]不过，它们当然是属于不同的范围，而且是由明显不同的因素构成的。整体是由其自身的差异组成的，其同一性即存在于这些差异的深刻性与特性之中并以此作为衡量标准，这一概念还没有为这些著作家所掌握，尽管迪尔凯姆先生的理论有很大一部分似乎迫切需要这种概念。

7. 最后，在探讨受上述资料与观点影响的社会学与真正的社会哲学的关系之前，有必要先用几句话着重说明一下应当怎样看待这些“资料”。

---

① 塔尔德的《模仿的规律》与鲍德温的《对心理发展的社会解释和伦理解释》。

② 参看 A. E. 泰勒教授的《行为问题》(*The Problem of Conduct*)，第 123 页。

③ 《社会分工论》，第 216 页。

每一种社会科学的“资料”都是既代表一种思想或观点，又反映某些实际的社会情况的。要对这种关系加以有效的说明，可以研究一下任何一个这样的社会统一体：吸引人去详细考察其发展过程和基本条件，从而了解其存在的全面情况。我要再次说明古 45
希腊历史与生活是特别适合进行这种探讨的实例，因为它是一个规模很小而完全有效的社会模式，已对它作过非常彻底和详尽的分析；不过，除此之外，全面细致地研究我们非常熟悉的某一地区的历史、生活与条件，①是真正从事社会理论研究的一项基本训练。把若干组事实集中起来，并对它们要证明的观点进行协调，形成关于一个具有个性与精神表现的存在物的概念，要做到这一点单靠书面上或统计数字上的研究是不够的。但是，这种努力会使我们学到从任何经济图表或一般科学著作中都学不到的知识：知道社会生活是怎么回事和在什么意义上可以说社会生活中一切不完全的事实与经验都要求最后调整得符合于精神范畴。这并不是说意识可使天气保持不变，而是说任何事实都不具有真正的社会意义，除非它迟早成为被能够合群因而是明智的人当作活动场所的这个世界的组成部分。

（三）这样，看起来似乎单凭事实的力量就得到了一种必要的解决办法，心理社会学与社会哲学也就必然是同一门学科了。

但是，情况并非完全如此。到目前为止，这两门学科可以说仍在按不同的目的研究各自的课题，至于这两种观点最后是否会合

① 比较格迪斯教授关于“地区调查”的想法，这是参观过他的令人愉快的“暑期学校”的人都知道的。

46 为一体也许主要是一个涉及个人分工的问题。不过这也间接涉及一个有关心理学真正性质的原则问题。只是似乎没有理由说为什么不应当有两种心理学。

按照目前心理学最优秀的代表人物的说法，心理学虽不是一门物理学，也是一门实证科学。“因为（对心理学家来说），澳大利亚土著的原始迷信与牛顿或法拉第式科学家的成熟而精确的知识同样重要和有用。”[①]心理学的目的是“在一些观察到的事实当中插进一些不易观察到的中间环节，使之具有连续性”。[②] 如果说它不是一门“物理”科学，那么，按这个词的普通含义来说，就是一门“自然”科学。它没有偏见，并且使用一些属于自然科学的用语——规律、过程、发生。同时，像所有使用“过程”与“发生”等用语的没有偏见的科学一样，它也倾向于用低级现象去说明高级现象。这完全不是故意的，而是实际情况造成的。低级现象比较简单，而且通常是先出现的。对这种现象自然要详细研究，希望它是由比较复杂的现象分解出来的，而且对简单现象比较恰当的解释，对复杂现象却并不完全恰当。没有偏见的科学不承认事物有高级与低级之分，而且，作为一门科学，其理想必然是用简单现象来表达复杂现象；就认定总有一天会发生而言，偏重暂时的因果关系的倾向肯定会把一种准原因的意义赋予较早出现的情况。

47 就所有这些特点而言，心理学和社会学是一致的。因此，尽管把其他观点分解为有关精神的观点是一种收获，但仅凭这一点还

---

① 斯托特：《分析心理学》(*Analytic Psychology*)，“导言”部分。

② 同上书。从逻辑观点看，这种解释法似有严重的缺陷。参看布雷德利的《逻辑学原理》，第 491 页。

不能超越社会学的顽固的偏见。

我们已经讲过，哲学的出发点可以说是完全不同的。它始终是批判性的；它力求确定价值的程度、现实性的程度、完善性与一致性的程度。其目的也许可以用“伦理的”这个词来表达，不过是就这个词的最狭意义而言。对哲学来说，社会是具有一定程度的团结精神的人类本性——当然和一般的本性不可分——的一种成就或表现；说具有一定程度的团结精神，就是说在一定程度上能够经受各种考验并回答从价值和完善的观点审视人类生活时所提出的各种问题。社会生活是人的最好的或唯一的生活吗？人是怎样通过社会并按照社会的什么特征来把握其最真实的自我，或者简而言之，达到充分发挥其潜力的呢？最好的社会生活是怎样与艺术生活、知识生活或宗教生活相媲美的？又怎样才能证明在所有这些生活中是同样的原则在起作用呢？它们有什么共同之处或者说各有什么特殊之处是迫切要求于人类精神的呢？

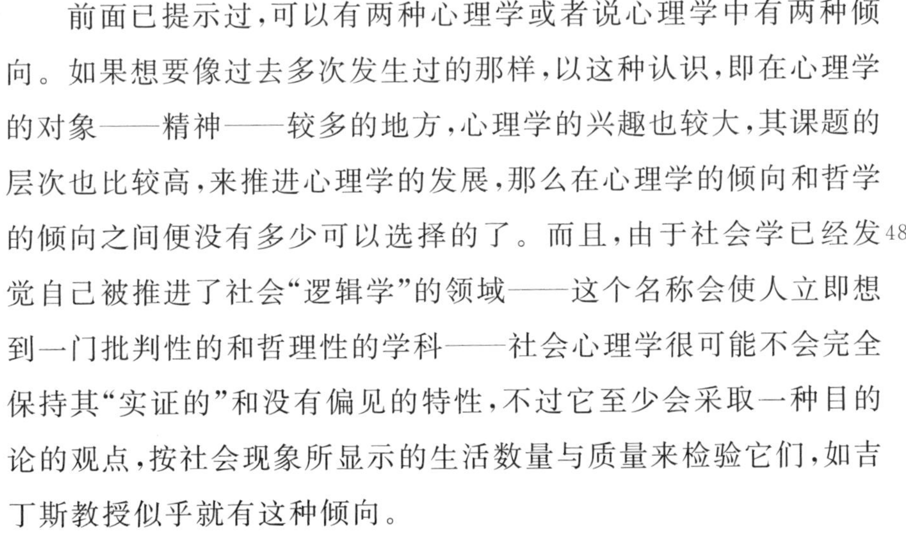

前面已提示过，可以有两种心理学或者说心理学中有两种倾向。如果想要像过去多次发生过的那样，以这种认识，即在心理学的对象——精神——较多的地方，心理学的兴趣也较大，其课题的层次也比较高，来推进心理学的发展，那么在心理学的倾向和哲学的倾向之间便没有多少可以选择的了。而且，由于社会学已经发 48
觉自己被推进了社会“逻辑学”的领域——这个名称会使人立即想到一门批判性的和哲理性的学科——社会心理学很可能不会完全保持其“实证的”和没有偏见的特性，不过它至少会采取一种目的论的观点，按社会现象所显示的生活数量与质量来检验它们，如吉丁斯教授似乎就有这种倾向。

但是，无论如何，社会学的观点和上述社会哲学的观点会继续互相补充。哲学赋予社会学新的意义，社会学使哲学增加活力。由于社会学分析的多方面的材料都证明一致性与连续性是社会基础及其全部结构发展和秩序的原则，便使精神这一观念得以深化和扩展了。应当认为，每一种自然资源和条件都在作为全社会焦点的精神上引起或构成某种新因素；正如自然景色中树木的每一种形状和颜色或一支歌曲中每一个音符都会在思想意识中引起一定的独特反应一样。错误不在于把精神等同于环境，而在于起初是不加鉴别地把二者分开，后来又不仅用一个取代另一个，而且用一个的碎片取代唯一能使二者都臻于完善的统一体。

另一方面，哲学在探讨社会时，必须研究从一个统一体及其组成部分的性质中产生的种种问题，研究个人与全体的关系以及失去独特性的自我在一个更加独特而又更加一般的形式中再现的转
49 变过程。在所有这些方面，其观点也许是可以称之为目的论的观点；这就是说，它承认生活的完善性与现实性具有水平上或程度上的差别，并力图指出人在社会的帮助下何时并如何达到最充分地和最好地发挥自己的作用以及达到的程度如何。只要明确地认识到这两点，那么，是否要由持这种观点的思想家和代表这种观点的专著来予以证实，就不过是个人分工的问题了。

第三章　政治义务的悖论：自治 50

（一）根据常识判断，在有关政治义务的现象中存在着某种自相矛盾的情况；不过，对于虽然不能做出令人满意的解释但显然是必要的情况通常是可以默认的。实际上，在存在任何形式的绝对专制的政府的地方，与其说有矛盾，还不如说有缺陷；因为，政府虽然可以这种形式存在，但在这样的制度下，能有多少真正的政治义务可言，却是个问题。就这种情况而论，我们发现，这是因为有一些条件和关系没有得到承认——这些条件和关系在自由政体或立宪政体的国家中出现时，是比较容易分析的。如果我们对这样做感兴趣，那就很容易证明这一点：可能会被人们所承认的在历史上最自由的国家中起作用的一些原则，在不同程度上乃是每一个团结一致、在任何意义上都足以视之为一个政治统一体的国家或社会公共生活的基础。但这会成为一次对历史的调查研究，而对纯社会理论的目的来说这是不必要的。因此，我们可以从研究最高形式的政治经验开始，从中我们将看到，仅仅由于政治上不成熟的 51
缺陷过于严重，政治义务的悖论就会非常突出地显露出来。

让我们以“自治”的概念为出发点罢。人们一般都会承认，古代和现代一些成熟社会的思想和感情都是坚持“自治”的，因为它以某种方式包含着政治义务的真正根源和基础。我们将从中看到

一个显著的例子，可借以看出一些广泛流行见解的力量和弱点。任何一种普遍流行的见解都不能不抓住某些基本的道理——否则它就不可能存在和流传——并形成一种适用于某一广泛的经验领域的有效理论。另一方面，作为流行的见解，它不会对自己持批判态度并意识到它自己的依据；因而在捍卫与运用这种见解时，肯定会深深地陷入谬误。“自治”这个概念，如上所述，我们将发现，它包含着政治义务的真正根据与性质。但是，草率地运用这个概念，例如说个人完全与社会合而为一，因而社会采取影响他的任何行动都不会错，那就完全是一个谬误的实例，而且可以公正地说，这乃是一种自称综合而实为混乱的思想。对这个概念和对许许多多概念一样，我们必须指出：断言这个概念是自相矛盾的人对它的了解比大多数认为它不言自明的人要深刻得多。

所以，我们在自治这一概念中看到了关于义务的最纯形式的
52 悖论。把它应用于个人自身，就会得出关于道德义务的悖论。把它应用于组成社会的个人，就会得出关于政治义务的悖论。这是我们在探讨这个问题时必须首先加以区分的；但是，我们将发现，这两个问题和两种情况虽然在某一方面有所不同，但最终是不能分开的。

关于道德义务的悖论是从被人们所承认的“自我”出发的，探讨的是它如何能驾驭或强制自己；简言之，即从一些人与其他人的关系中得出的一种比喻说法如何能在我们所理解的个人精神的范围内加以应用。[①]

① 关于这个问题，见下文第 128 页。

关于政治义务的悖论是从被人们所承认的权力或社会强制出发的，探讨由“个人的”精神引申出来的“自我”这个说法如何既能适用于**实际上**是由一些人用来强制其他人的社会力量的代理人，又能适用于忍受这种强制的人。这两种关系和它们之间的联系，柏拉图都曾指出过。[①]

本章的目的在于强调，只要按照流行的观点，假定社会中的个人是联合一致的，那么，关于政治上自治的观念实施起来就确实困难重重。为此，我们还要考察一下几位非常杰出的哲学家的观点，因为对他们来说，这种悖论一直显得难以调和，而且法律或政府看来也一直显得在实质上是与人的自我或真实个性相对立的；同时在他们看来，如果把“自我”这个词应用于真正履行政府职责的集体，那么这个词就不仅显得空洞，而且会引起误解。我们要提醒人们注意一个令人难以理解的重要观点，这个观点简单说就是：他们一方面坚持认为法律和政府本质上是与人的自我相对立的——无论是像痛苦对快乐的对立，还是像束缚对个性的对立——另一方 53
面却一致承认，对有感觉的或理智的自我的发展来说，某种最低限度的这种对立因素还是必要的。这里有一种需要我们仔细加以考察的二元论。

（二）边沁（1748—1832）对法律和政府的看法在很大的程度上是一个仁慈的改革家的看法。他的最大多数人的最大幸福的原则据说是源出于贝卡里亚，[②]后者关于“犯罪与刑罚”的论著对整个

① 《理想国》(*Republic*)，430，431。

② 参看《大英百科全书》“边沁”条目中霍兰教授的说法。

欧洲产生过很大的影响。还有只比边沁大22岁的“慈善家”霍华德(1726—1790)曾对当时虐待罪犯的做法表示憎恶,这对称赞他是“殉道者和使徒”的边沁影响也很大。总之,边沁所领导的运动显然是反对当时的法律体系及其鼓吹者的论据的。他的知识和创造力虽然非常丰富,但从未失去研究这个问题的方向使之所具有的特点,即怀疑与对抗的特点,这表现为他把法律说成必要的罪恶,把政府说成罪恶的选择。[①]

既然痛苦是最终的罪恶,根据边沁的原则,每一条法律都是罪
恶,其理由就显而易见了。因为在他看来,每一条法律都与自由相
对立;而自由受到侵犯就自然会产生痛苦。[②] 有人否认每一条法
54 律都与自由相对立,他就指责他们曲解了词义,说他们把自由限定
为采取对别人无害的行为的权利。这就是说,他们使自由这个词的实际含义变得不完整了。在他看来,自由具有最简单而又显然最广义的含义,[③]它包括做坏事的自由,因而我们必须认为这个词完全可以界定为不受限制。因此他毫不怀疑,公民只有牺牲他的部分自由才能获得各种权利。所谓牺牲一个人的部分自由,就是说一个人原有一定范围的自由,现在放弃一部分以保全其余的部分。如果我们忽略了这一点,边沁的这种说法就好像是有道理的。但是,关于这种原有的自由的想法不过是边沁本人乐于表明的一种虚构。然而,在政治社会中,我们现在容易设想为可以随意去做的事实际上都要受到某种程度的限制。为了社会理论的目的,我

① 边沁:《立法原则》(*Principles of Legislation*),第48页。

② 同上书,第94页。

③ 从下文看,实际上并不是最广义的。

们必须特别注意的是对这种事态作出的引人注目的表述:总的自由似乎是有一定数量的,它可以通过减少来增多,或者可以说只有使它的某一部分受到限制,它的数量才能达到最大限度。这种限制据说可以少到能使自由或可能的个人积极性达到最高限度;这种乍看起来有矛盾的关系还需要作进一步的分析。因为看起来好像是:倘若牺牲一部分自由有助于增加自由的总量,那么,那总量便不大可能是性质同一的既定数量,比如像一块土地那样;因为这样一种数量不论去掉哪一部分,都必然有所减少。有人会推断,这 55
一定是某种具有复杂性质的东西,就像一株活的植物一样,某些限制或修剪对其茂盛来说是必要的,这是由它所独有的特性(这必然是实在的特性)所决定的,并符合它们的规律,故能与所栽培的植物的实际类型与状态完全相应。只有在这种意义上,才能懂得限制是多么有助于有效地突出自我。

但是,如果情形是这样,那么,作为衡量限制的尺度的法律和政府,其限制作用就不会与它们要限制的人性不相容,因而不应该被看作本质上与自由或与充分发挥人类自我的作用相对立。根本的困难显然在于:一方面假定社会中"其他人"提出要求的结果只是迫使一般地减少"某人"的自由,另一方面又承认某人不仅没有由于和别人共处而放弃他的某种生活能力,而且完全是通过这种共处获得和发展这种能力的——这样说并不违反事实,但却违反了关于减少自由的假说。根据上述假定,自治的悖论的条件就变得不可调和了,而把政府当作一种恶,也就不可能说明它对代表善的自我有什么帮助了。对于每一个被视为真正自我的个人来说,只要由他人的影响所强加的限制与自我不相容并缩小自我,这样

的后果就无法避免。

因此,注意到边沁对法哲学家的全部理论都采取不可调和的敌视态度这一点是有益的。从霍布斯和格劳秀斯到孟德斯鸠和卢梭,更不用说康德及其后继者,所有这些理论家的学说的共同点在
56 于:它们的创造者在某些人运用不同形式的权力和命令控制其他人的条件下都察觉到积极的人性的一个重要而普遍的因素,并试图运用一个又一个的类比使之显露出来。但是,无论是孟德斯鸠的"永恒的关系"还是其他思想家的"社会契约"或"公共意志",抑或"天赋人权",都没有受到边沁的青睐。在他看来,这些说法统统是虚构和谬论。他只认为法律具有命令的特性;除了免除受限制的痛苦而增加自由的快乐以外,他看不到法律对人的本性有什么积极关系。

记述在实际改革工作中运用这种单凭经验的做法所取得的辉煌成就并不属于我们现在要讨论的范围。我们的目的不过是要指出,边沁所认为的构成自治概念的两个因素基本上是彼此对立的,从而阐明自治这一概念的自相矛盾的含义。

(三)这一点还可以通过考查穆勒的《论自由》的主要思想来进一步确认,但这绝不是要详尽地叙述他对个人与社会的关系的看法。就我们直接的目的来说,他的看法确有启发性的地方在于:他的社会团结的意识很强,但是他主张要认真保护个人的主要生活,抵御社会力量的冲击。

1. 穆勒关于"个性"的观念是偏颇的,这显然是受到边沁把法律当成罪恶这一传统说法的影响。这里要提醒一点:本世纪初曾
57 流行一种纯理论的无政府主义,如葛德文和雪莱的主张,这是对墨

守成规的保守主义的必然补充。因此我们在《论自由》一书中发现有几页集中论述了关于个性、创造力和怪癖的性质的一些看法，[①]这些看法几乎都同哲学与批判复兴后在英国由几代人形成的学说相对立。看过穆勒对个性与加尔文派生活论的关系的论述后，[②]可以再看看马克·帕蒂森[③]对由于加尔文在日内瓦的统治而形成的个性力量所作的估计，这样做是值得的。个性或创造能力，即非常合理地受到穆勒赞许的生活充实与发展完满，并不是由社会各种关系与义务的多种作用所培育和唤起的，它存在于一种内在的自我中，珍藏在可以说是一个完全不受干扰的世界里。这种看法是现代逻辑学[④]和艺术评论都不会同意的。穆勒坚决认为创造力与怪癖有关，这在我们现在看来也同样是一种错误的思路。对所有这些问题，我们一般倾向于接受这一原则：要超过向前发展的某一点，必须已达到了这一点；要取消一条法律则必须已在实施它。这终究是我们所坚持的论点的实质。如果个性与创造力意味着或有赖于缺乏法律和义务，如果怪癖是自我充分发展的标志，如果社会为普遍关系的观念所渗透因而深受单调和千篇一律之害，那么，58
无须多说就可表明法律是损害人性的，其必要性始终无法解释，自治也就成为一种自相矛盾的说法。

2. 那么，穆勒是怎样把自我与治理这两个词联系起来的呢？对于每一种社会生活中自我和治理这两个因素必须协调，或者至

① 穆勒：《论自由》(*On Liberty*)，第35—39页。

② 同上书，第35页。

③ 《论文集》(*Essays*)，第1卷，《论加尔文》一文。

④ 参看下文第74页。

少是和平共处的现象，他又是怎样描述的呢？

要找到对这个问题的回答，应当仔细研究这一章："论社会对个人行使权力的限度"[①]。这里可以引述几处有代表性的说法。

"那么，对个人的自主权有什么合理的限制呢？社会的权力从何而来？人的生活有多少应由个性支配，有多少应由社会支配？

"如果它们各有比较特别地关涉到自己的方面，它们就会各自得到其所应得的一份。生活中主要是个人感兴趣的部分应当属于个性；主要是社会关注的部分则应当属于社会。"

实际上他还说，每一个生活在社会中的人都不应当干涉他人的某些利益（明确或简单地说就是"权利"），还应当合理地分担为了保卫社会及其成员而招致的损失。对于不服从这些规定的人，社会可以不惜一切代价强制执行。此外，对有损于他人但尚未侵犯其权利的行为，虽然不能依法惩处，但可给予舆论制裁。不过，他还告诉我们，对于只影响到行为者，或其他人若不情愿就不一定
59 受到影响的行为，则既不能依法惩处，也不能予以舆论制裁。穆勒料到他的结论会引起异议，便在这段话的末尾阐明并重申了这一看法："……一个人若因纯粹自利的行为而不能履行自己对公众应尽的某项明确的义务，他就是对社会犯罪。谁也不应当只因喝醉了酒而受到惩罚；但是，军人或警察在值勤时喝醉了酒就应当受到惩处。总之，只要使个人或公众受到损害，或使之有受损害的危险，**问题就超出了自由的范围而要纳入道德或法律的范围**。"[②]

① 《论自由》，第 4 章。

② 着重号是我加的。

读者大概会立即想到，这里坚持的观点既然是被当作一条实践的准则，它就绝不会不适当地缩小社会干预的范围。我们倒是应当料到它会给行政虚无主义演变成行政专制主义打开一条通道；在穆勒后来的一些看法中似乎已经出现这样一种演变。这种趋于十分混乱的现象是一切想把一个不可分割的整体的各种因素归入不同领域的思想所具有的特点，而这个整体在我们可能注意到的某一因素的领域中还是要表现其完整性的。实际上，甚至就在我们眼下这段话中，捍卫个性已几乎变成了消灭个性。任何使别人受到一定损害的行为都属于法律的范围，而任何可被假定为会造成这种损害的行为则属于道德的范围；至于其他的行为则属于个性的范围。道德的范围和自由的范围之间的这一特殊界限，60
无疑是按边沁确定道德制裁和社会制裁的惯例加以解释的；因而，按照这一惯例，道德范围的含义便和上面提到的第一段话中所说的舆论范围差不多。

显然，穆勒试图描述和解释的这种区别，是每一个社会实际上都予以承认的。问题在于，能否用划界的方法对它作出正确的描述和解释，如果强行划分，就会从具有重大社会意义的每一个生活行为中把个性排除掉；同时，由于任何行为都有两方面的性质，以这种划分作为判断的标准实际上会变得十分武断。因为我的每一个行动对自己和别人都会产生影响；而且这是个情绪和一时冲动的问题，其表现可能是独特的和自发的。不妨这样说：在利己和利他的行为之间是不可能有效地划清一条界线的。可能有效的办法和从穆勒举例中可以看出他所想到的办法，是根据它们各自易受社会所掌握的强制手段影响的程度来区别行为的道德方面和“外

在"方面。这里使用的"外在"一词的特殊含义可从下文看出。[①]

然而,就我们现在的目的而言,我们必须加以注意的不过是:为了捍卫个性而在个性与社会之间划分的这个界限实在是几乎消灭了个性。因此,我们便又一次看到,自治概念中的自我和治理这
61 两个因素显然是互不相容和对立的,乍看起来,这是多么可怕!而且,只要我们旨在把二者作为对立面而在中间划出一条界线,而不是把它们看作同一原则在不同条件下的表现的一种相对的区别,要说明这些因素在实际社会中所起的作用是多么没有希望。

3. 为了指出依靠一种不可能精确做出的区分会造成什么样的混乱,在这里可以用几句话说明穆勒用以证明他的学说的方法。

首先要注意的是:他完全反对用惩罚的办法来防止不道德的或敌视宗教的行为。[②] 对此,正确的社会理论应当予以支持。但是,看一看穆勒的理由,就可以知道,他认为用惩罚的办法干预纯粹的利己行为是侵犯自由。无须再对任何一种行为是否确系纯粹利己的问题争论不休,我们便可看到:采取这种立场,穆勒便使上述这个实质上是正确的反对意见显得与其他在任何情况下都更可置疑的意见完全一致了。原则上反对对贸易施加一切限制的意见就是这样的,这些限制的目的显然是要保护消费者,不是防止他受骗,而是防止会对他造成损害的消费机会。关于贩卖烈酒的规定或禁令当然是引起争议的主要问题;可以承认穆勒的讨论和他作的区分是十分机智而富于启发性的。但是,如上所述,他的基本理

① 参看下文第 8 章。

② 《论自由》,第 48 页和 50 页。

由完全不同于现存的反对企图施用法律和刑罚以维护道德的真正理由，而且混同这两种反对，从而给整个国家干预问题带来了混乱。与此极为类似的是，他反对关于非法娱乐的法令。[①] 其实，无 62
论这种法规是否明智，它和要惩罚个人道德败坏的企图完全是两码事。最后，他对确定和支持一夫一妻制家庭的强烈感情和各种法律义务的全部看法也表明了同一原则。在他看来，国家要维护婚姻关系的不可解除性和支持父母的权力，就是在干涉男女双方的婚约，并授予控制个人即控制子女的权力，而子女是有权要求把他们和父母分开考虑的。他认为这种干涉的性质**单凭这一事实**就是值得怀疑的。这是一种敌视自由的干涉。至于这是不是美好生活（国家实际上是能够有效地加以维持的）的一个外部条件，这个问题他却没有讨论。从所有这些反对当局干涉的意见中可以看出一种特有的偏见：干涉是否有理，其标准在于自我与他人的界限，而不在于强制性的权力是否能有助于促进美好的生活。实际上，在很多地方在只涉及保护“他人”的问题时，穆勒的学说导致的结论都是正确的。例如按照工厂法的模式立法的问题就是如此。

但是，根据不适当的区别提出的理由却遭到了异常的报应。穆勒把内在的美德和外在的行为同样归于自由的名下，从而导致他反对可能是完全合理而有效的干涉；同样，由于这样的思想混 63
乱，他又被引向主张以严格得令人难以相信的形式，在有阻挠真正的道德发展的极端危险的情况之下采用强制手段。使我们惊讶的是，他在涉及儿童教育和维护家庭的前景时，强调采取某种行动的

① 《论自由》，第 59 页。

道德义务[1]的存在，是用法律强迫采取这个行动的充足理由。他建议举行国家规定的统一考试，以加强父母教育子女的责任，解除由政府负担教育的任务——因为他从中看到了对个性的威胁；这个建议展示了一种中国式社会的前景，幸而英国人判断正确，将之视为畏途。在经验的逻辑力量的推动下，反而出现了与他的建议正相反的情况。国家已注意为初等教育提供物质条件，与此同时无疑还运用了强制手段以保证这些条件的实现。但是，通过考试以调查个人情况的制度正趋向于取消；同时，公共教育的实际运转已越来越促使由国家来保证维持某些条件，而父母的利益和公共精神则促使他们利用这一点。单靠强制手段来迫使人们执行道德义务并不是办法。

更令人吃惊的是，他主张禁止那些没有办法养家的人结婚，认为这可能是合理的，理由是这种人结婚既可能由于穷困而给孩子带来不幸，又可能由于人口过剩而给他人带来不幸。政府对这件
64 事的干涉（对是否确有生理上或心理上的缺陷的考虑除外）必然会使它的目的受挫。其他人再有预见也无法准确估计有多大潜力去满足和履行一种未来的不确定的责任；对这种责任感到担心害怕的结果，使这个国家出现了人口减少的趋势，穆勒大概就是因此而产生他的看法的。使业已承担这项责任的国家尽可能彻底地卸掉它，这是法律所能起的最好作用，而这比强迫能更深地激发活力。

因此，我们已经看到，由于根据一种假想的“自我”与“他人”之间界限的划分来区分不干涉和干涉的范围，便产生了一种混乱到

① 《论自由》，第62、64页。

不可收拾的分类法。维持美好生活的外部条件完全是国家力所能及的事，却以国家无法直接促进道德的同样理由而加以禁止。在另外的情况下又认为强迫推行道德义务属于国家的职责范围，尽管强迫推行道德义务这个说法不仅本身就自相矛盾，而且正如所谈到的情况那样，实施这种做法的企图几乎总是肯定会由于破坏了道德行为赖以引发的动机而告失败。

最后，值得注意的是，穆勒举了两个例子，一个是日常琐事，另一个是关于奴隶制的，[①]二者在理论上和实际上都很重要，穆勒在这里承认的原则和他自己的原则迥然不同。这时他意识到：根据自由的原则，出于只影响到他本人的理由而制止一个人去做他当
时想做的事，也有可能是正确的。因为，我们可以根据自由的实 65
质，证明自由真正需要的和这个人当时看来想要的东西是相反的。“被允许失去自由并不是自由”，正如让人从一座肯定要倒塌因而会使他丧命的桥上走过不等于自由一样。在这里，我们看到了“真实”意志论的萌芽，以及与卢梭谈到一个人“被迫自由”时的想法相类似的思想。

（四）穆勒关于自治问题的明确论述和赫伯特·斯宾塞先生的说法具有共同的特点。在提到穆勒的论述之前，应该指出后者说法中某些具有启发性的论点。要求社会学学者研究斯宾塞先生的著作，特别是研究那些与当时流行的思想大多直接对立的著作，是无论怎样强调也不为过的。这有两点理由。首先，任何其他著作家都不曾以同样生动的笔触展示过集体统治的愚蠢行为所可能带

① 《论自由》，第 57、61 页。

来的种种致命危险。这些可能性实际上一直趋向于变成事实，就像它们在理论上为反复出现的种种谬见所代表的那样。[①] 这证明自治的任务对承担者提出的要求是极其艰巨的。对这些要求的艰巨性没有充分认识的理论家是不适于讨论社会统一体问题的。其次，有关学者还将认识到，在斯宾塞先生的思想要素和与之相对立的种种流行的社会理论之间有一种具有启发性的两极相通现象。
66 以生物学为依据的天赋人权学说的重新流行[②]就是一个例子。不加鉴别的个人主义，总是有变成不加鉴别的集体主义的危险。两者的依据实际上是相同的。

1. 把边沁的"权利"观念和赫伯特·斯宾塞的"权利"观念比较一下，就会对把"治理"与"自我"看成是对立的思想形式一种令人注目的评注。边沁清楚地看到个人在实际情况下提出的要求都是随意而无节制的，所以他猛烈抨击代表这些要求的天赋人权的思想。在他看来，权利是由国家创造的，不可能有非法律所规定的权利。这个论点的道理看来是显而易见的。事实上，除得到较普遍的承认而以某种方式被认可外，个人的要求或愿望怎么能构成权利呢？

但是，对赫伯特·斯宾塞先生来说，相反的主张却具有极大的说服力，而且实际上是根据它们共同的前提以同样的理由提出的。[③] 他指出，认为一个民族为了创造权利而成立政府，从而创造

---

① 例如卢梭在试图说明集体行为时经常陷于倡导一种缺乏高尚精神的群众大会制度。

② 《人与国家》，第 95 页。

③ 同上书，第 88 页。

出它原来没有的各种权利，这种想法是很可笑的。认为一个人作为这个民族的一员便可分享各种权利，而作为私人他便无任何权利，也是很荒谬的。

对这一点无须再多说了。显然，赫伯特·斯宾塞先生不过是喜欢在“自我”与“治理”对立的问题上采取与边沁完全相反的说法。一个明显的事实是，“任何一项权利”都只能由社会来承认，那么，同样明显的是：只有由某个人享有的权利才是真正的权利。如果说离开了社会的调节，个人的要求便是专断的，那么，离开了个
人的种种特性和关系，社会的承认便毫无意义了。只要自我与法 67
律是互不相容而又相互对立的，那么，我们就只能任意选定二者之一作为权利的本体。

2. 而且我们认为，在阐述自我与法律可能显得多么互不相容和对立时，赫伯特·斯宾塞比边沁或穆勒甚至更不加掩饰，因为这个传统思想的基本原则已使其本身更明确地显示出来。“衡量一个公民享有的自由[①]，不是根据统治他的政府机器的性质——即不论它是代议制还是其他什么制度——而是根据这个政府对他施加的限制比较少。”因此，使我们吃惊的是，他认为进行自我维持的活动的权利所包含的积极的和能动的因素具有非社会的性质，是完全取决于生存法则的，[②]如果把这一点坚持到底，那就等于说，

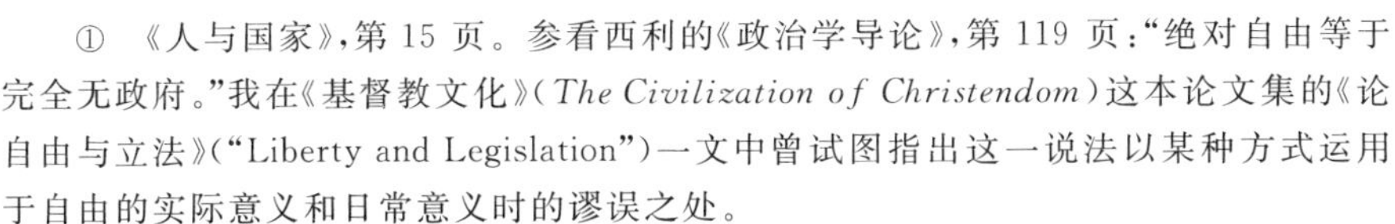

① 《人与国家》，第 15 页。参看西利的《政治学导论》，第 119 页：“绝对自由等于完全无政府。”我在《基督教文化》（*The Civilization of Christendom*）这本论文集的《论自由与立法》（“Liberty and Legislation”）一文中曾试图指出这一说法以某种方式运用于自由的实际意义和日常意义时的谬误之处。

② 《人与国家》，第 98 页。

一个人想必具有更完全的动物心理因素；而社会集合体则只能产生消极的因素，也正是这种消极因素赋予生存的权利以道德的性质。尽管这些差别主要适用于**生存权利**的根据，但是看来它们必然代表着这个观点：必须根据我们正在探求的原则来看待积极的自我或个性。这里所说的生存权利的根据只不过承认生存是件好
68 事；如果说这件好事的积极因素是非社会性的，而只有消极因素才具有社会根源，只有这种因素才合乎道德，那么，结论似乎显然是要把充分享受生活——积极增强其广度与深度——排除在个人的道德问题之外，而这实际上就是说个人根本无道德方面的问题可言。这就是承认自我与政府之间的差别或个人与法律的消极关系不能减弱的最后结果。使自由和自我脱离了道德目的，这是我们甚至在穆勒的著作中也能看到的一种倾向。人们视社会中的自我有如筑巢的蜜蜂，他们的道德性质可与工蜂互不相犯的情形相比：它们一致从同等距离的中心向外移动，彼此碰撞力相等，以此保持蜂巢的六角形轮廓。这些看法一贯把自我当作目的，为了自我的自由一切都可以牺牲，结果这个自我便成了生活的非道德因素。

因此，当赫胥黎教授谈到“自我约束是道德作用的实质”①而“天赋的自由”就是“任意突出自我”时，我们便看清了这一点，即如不彻底推翻关于自治的悖论，研究社会现象和道德现象的整个方法就会被搞得乱七八糟。有人认为，对自我和个性的坚持和充分重视，是首先在社会中并通过社会成为可能和现实的，而社会的主要特征并不是否定，而是肯定；要获得这些真正的社会哲学的基本

① 《进化与道德准则》，第 27、31 页。

概念，[①]只有对那些使那种悖论成为无法解决矛盾的假说进行毁 69
灭性的批判才能做到。

（五）现在可以重述一下我们一直在评论的思想家们所论述的自治问题的实质。根据他们认可的种种假说，穆勒在《论自由》的第一章中对自治的毁灭性批判确实具有不可抗拒的力量。他首先指出，在政治上不成熟的时期，政治自由的概念在于限定统治者的权力范围，他被视为在利益上与其臣民相对立的独立力量，却又不得不让他行使统治社会的权力。[②] 但是，由于已经发现，有可能在越来越大的程度上使统治的权力来自被统治者的定期选择，“某些人便开始认为人们把对权力本身的限制看得太重要了。**限制**看来似乎是用以对付统治者——他们的利益与人民的利益通常相互对立——的一种办法。当时需要的是统治者应与人民一致；统治者的利益与意志应当就是国家的利益与意志。国家无须防范它自己的意志。不怕它对自己施加暴政。”卢梭在某些方面是这种谬见的受害者，而今天它却盛行起来。

但是，随着民主原则的胜利，“由选举产生的责任政府必须接受监督和批评，这是伴随一项现存的重要事实而出现的情况。这 70
时人们已察觉到，‘自治’和‘人民管理自己的权力’这一类说法并不反映当时的实际情况。行使这种权力的‘人民’并不总是被人治

① 在希腊人看来，社会正是人的个性的自然的、积极的和促进性的表现。参看本书第 2 章。

② 最早由柏拉图在《理想国》中对政府所作的分析实际上表明，穆勒的分析绝不是关于任何一种社会的内聚力的唯一学说，因而并不是最正确的学说。不过，它有一定的道理，是与政治上不完善的程度相称的。

理的那些人；所谓‘自治’也不是由每一个人自己管理自己，而是每一个人都由所有其余的人来管理。此外，人民的意志实际上是指人民中人数最多或最活跃的那一部分人的意志；这个大多数或成功地使自己被承认为大多数的那些人……也和任何其他滥用权力的情况一样需要加以提防。因此，当掌权者对社会，也就是对社会中势力最大的一部分人正式负责时，对政府权力的限制一点也没有失去其重要性。……在思考政治问题时，如今一般将‘多数人的暴政’列入社会需要防范的弊端之中。”

而且，虽然政治制度发展到了为人们最熟知的成熟阶段，自治的悖论也不过是为这种发展所加强了，还远未从理论上找到解答。当阶级的或个人的专断而不合理的权力已被消除时，我们面对的事实似乎是：一些人受其他人的压制被视为理所当然的。实际上，无论“自治”已经多么完善地取代了专制政治，如果以为每个人的自我，正如在你或我身上的自我一样，对于据认为是代表他的那个政府的一切行动事实上都感到满意和自在，那就是公然置经验于不顾。如果自我的情况真是这样，那么，自治的悖论便可通过消除
71 其因素之一而得以解决。如果自我将继续存在，那么“治理”就会成为多余的；或者“治理”将是一切，那么“自我”就会被消灭。另一方面，如果认为“自治”中的“自我”就是整个主权集团或社会，即通常与隶属国家相对应的所谓“自治”国家，那么，我们所面临的任务就是证明这个自我从任何意义上说都是一个实体，从而表明，把这个公共权力的所作所为作为整个社会的行为而接受是应该的。但是，根据我们在本章检验一些理论时所持的论点，这种自我是无法验证的。政府在实际上和原则上都表明它本身是使“一人”受“其

他人”压制的。只要情况一直是这样，而且由于治理是与自我互不相容的，那么，不仅对大多数人的权利仍无法解释，要说明整个社会对一个不顺从的成员有什么理由实行压制也同样不可能。我们已经看到穆勒想用划分界限的办法来解决这个问题，按照这条界限，政府的目的和立场是保护自我免受他人的冲击，并使之保持在与众隔离的纯净中。可以说，赫伯特·斯宾塞[①]曾求助于那些被默许的假说之一，这个假说会把一个共同体降低到连一纸书面的合伙契约都没有的股份公司的水平；[②]就国家问题而言，这种假说就不得不为斯宾塞先生对目的的估量所取代，如果提出这个问题， 72
大概会一致同意这样做吧！只有边沁根据社会生活的实际性质，天才地抛开了关于个人权利的整个问题，而且在认为法律是一种必要的罪恶并嘲笑所有想证明组成社会的全部自我是一个实在的统一体的企图的同时，把促进自由幸福的生活作为政府进行干预的唯一准则。

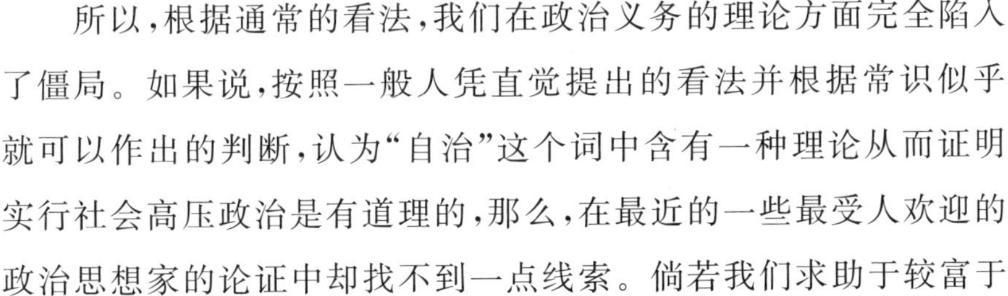

所以，根据通常的看法，我们在政治义务的理论方面完全陷入了僵局。如果说，按照一般人凭直觉提出的看法并根据常识似乎就可以作出的判断，认为“自治”这个词中含有一种理论从而证明实行社会高压政治是有道理的，那么，在最近的一些最受人欢迎的政治思想家的论证中却找不到一点线索。倘若我们求助于较富于

① 《人与国家》，第 83 页以下。

② 人类的联合组织具有内在生命力的一个显著证据是：甚至连一个股份公司也往往会发现它的任务与目标已发展到使它不得不从议会取得更多的权力。所以，它会超出股东们原先的合约规定的范围；赫伯特·斯宾塞强烈反对这种情况的意见表明他对社会需要的性质的认识有多么可怜。

哲理的导师如霍布斯与洛克——他们是超越一般思想模式的——我们也不会找到一种完整的理论，尽管我们可以得到一些启发。如果说自治的概念还有什么令人满意之处，那么，对它的各种解释，如果不能给予这个悖论的两项以充分说服力，同时又证明二者是一致的，则立刻会遭到驳斥。这种充分的说服力是什么以及它所包含的对抗性，我们在本章中已经看到了。我们必须从能与法律和政府对抗的实际的自我出发；也要从能对个人实行暴政的实
73 际的"政府"出发。我们绝不能认为自我事实上已被政府消灭；也绝不应把政府看作一种软弱无力的反映，柔顺得可以适应实际的自我的一切怪诞行为。我们绝不应把生活的不可分割的内容分割开，硬要把一部分生活视为属于自我的维护个人利益的活动，而把另一部分生活视为属于政府的对他人有影响的活动。对于自治概念中起作用的这两个因素，我们必须把它们看作完全对立的，并根据这种看法证明二者的基本一致性以及达到一致的必要性与条件。总之，我们必须说明人，有血有肉实实在在的人为何需要被统治；以及实际上压制他的政府为何像他所意识到的那样，是使他发挥潜力的必不可少的因素。如果我们不能把妨碍我们这样做的种种假说推翻，我们就得承认，民主制度的成熟只不过使我们摆脱了个人独裁的专制而服从必要的专制；而且，尽管我们也许可以不顾这样一种失败，仍然默认"清点人数是为了不拆散他们"，我们也不得不同意这确实是最狡猾的政治上的权宜之计，但是这两种专制的差别同个人运用意志和理智参与一个和平组成并进行有效管理的整体的实际能力是根本不相符的。简言之，我们将不得不同意边沁和穆勒以及斯宾塞的意见，认为"自治"和"公共意志"都是毫

无意义的幻觉，都是在实际经验中不可能统一起来的两个敌对因素的结合。

74 # 第四章　对政治义务问题较激进的看法

（一）读者无疑会注意到，上一章所涉及的理论属于现时通称为个人主义的一般类型。由于种种原因，我宁愿不用这个已经陈旧了的词。首先，这个词已经非常陈旧；使用这样的词会使哲学的生气和表现力丧失殆尽。第二，个人主义可以有多种含义，它的最完整的、对研究哲学的学者来说无疑也是最确切的含义对正在探讨的理论极为适用。“个人”可以说是“独特的”或不可分割的，因为他简直没有什么可以使你想到有可能把他分成若干更小的部分；或者是因为无论他的本性多么完美而伟大也完全是一个整体，这对它本身非常重要，也非常真实，就像一件艺术品，要把它分成若干部分而不失其本来面貌是不可能的。在前一种情况下，“个人”等于一个“原
75 子”；在后一种情况下，他才是“一个伟大的个性”。[①] 只要我们用“个人”这个概念，那就是后一种含义，而不是前者。因此，我们将尽可能摒弃只体现前一种含义的“个人主义”这个陈旧的词。

如果要新创一种说法来表明上一章所概述的种种理论的共同特点，我们可以大胆地提出这一词语：“第一印象理论”或“凭初次

① 参看内特尔希普的《遗稿》(*Remains*)，第 1 卷，第 160 页。

印象提出的理论”。我提出这一词语并不认为这些理论可与希腊思想家的观点相提并论。后者由于不曾受到前人思想的干扰，看到了后来再也无法看到的一种清新、完整的社会经验的真实情况。我们自己这个时代的“初次印象”却是另一回事。这是普通人或在火车站拥挤不堪的人群中奋力前进的旅客的初次印象，这密集的人群既自我克制又保持自己的方向蜂拥前进的情景，在他看来是个明显的事实，而在这个情景背后的社会逻辑和精神的历史却并未触动他的敏锐的想象力。

这样我们就看出，这些初次印象理论，主要是受个人处于天生独立状态这一印象支配的。由于这个原因，如我们提到过的，自治的经验对这些理论来说是不可思议的，所以它们不得不以各种方式来折中。此外，由于它们对自治所作的解释并不是真正的解释，而只是些折中的说法，所以它们并非基于任何原则，也没有始终一致的看法。边沁认为一切实在的权利实际上掌握在国家手中，虽然他设想这些权利是达到个人目的的手段；穆勒则认为这种权利是由国家和个人分享的，但这个界限难以分清，因而不能得到尊重；赫伯特·斯宾塞认为权利掌握在个人手中，而国家则差不多已 76
成为个人契约和许诺的档案保管处。

这些理论的共同前提，是由它们本身的性质所决定的。人们往往认为，个人是目的，而社会则是达到目的的手段，其实并非完全如此。这种界说并不能赋予任何社会理论以显著的特色。因为，按最低限度说，社会既然是由大多数个人组成的，那么，我们谈到“个人”时无论谈了什么，都可以认为也适用于社会，反之亦然，只要认为所有的人和一个人的区别仅在于数量方面。这样看来，

“手段”和“目的”是容易变换位置的，就像为了实际的目的，我们在边沁的著作中所看到的那样。[①] “利他主义”这个伦理学术语可以说明这一原则。它表明，若把“个人”当作“目的”，每个人和所有的人之间的关系便无从确定，而以“个人的”幸福的名义要求“每一个”个人为“全体”作出多大牺牲，也始终是个偶然性的问题。

实际情况是：关键不在于我们把“个人”还是“社会”叫做“目的”，而在于把什么看作既属于个人又属于社会的那种本性。这是原则问题；在这方面意见一致的一些观点，尽管对每个人的自由和
77所有人的幸福表面上截然相反这一点有不同的看法，但并无原则上的分歧。我们业已注意到这种从一种偏见滑向它的反面的情况，就像在边沁、穆勒和赫伯特·斯宾塞之间发生的情况那样。

于是，我们现在探讨的这些看法，其基本思想不过是：个人或社会——无论就哪一方面来说都行——都是我们根据**第一印象**所了解的那样。因此我们把这些看法叫做“**第一印象**”理论或“凭初次印象提出的理论”。要阐明一种初次印象怎么可能产生在18世纪或19世纪，这话说来就长了。不过，简而言之就是：思想史表明，在文化中出现过某些飞跃或突变；这时人类精神似乎重新打开了眼界，或者说跃上了一个新的舞台，从此不得不根据新的观点来重新调整一切并重新分析其种种感受。在这些新阶段中包含着巨大的进步；但是，这种进步是潜在的，开始并看不到，这是为可能的顿悟而不得不付出的代价。

---

① 参看上文第72页。如果我们认为边沁是说所有的人(=“个人”)都是目的，那么，要求每个人为所有的人作出牺牲从理论上说就是没有限制的。这样，社会就会变成绝对必要的目的。

正是在这种时刻，现代的立法者或经济学家或自然哲学家把目光转向了社会中的人。他们把他看作“受到法律保护的千百万人中的一员”，①把社会看作包括他在内的千百万人。这样一个旁观者必然会进一步认为，社会统一体是由甲、乙、丙等许多人组成的，这些人是人类生活的元件和中心，因为他们实际上是这样，我们在日常交往中和他们接触时也觉得是这样。其他看法都是根据这个假设得来的。我们每个人，即甲、乙、丙和所有其他的人，看来都是，而且在很大的程度上在日常生活中实际上是自足、自满和固执己见的。对甲、乙、丙每个人来说，其余的人都是“别人”。他们与他“相像”；他们是他的“复制品”，但并不是他本人。他知道他们 78
对他来说是重要的，但这种“重要性”还是属于“别人的”，甚至从道德上考虑，他还会把自己承认这一点称之为“利他主义”——这是一种不明确的要求和感情，在他与周围环境的联系上触到他的本性，而这些要求和感情的中心则是孤立的。

对于这样设想出来的个人和社会——甲、乙、丙和其余的人——来说，政府显然只能是自我保护的。它实际上是“别人”施加压力的一种形式，这种压力由于科学地减到了最低限度而被接受。因此，正如我们到处见到的，政府是与自我不相容的，也不能认为跟我们自以为只在我们私下幻觉中才意识到的自发生活有什么共同的根源。这样，乙和丙对甲的活动范围施加压力就是一种必要的罪恶，是使甲的活动范围相应地缩小了。甲越是利他，就越会认识到这一点，因为受到影响的不仅是他本人，还有乙和丙。

① B. 乔伊特和作者的谈话。

正是由于这个原因，按有关观点来说，一切法律和政府与自我的实际而积极的目的相比，必然是刻板而消极的。维护“自由”，即维护甲、乙、丙和其余的人的活动范围或六角形界限[①]，被设想为不涉及任何确定的生活模式，也与每一个人在其六角形内追求的目的无关。如果自我在哪一方面越出了自己的范围，而甲已认识到有一种积极的目的和性质使他必须受乙和其他人的约束，那就不可能不让这种性质和目的在这些人彼此交往的条件的确定内容
79 中反映出来。认为“政府”与“自我”不相容的假设将会被摧毁；人们可能会想到：从什么意义上和由于什么原因，一个有灵魂的动物的本性会用自治悖论中的二元论来反对它本身，并反对寻求其真正的统一体。

（二）现在我们要讨论卢梭是怎样对待自治这个悖论的。我们讨论他的论述并不是因为它完整或前后一致，而是因为它在探究整个问题的根源时，也和我们自己力求掌握任何深奥的真理时所作的努力同样地不完整，同样地前后不一致。实际上，他的论述在哲学史的大舞台上所显示的正是我们每一个人都必须经历的斗争——如果他想看穿那些不断编造的关于社会实况的陈腐假设和传统看法的话。几乎在每一页书上都有倒退和摇摆。正在被摈弃的那些假设在继续为自己辩护；已为作者的天才所辨明的原则被当作与其本性根本对立的权宜之计加以探讨，而业已为其本身发展了的种种手段都被轻蔑地抛弃了。

我们准备研讨一下卢梭《社会契约论》一书的主要论点。凡因

① 参看第68页。

我们在论述中很少提到或根本不提“回归自然”、“天生的平等”和“天赋人权”而感到惊讶的读者，可以查阅一下卢梭早期根据第戎科学院出的题目撰写的两篇论文。第一篇(1750)写的是：“科学与艺术的重建是否有助于净化道德”；卢梭在这篇获奖的论文中，按照题意从文艺复兴后期起，一般地论述了衰微的现象——这是个很现实的问题。这篇短文的显著特点是，在对科学、艺术与教育的 80
攻击和对它们的弊端的批评之间不断地摇摆，而这一批评绝不是不分青红皂白的。充满卢梭头脑的，不是一个原始人，而是苏格拉底和加图，是斯巴达和罗马共和国。一个称牛顿和培根为人类导师的著作家几乎不可能会敌视真正的文化成就[①]。值得注意的是，他对教育改革的热情在这篇最早发表的论文中已表现得很明显。

第二篇论文(1754)长得多，也严肃得多，题为“什么是人类不平等的起源以及它是否为自然法所认可?”这是卢梭献给他的祖国日内瓦共和国的，文中多溢美之词。他对这个社会的热情，同他对古代城邦的热情一样，对他的真正的社会思想比对他论自然状态和人类社会束缚的任何悖论所起的引导作用要真实得多。实际上，他的天才被一些人大大低估了，这些人总以为他相信原始的自然状态或想象中人类最早的状况能够提供一种理想的生活。他完

① 整篇文章显示了获奖论文的标新立异精神，但若以同情赞许的眼光去看，这一点虽然非常明显，也不至于得出当真认为他反对文化的结论。他全面指责近代学术文化，但又感到有必要把评价他的论文的第戎科学院这一类学术机构除外，这就成为使得他显得犹豫不决的一个可笑的例子。对这些早期的著作和卢梭本人所作的精彩评论，可参看已故 W. 华莱士教授的论文《我们的天赋权利》(载《讲演与论文集》，克拉伦登出版社，1898 年版)。

全知道，可以提供这种理想的自然状态至少必须从人类发展的较
81 高阶段中挑选出来，这时道德和家庭已开始形成，语言和财产已有
所发展。在这里，他又明显地表现出摇摆不定，我们可以看出这是
出于他敏锐的洞察力。文明的罪恶倾向于迫使人类的合意状态沿
着进化的刻度表向下滑，但道德的价值和对人性的尊重却倾向于
迫使它向上，卢梭的论点就体现了这一斗争。卢梭极具批判力和
观察力，因而不会把真正的道德或严格意义上的人性归因于动物
的单纯，他也知道善含有潜在的恶；①因此，他是带着犹豫和遗憾
的心情选择了一种中间状态来代表他的理想的，他充分意识到这
种状态已丧失了动物的单纯但并未达到人类的道德水平。甚至对
第一个创立土地所有权的人的著名抨击似乎也变成了承认这是人
类能力发展过程中不可避免的一个阶段——作者不会真地希望人
类能力始终得不到发展。还可以指出两点。第一是人生来就不是
平等的而是不平等的这个基本论点，文明的罪恶恰恰在于用政治
上的不平等取代了自然的不平等。如果认为这种政治上的不平等
是可以调节的，那显然是想指出社会在保持平等方面②要胜过自
82 然。第二是应把与社会契约有关的天赋自由的观点同《社会契约
论》的观点加以比较。在这篇论文中，他基本上是推崇“天赋自由”
的；在《社会契约论》中，尽管在声调和语言上仍然强烈地表现出对

① 他似乎认为，工业合作化的开始就是最广义的“自然状态”的结束。“铁和谷物使人类开化了，然而也毁了人类。”这句话预示了他后来的主要思想。

② 我们发现卢梭在《社会契约论》中实际上是要引起对这一点的注意。参看该书第1卷第9章末，要注意的是：(1)他不完全认为自己在那篇“论文”中讲的是天生的平等，而不是天生的不平等；(2)关于社会平等的虚幻性的那个“模棱两可的”脚注。

天赋自由的偏爱，但又认为另一种自由更加现实。显然，我们在这里探讨的不是对人类的一种状态或另一种状态所表现出来的不加思索的盲目热情，而是那种苦思冥想的洞察力，这种洞察力既能看到恶也能看到善，不过由于犹豫和勉强，这种能力降低了，对人类的状况，先肯定一种，然后又肯定另一种。

（三）《社会契约论》（1762 年版）第 1 章开头的几句名言就像一篇猛烈抨击文明和国家的演说的开场白。“人是生而自由的，但却无往不在枷锁之中。自以为是其他人的主人的人，反而比其他人更是奴隶。”[①]我们完全可以认为我们是在读下述论证的前言：一切社会强制都是奴役；人在自然状态中享有自由，但现在已经丧失。我们可以料到，继这一开场白之后，就是谴责社会的桎梏和颂扬前社会的生活。而且几乎毫无疑问，这些话和令人难忘的几句类似的话是被很多学者所分享[②]的卢梭深乎众望的思想的基础。但卢梭接着是怎样讲的呢？请看下文：“这种变化是怎样形成的？我不清楚。是什么才使这种变化成为合法的？我自信能够解答这 83
个问题。”这里他和先前论及“平等”时一样，(1)原则上摆脱了认为社会契约接替自然状态这种历史的虚构；(2)许诺给“无往不在枷锁之中”这句话所表示的变化（或者说为给人的状况造出“变化”这个带有历史性质的词）提供正确依据。

这就是他给自己规定的任务。上面援引的那些话表明他的回

① 上引译文据《社会契约论》中译本，第 8 页，何兆武译，商务印书馆，1980 年。个别文字有变动，下同。——译者

② 亨利・西奇威克教授和里奇教授是明显的例外。最好参看前面提到的已故华莱士教授的文章。

答会在某种程度上违背他的问题，并表明人实在没有多少天赋的自由可以丧失，也并非到处受到束缚。但是，卢梭最初想到这个问题是出于一种反抗社会奴役的情绪，以及对他那个时代的文明的憎恶，这使他开始走上从事社会理论的必由之路，而且必然会碰到我们大家都不时感到的种种最严重的困难。总之，他知道有某种东西看上去完全是束缚这一事实；他也知道必须证明这一事实是合理的。

在专用几章以清除对这个问题所作的不恰当的解答之后，他就依据那种假定的视社会契约为所有的人为组成一个社会而共同订立的社会契约的形式，把这个问题重新说明如下：

“要寻找出[①]一种结合的形式，使它能以全部共同的力量来卫护和保障每个结合者的人身和财富，并且由于这一结合而使每一个与全体相联合的个人又只不过是在服从自己本人，并且仍然像以往一样地自由。”[②]

(四)在开始探究这个原则的准确含义及其答案之前，我们将简
84 短地评论一下它所引起的思想矛盾。它含有这样的意思：人的自由仍保持在同一水平上。甚至人的力量也并未增强，不过是人们把他们的力量结合起来了，而以前是分散的。这些含义既不符合他的出发点，也不符合他的结论。如果说人曾经有过天赋自由，后来只是为了增强自己行动的力量而屈从于社会，那他就必然会失去一些自由，而不可能仍然和以前一样地自由了。但是，如果说人在社会中

① 《社会契约论》，第1卷，第6章。

② 上引译文据《社会契约论》中译本，第23页，何兆武译。——译者

具有一种脱离了社会就不可能有的性质，以使他的个性因社会统一体这个组织而发展到最大限度，那么，他显然不仅会“像以前一样地”自由，而且会自由得多；当然，这种自由，严格说来，只能是在种种社会条件之下的自由。卢梭最初认为，人交出一部分原有的自由是为了尽量利用其余的部分，这个看法后来在《社会契约论》中与在这里一样，往往是用折中的语言表述的。但他实际上并没有依靠这一点，因为卢梭的目光非常敏锐，他不会试图提出一种划分界限的理论。例如，当他根据契约的字面含义假定人只按社会需要交出一定的自由时，他认为主权者是确定交出多少自由的唯一裁决者，因而是专制的。[①] 同样，他第一个推断出主权者处人死刑的权利来自个人冒生命危险以保全自己性命的先在权利；据此，个人就把为了公共安全——也包括他自己的安全——的需要而处死他自己的权利交给了主权者。继而他觉得这是一种虚构，于是又提出完全相反的看法，认为一个犯了罪的人就是破坏了社会契约，不再是社会的 85
一员，因而可以当作向国家宣战的敌人来对待。[②] 这一补充说法表明，卢梭知道他根据把权利转交给社会的说法对这个问题所作的另一种论述是无力的。他往往完全不能或部分不能摆脱我们大胆称之为“初次印象理论”这个用语，也正是这一点使得他具有很大的启发作用，因为我们大家都为类似的倾向所困扰。

（五）现在我们要探讨一下他的解答的真正性质。在解答上文所提问题（见第 3 节末）时，他以组成一个“民族”或国家的条件代替关于社会契约的历史虚构。他确实谈到组成一个“民族”或国家

①② 《社会契约论》，第 2 卷，第 5 章。

的“行为”或“契约”——这仍是残存的属于虚构的语言。① 但是，即使他在第一章中没有讲得那么清楚，也显然可以看出，他讲的不是历史上的某一行为，而是一个社会团体的实质。他解释说，“契约的各项条款”是由“行为的性质”所决定的；它们是绝对的和普遍适用的，这就是说，任何违反一个国家基本要求的协议，无论是实际的还是假想的，都不能影响这些条款。如他在前一章中讲得很清楚的那样，他是在分析“使一个民族成为一个民族”的“行为”亦即政治统一的条件。

这样，“契约的条款”便简化成为一条：“参加的每一个成员都要把自己的所有权利〔这种语言受到关于一项实际的契约和前社会权利的虚构的影响。〕转让给整个社会。”因此，作为一个整体，这
86个社会是专制的。前面曾提到，②他在后一段中又说个人似乎还保有自己的权利，这正是我们谈过的一个摇摆不定的例子。

这种“社会契约”的实质还可以进一步简化为下列准则：“我们每个人都以其自身及其全部的力量共同置于公共意志的最高指导之下，并且我们在共同体中接纳每一个成员作为全体之不可分割的一部分。”

“只是一瞬间，这一结合行为就产生了一个道德的与集体的共同体，以代替每个订约者的个人；组成共同体的成员数目就等于大会中所有的票数，而共同体就以这同一个行为获得了它的统一性、它的共同的自我、它的生命和它的意志。这一由全体个人的结合

① 《社会契约论》，第 2 卷，第 5 章。

② 第 84 页。

所形成的公共人，以前称为城邦，[①]现在则称为共和国或政治体；当它是被动时，它的成员就称它为国家；当它是主动时，就称它为主权者；而以之和它的同类相比较时，则称它为政权。”[②]

在这段话中，结合的准则和大部分对它的评论都含有这样的意思：“契约”在历史上是实有其事的。“结合行为”、“产生”、“接纳”、“形成”等词语都有这种含义。据认为，卢梭的思想总是或多或少地在同这个概念进行斗争，无论如何要记住，他是明确地拒绝依靠这种想法的；我们对这一点已经讲得够多了，以后不会对每一 87
个例子都加以评论。

撇开有缺点的术语不谈，并记住卢梭认为他是在分析“使一个民族成为一个民族”的行为或特征的实质，我们就会在这段话中看到一些影响非常深远的思想。我们会发现，人类社会的实质存在于共同的自我、生命和意志之中，这些都属于社会或社会中的个人并由他们支配；我们选用哪种说法都没有差别。在政治统一体的活动中，这个共同自我的实现被称作“公共意志”，我们将在下一章中考察它的性质和特征。

但是，首先必须讲清楚一点，即这一整套想法是否要认真加以坚持，或者说它们所说的统一是否只是形式上的和表面上的。因为，这里使用的一些词语在许多较早的著作中都可以看到。例如，

① 卢梭在此页脚注中说：“这个名词的真正含义，在近代人中间几乎完全消失了：大多数人都把城市当作城邦，把市民当作公民。他们不知道构成城市的是家庭，而构成城邦的是公民。”参看《修昔底德文集》，第 7 卷，第 77 页，《英雄的城邦》（ἄνδρες γαρ πόλιs）一文。

② 以上两段引文及上注引文的译文据《社会契约论》中译本，第 24－26 页，何兆武译。个别文字有变动。——译者

从罗马法到霍布斯的著作中都有“person”（人，自然人，法人）这个词。据说，[①]罗马法中的“*Persona*”一词有两个意思，有时指复杂的权利，有时指那些权利的享有者——不论是一个个人还是一个法人团体。“*Unus homo sustinet plures personas*”（一个人承担众多的 *persona*）。因此，一个人可以把他的“*persona*”移交给另一个人。一个社团只有一个“*persona*”。正是在这个意义上，霍布斯认为国家是个“体现在一个法人身上的真正的统一体”。这个法人身份已由一群人的所有个人授予某一个人或由一定数量的人组成的
88 集会，因此从政治上说，这个人或集会的行为就是这样结合为一个“人”的那整个一群人的行为。

在第一章提到的一个实例中就用过“人”这个词，其中的一个抽象法律概念保存了哲学的统一观的种子。现在我们不得不进一步考虑的问题是，如果说这样表明的统一是一种徒劳无益的虚构，其虚构的程度如何？如果认为它是必不可少的，个人向往它并从中找到其本性所要求的东西，这样的理解又达到了什么程度？

（六）《社会契约论》第 1 卷第 7、8 章中提出的几点令人瞩目的主张表明了卢梭思想矛盾的结果。

问题在于，国家这个统一体是一种武断的抽象概念，还是一个基本力量和实体？

卢梭在第 7 章中讨论了种种保证，这些保证是为了使主权者（或统一体）对其成员和成员对主权者分别履行各自的义务。一谈

---

① 参看有关著作，如格林的《关于政治义务原则的讲演》（*Lectures on the Principles of Political Obligation*），第 61 页。

到主权者对其成员的义务，他立即陷入了第1章中提到的谬误。这就是说，他坚持这样的主张：根据这个统一体的章程，它必须成为它应当成为的样子，而且由于它是由全体个人组成的，因而不可能有跟他们的整体利益相对立的利益，同时，作为主权者，它被禁止采取可能伤害任何一个个人的任何特殊①行为。这就预先假定这个统一体总是按它作为一个整体的观念行事的，它既不会为个人的利益所“俘虏”，也不会越出公共利益给它的行为规定的界限。但是如果真是这样，国家就会是十分明智而完美无缺的；我们也就无须被告知：作为明智而完美的国家，绝不会对其成员做不公正的
事情。这个统一体当然是容易做坏事的，卢梭要加以防范的个人 89
不道德行为就与那些坏事有关。

此外，他对个人不忠诚的看法，对于增加他的政治统一观的活力也起了决定性作用。

他说：“事实上，每个个人作为人来说，可以具有个别的意志，而与他作为公民所具有的公共意志相反或者不同。他的个人利益对他所说的话，可以完全违背公共利益；他那绝对的、天然独立的生存，可以使他把自己对于公共事业所负的义务看作是一种无偿的贡献，而抛弃义务之为害于别人会远远小于因履行义务所加给自己的负担。而且他对于构成国家的那种道德人，也因为它不是一个个人，就认为它只不过是一个理性的存在；于是他就只享受公民的权利，而不愿意尽臣民的义务了。这种非正义长此以往，是会造成政治共同体的毁灭的。”

① 参看下文第104页。

“因而，为了使社会公约不至于成为一纸空文，它就默契地包含着这样一种规定——唯有这一规定才能使其他规定具有力量——即对于任何拒不服从公共意志的人，全体都要迫使他服从公共意志。这恰好就是说，人们要迫使他自由。”①

在这段话里，卢梭揭示了被某些人称作政治信仰而被另外一些人称作政治迷信的东西的实质。这是由于确信“构成国家的道
90 德人②”是实际存在的，这和认为它实际上并不存在因而是抽象的或虚构的（“理性的产物”*être de raison*）这个自然想法是对立的。我们所说的初次印象理论，其特点是认为自然人的“绝对的和天然独立的存在”是首要的，因而把政府看成是对自我的侵犯，把约束力看成是压制。而如果认为社会的人是实际存在的，那就会像卢梭指出的那样，认为对自然人的约束力可能成为自由的条件。我们甚至在穆勒的著作中也看到，一些极端的例子是如何导致必须假定有一个与个人的直接愿望不一致的“真实”意志。③ 关于使用约束力的限度问题，当然还要进一步加以讨论。④

① 上引译文据《社会契约论》中译文，第28－29页，何兆武译。个别文字有变动。——译者

② 关于“人”这个词的含义见上文第87页。注意这里用的“道德的”一词的意思，和用在“道德的必然性”中一样，是和“自然的”一词相对的。这里的“道德人”一词的用法又是从自然的人经过法定的“人”发展到一个更高尚或更伟大的自我概念过程中所形成的一个有趣的阶段。

③ 他举了一个平常的例子，即禁止一个人通过一座靠不住的桥并不是剥夺他的自由，因为他肯定不想被淹死；最近（1898年6月）“阿尔比恩”轮下水时发生的重大不幸使这个例子得到了极好的证明。这次灾难的发生就是由于没有为一些人的真实意志着想而运用足够的约束力来迫使他们克制一时的急躁情绪。

④ 见下文第8章。

《社会契约论》的第 8 章很短，但对上述关于社会契约和主权的思想作了一些推论。在这里转引全文是值得的。

“论社会状态。——由自然状态进入社会状态，人类便产生了非常引人注目的变化；在他们的行为中正义代替了本能，而他们的行动也就被赋予了前此所未有的道德性。唯有当义务的呼声代替了生理的冲动，权利代替了嗜欲的时候，以前只知道关怀一己的人类才发现自己不得不按照另外的原则行事，并且在听从自己的欲望之前，先要请教自己的理性。虽然在这种状态中，他被剥夺了他 91
所得之于自然的许多便利，然而他却从这里面重新得到了如此巨大的收获；他的能力得到了锻炼和发展，他的思想开阔了，他的感情高尚了，他的灵魂整个提高到这样的地步，以致若不是对新处境的滥用使他往往堕落得比原来的出发点更糟的话[1]，对于从此使得他永远脱离自然状态，使他从一个愚昧的、狭隘的动物变成一个理智的人，从而具有人性的那个幸福的时刻，他一定会感恩不尽的。

“现在让我们把整个这张收支平衡表简化为易于比较的项目吧。人类由于社会契约而丧失的，乃是他的天然的自由以及对于

① 参看《浮士德》中的名句：

“Ein wenig besser würd'er leben,
Hätt'st Du ihm nicht den Schein des Himmelslichts gegeben;
Er nennt's Vernunft, und braucht's allein,
Nur thierischer als jedes Thier zu seyn.”

（“人也许会生活得体面一些，
假如你不给他以天光的幻影；
他称之为“理性”，并归他专有，
结果变得比禽兽还要凶残。”）

他所企图的和所能得到的一切东西的那种无限权利；而他所获得的，乃是社会的自由以及对于他所享有的一切东西的所有权。为了权衡得失时不致发生错误，我们必须很好地区别仅仅以个人的力量为其界限的自然的自由，与被公意所约束着的社会的自由；并区别仅仅是由于强力的结果或者是最先占有权而形成的享有权，与只能是根据正式的权利而奠定的所有权。

“除上述以外，我们还应该在社会状态的收益栏内再加上道德的自由，唯有道德的自由才使人类真正成为自己的主人；因为仅只有嗜欲的冲动便是奴隶状态，而唯有服从人们自己为自己所规定的法律，才是自由。然而关于这一点，我已经谈论得太多了，而且**自由**一词的哲学意义，在这里也不属于我的主题之内。”[①]

92 除了历史虚构的术语外，这段奇特的话还非常清楚地表明，卢梭从《论不平等的起源》的观点转变到《社会契约论》的观点所经历的思想斗争。“虽然他被剥夺了”以及其他说法的“闪烁其词”反映出他对当时衰落的社会的厌恶感，这在卢梭的思想中是根深蒂固的，他的一生也使我们能够完全理解这一点。他是日内瓦一个工匠的儿子，有少许流浪者的冲动倾向，还有些华兹华斯式的才华，他在伟大的近代作家当中也许是最先感受到真正的民主激情的，[②]并像柏拉图或罗斯金可能已经体验到的那样，体察到自己所处的是个虚假的时代。他在这一章的用语中如此克制他的正当的厌恶感，把法律与社会的作用和它们的弊病区别开来，这是很有见

① 上引译文据《社会契约论》中译本，第 29—31 页，个别文字有变动。——译者

② 注意《爱弥儿》(*Émile*)中的这句话：“是人民构成人类；不属于人民的人，是少得不值一数的。”见第 4 卷，第 3 条准则。

地的。

作为这种思想矛盾的一个特点，我们可以特别注意他对个人原有权利的看法，因为按前一段话的意思，在人类原先所处的状态中权利是不可能存在的。这完全是接受了以前一些著作家的提法，也就是所谓“最先占有者的权利”的说法。这一章中把真正的权利与社会承认的所有权相对比，收到了对那些不加鉴别的观念进行毁灭性分析的效果。[①]

卢梭用社会契约的形象化比喻描绘的“使一个民族成为一个 93
民族”的社会统一体是拥有真正的权利的开始。这种统一是理性法则、义务观念和人性本质的表现。人的特性是自由，[②]这个基本原则卢梭曾以不明确的概念在前面提出过，现在我们看到，它必然会在他的推理过程中具有更重要的意义，这是本章的概念所要求的。

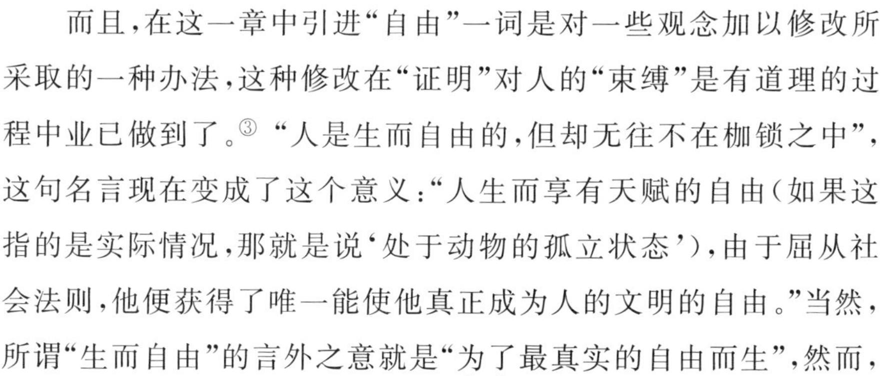

而且，在这一章中引进“自由”一词是对一些观念加以修改所采取的一种办法，这种修改在“证明”对人的“束缚”是有道理的过程中业已做到了。[③] “人是生而自由的，但却无往不在枷锁之中”，这句名言现在变成了这个意义：“人生而享有天赋的自由（如果这指的是实际情况，那就是说‘处于动物的孤立状态’），由于屈从社会法则，他便获得了唯一能使他真正成为人的文明的自由。”当然，所谓“生而自由”的言外之意就是“**为了**最真实的自由而生”，然而，

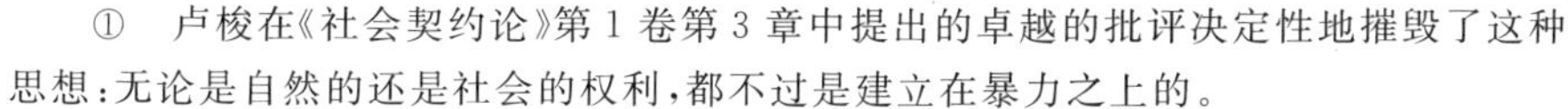

① 卢梭在《社会契约论》第 1 卷第 3 章中提出的卓越的批评决定性地摧毁了这种思想：无论是自然的还是社会的权利，都不过是建立在暴力之上的。

② 《社会契约论》，第 1 卷，第 4 章。

③ 同上书，第 1 卷，第 1 章。

要能引进这个意思，就必须摈弃这个修辞上的对语的后半句："但却无往不在枷锁之中"。

第 8 章最后一段表明，卢梭认为文明状态是道德的自由的一种体现，他切望不要显得似乎是求助于"自由"这个词的纯道德上或哲学上的含义来解决他的问题，他这样考虑是对的。因为，拿这后一个概念本身来说，容易被理解为通过自我克制的途径以实现自我的统一。因此，一方面，真正的社会状态的自由只是上升到完
94 美的道德自由或统一过程中的一个阶段，因为它与其说是意味着实际上获得了这种自由，不如说是意味着承认这种自由是社会法则所必须达到的目的；另一方面，这种自由比道德自由易于被设想为具有更广泛和更实在的含义，因为自我已发展成为文明状态所包含的一个有组织的社会内容了。因此，文明状态和道德自由确有区别，不过，它们在这段话中并列并不妨碍我们了解卢梭对前者的看法。

把我们看到的这段话和洛克关于同意的看法比较一下，便可看清卢梭对一些旧概念的发展和他自己的观点的发展方向。《社会契约论》新近的一位编者[①]在说明"服从我们为自己制定的法律才是自由"这句话时，引用了洛克的话："人在社会中的自由只从属于经全国一致同意而建立的立法权。"[②]不过，根据洛克的理论，他在这里所说的是个人对建立统治权的实际同意或默许；在他看来，这种同意是有条件的和可以撤销的，因此不能应付自治的全部困

---

① 德雷福斯－布里萨克先生。

② 《政府论》(*Civil Government*)，第 2 卷，第 22 页。

难。卢梭很可能借用了洛克的一些现成的用语，谈的却是完全不同的问题，即承认一种法律和一种意志，一个人平日的自我可能与这种承认发生矛盾，然而这才是这个人更真实和更完整的自我，而且它必然不同于构成这个人的低级生活的那种平庸琐细的情绪。

至此，我们已经看到自治的问题是怎样由于一种更深刻的见
解而发生了变化的。(1)由于有了共同自我的概念，这个自我与别 95
的自我的消极关系便开始消失；(2)由于认识到代表我们真实意志的法律是和我们的琐细而又不易控制的情绪相反的，自我与法律和政府的消极关系开始消失了。把人看作全是一样的整个想法正趋于崩溃；我们开始看出一个人身上有某种东西，这种东西实际上使他跟别人一样，同时又倾向于使他成为他认为应当是那样的一个人。现在我们必须探讨这些观念及其应用。

96 # 第五章　“真实”意志的概念

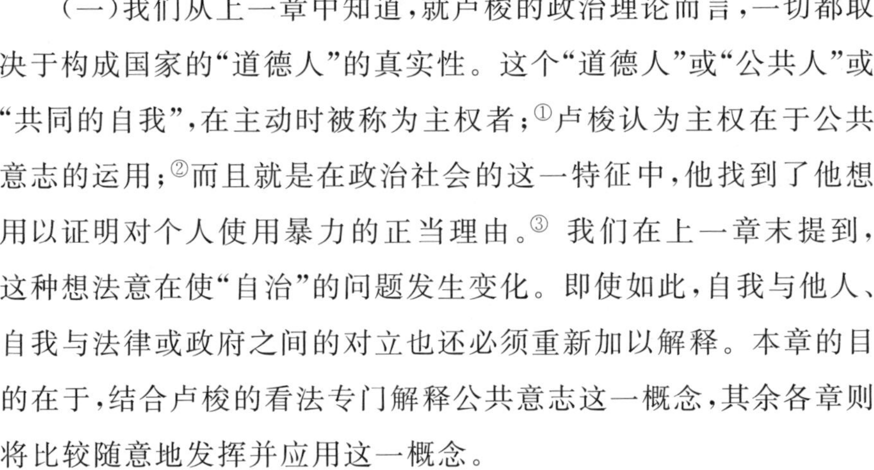

（一）我们从上一章中知道，就卢梭的政治理论而言，一切都取决于构成国家的“道德人”的真实性。这个“道德人”或“公共人”或“共同的自我”，在主动时被称为主权者；[①]卢梭认为主权在于公共意志的运用；[②]而且就是在政治社会的这一特征中，他找到了他想用以证明对个人使用暴力的正当理由。[③] 我们在上一章末提到，这种想法意在使“自治”的问题发生变化。即使如此，自我与他人、自我与法律或政府之间的对立也还必须重新加以解释。本章的目的在于，结合卢梭的看法专门解释公共意志这一概念，其余各章则将比较随意地发挥并应用这一概念。

关于卢梭与霍布斯[④]和洛克的关系可以简略地说几句，这只是为了说明不断深化的政治经验使一些抽象概念中潜伏的古老含
97 义重新被认识的过程。

霍布斯和洛克在论述政府与国家的统一时使用了和卢梭在论述公共意志、道德人与真正的统一时所用的词语非常相似的词语。

---

① 《社会契约论》，第 1 卷，第 6 章。

② 同上书，第 2 卷，第 1 章。

③ 同上书，第 1 卷，第 7 章；参看第 1 章。

④ 参看上文第 87 页。

例如，霍布斯坚决认为，主权必须存在于意志之中，这个意志必须是真实的，并且必须把它看成体现或代表社会意志的。“这**不仅是同意或协调一致，它是全体**体现在同一个人之中的**真实的统一体**。”[①]不过，他把“真实的”解释为意指存在于有形的确定的个人身上的基本属性，这实际上是用某个人或某些个人的意志（按这个词的一般意义说）**代替**共同体或道德人的意志。他显然带有卢梭所描述的把“**道德**人”当成一种虚构的那些人的倾向。但是，他并未因此而摈弃实际有效的统一体的全部观念，而是用实际上存在的一个人或一群人这个“真实的统一体”代替那个虚构的或抽象的“人”的统一体，将它**视为**国家本身的统一。例如，他以一种不可抗拒的逻辑力量否认在已有主权的地方还存在另一种代表人民的力量的可能性。因为在他看来，唯一能代表人民的乃是主权者，正是由于他拥有主权这一事实，他担任了人们所授予的社会“法人”的角色。总之，我们可以说，霍布斯把政治社会的统一置于一个意志之内，而且按照他的想法，这显然指的不是公共意志，而是真实的或实际的意志。他沿用了能使他论断国家的统一和个性的词语，但 98
这些词语在他的笔下并未恢复其正确的政治含义，原想用它们来说明的社会权利也始终徒有空名而已。

洛克引用了比较真实的政治经验，但在逻辑的严密性上远逊于霍布斯。他认为现实中的政府是可以信赖的，终极的最高权力一直保持在整个社会手中。他的困难在于，要了解社会本身的意

① 《利维坦》(*Leviathan*)，第 2 部分，第 17 章。着重号是我加的。

志或利益怎样获得明确表达的。一般说来，若无特殊的反对理由，它被认为与管理机关的意志是一回事，这个管理机关是依照宪法受委托负责政府工作的。但是，这种委托是有条件的，而且从理论上说是可以撤销的；终极的最高权力掌握在全社会手中，如果违反了它的条件，它就可以撤销这种委托。当然，他不曾提出也不可能提出任何以合法的方式这样做的明确办法。[1] 因此，洛克没有把人民的意志描述为真实的或实际的意志。于是，原拟阐示其社会性的权利仍然是个人用以表示同意或不同意的一种潜在的权利，社会也没有被描述为真正的统一体。

因此，我们可以大胆地说，在霍布斯看来，政治的统一存在于实际的意志而不是公共的意志之中；洛克则认为它存在于公共的意志而非实际的意志之中。如果把这两种理论推向极端，前者就会消灭“自我”，后者则会消灭“政府”。对前者来说，不存在任何真
99 实的权利，因为国家的意志被说成不过是压制个人实际意志的暴力；对后者来说，也不存在任何真实的权利，因为个人的意志仍不过是一种自然的要求，它从未经社会的承认和调整而发生彻底的变化。

但是，若能注入像霍布斯那样严密的逻辑，又有像激励着洛克的那样广博的政治内容，就会获得一种新的依据。这就是卢梭在他的既真实又公共的意志的概念中作过的尝试；他一方面绝对而明确地调整并承认各种权利；另一方面又在承认中体现了代表真

① 公民投票实在并不是这样的办法。它只能在组织健全的政治制度中起作用，而不能用它一举改变整个制度——主权的形式与条件。

正个性的所有个人的要求。如果这种理论行得通,我们就会对自治、政治义务和社会权利作出真正的说明。可以认为,按卢梭所赋予它的形式,这种理论是行不通的。正如边沁曾轻蔑地指出过的,卢梭的学说会使一切法律都归于无效,也许只有圣马力诺共和国的法律除外。但是我们将看到,这些问题恰好出在卢梭没有切实运用他自己的极敏锐的洞察力的地方;我们还可以在他的著作中找到可提供某种不同结论的迹象。

(二)卢梭想用“公共意志”表明的东西,对很多人来说,正如他清楚地看到的那样,似乎实际上并不存在。它具有一项原则的性质,即在大量混乱而隐蔽的因素之中和支配下起作用,因而只能借助“就其本身而言”或“只要”之类说法来加以界定。我们可以说,它是整个社会“本身”的意志,或者说,它是所有个人的意志,“只要”他们都谋求共同利益。“只要” 100
法律是应有的样子,它就体现在法律中;而主权,“就其本身而言”,即当它因公正地维护共同利益而真正是它本身时,它就是公共意志的体现。在它的观念中,作为解决整个自治和法定自由问题的关键,正是我个人的意志和这个国家里全体人民的意志之间的一致使得我们能够这样说:在一切社会的合作活动中,甚至在服从社会为了真正的共同利益而施加的强制性约束力时,我都只服从自己指挥,而且实际上是在获得我的自由。这个说法确实含有与自治的概念相同的因素,但显得更接近于协调一致。它假定有这样一种意志:从某种意义上说它超越了其意志就是它的那个人,并被引向一个受到广泛关注的目标。从某种程度上说,我们知道实际情况可

能如此，也往往确实如此，因为我们的意志总是被引向某种外在的东西。

作为一个理智的人的特点，意志的性质含义何在？从这个观念出发，我们也许可以更有成效地探讨卢梭的思想。这样，我们就可以找到根据来设想：当你的或我的意志被运用于日常生活琐事时，是不会完全实现它所蕴含或暗示的意义的。这种意志是狭隘的、武断的、自相矛盾的。它蕴含着一种“确实的”或“真实的”或“合理的”意志，这种意志将完全或较完全地成为我们的意志想要成为而没有成为的意志。因此有人说，卢梭所说的公共意志实际上指的是意志“本身”，或者是在实现其本性所含目的与要求时会呈现的意志。

我们可以看出，卢梭产生这类想法的根据是他对主权和公共
101 意志所作的论断，这两个术语对他来说几乎是可以互换的。

例如，主权是不可转让和不可分割的；[①]这就是说，主权只是“使一个民族成为一个民族的”国家的性质的必然产物。你不能把它转让或分成若干部分，就像你不能把自己的判断力的运用加以转让或分成若干部分一样。有行使主权的能力意味着能够成为一个“真正的”或“统一的”民族，即一个有活力、有意志的民族。这个民族当然可以对它的成员发布不撤销便一直有效的总命令，就像我可以为了某种特殊的目的给另一人以代理权一样。但是，这是“权力而不是意志”的代表。

① 《社会契约论》，第2卷，第1章和第2章。在这一点上，卢梭是紧跟霍布斯的。

当这位作者坚持认为公共意志总是正确的[①]而且不可摧毁时，[②]我们对他的意图就看得更加清楚了。虽然作为意志，它总是正确的，但人民在了解详细情况和作出判断时也可能被引入歧途；102
虽然它在人的心中是不可摧毁的，但有人在投票时也可能不按公共意志的要求去做。他通过投票回答的问题可能不是“这符合共同利益吗?”而是“这符合我自己的利益吗?”果真如此，他固然没有消除他心中的公共意志，但却回避了它。或者可以这样说：无论这个人多么无知或有私心，即使他本身的私利不时会支使他把较高的或共同的利益放到第二位，他也不会完全失去人所具有的充分发挥自己作用的倾向。这样，卢梭对公共意志与社会关系的朴素理解，主要是根据下述学说的精神：人总会追求他认为有益的事物。因此，社会生活中蕴含公共意志，与个人生活中蕴含某种追求利益的意志一样。事实上二者不仅相似，而且在很大的程度上是

① 《社会契约论》，第 2 卷，第 3 章。贝洛克先生在《新政治家》(*New Statesman*)上发表的一篇文章中对把“droite”一词译成“right”(“正确的”)提出了批评，作者回答说(《新政治家》，1920 年 5 月 22 日)：“奉劝贝洛克先生或其他第一流的法国学者先仔细看看《社会契约论》，包括第 2 卷，第 1—6 章，然后再对卢梭所说的公共意志 toujours droite(总是正确的)一语的确切精微的含义发表经过认真考虑的意见。贝洛克先生说，‘droite’的意思是‘direct’(‘直接的’)。我认为译者应当使用标准译法，做到与上下文一致，而这里的上下文要求译文使用带有道德色彩的词。考虑贝洛克先生的意见之后，我想到‘straight’这个词在俚语中具有的道德含义几乎就是这里需要的意思，但它不能这样用于书面语。我相信卢梭想坚持的原是一种直接性，即按定义来说，公共意志是以公共福利为目的的，如果有不正当的利益使之转移了方向，就不成其为公共意志了。但是，‘direct’这个词按英国人的理解简直就没有这样的意思。用‘纯洁’对照‘腐败’——卢梭极力强调的一个特征，虽然会失去比喻的意义，但也许可以表示他想说明的意思。”

② 《社会契约论》，第 4 卷，第 1 章。

相同的。公共意志作为最后的手段来说，似乎是一个有理智的人对其自身之外的利益（只要这种利益采取共同利益的形式）产生的一种无法根除的冲动。虽然这种冲动可能会受到某种程度的控制或欺骗，但是，如果这种冲动消失了，人类生活也就停止了。

我们无须深究把自我之外的利益说成是自我与他人的公共的或共同的利益是否恰当。显然，我与他人在共同利益上的一致和
103 我在追求我自己的利益时与自身的一致，原则上是相同的。我们应当记住：思想和语言使我和我自己达到一致，正如它们使我和他人达到一致一样；它们把我的生活结合到一个整体中去，就像使我自己和我的同胞有可能进行交往一样，都会扩大我的存在。正因为如此，我所追求的利益就以种种方式超出了琐细的或一时的自我——也就是说，它是普遍的，而不是我自己的，或特殊的——那么，说这些利益包括了其他人的利益乍一看是说不通的。但是，又如思想和语言一样，使我能够与自己或与社会深入交往的利益，必然会把这种交往扩展到他人身上；因此，就社会哲学的目的而言，我们可以认为，普遍的利益或自我本质上也就是公共的或共同的利益或自我。根据理性的一般概念和数量概念之间的逻辑关系，它至少是这样的，虽然可能还不止于此。

卢梭描述公共意志时所想到的显然是一种追求某种利益而无法遏止的冲动，这种利益必然是共同的利益，即牢固的团结以及用导致人类有了人性的那种利益来充实生活。但是，有人已恰当地指出，[1]卢梭并未真正把这个概念同关于主权者的法律概念区别

---

① 格林：《政治义务的原则》，第 82 页。

开来，前者实际上类似于柏拉图或亚里士多德所说的“理想国家的法纪源于神圣的理性”，而后者“是指这样的一种权力：可以理直气壮地问它是怎样在它的所在地建立起来的，是什么时候由什么人以什么方式行使的。”可是我们想指出他对什么地方不会有和什么地方会有这种权力所作的正面和反面的暗示。他并未能摆脱他尖 104
锐地指出的种种谬论，对于这种现象，我相信读者是有充分的思想准备的。

（三）卢梭通过把公共意志与全体意志进行对比，发展了他的公共意志的观念。[①] 公共意志以共同利益为目的，事实上“促成公共意志的”正是这种利益的一致，而不是表达这种一致的投票数目。[②] 全体意志以私人的利益（“*l'intérêt privé*”）为目的，并且仅仅是个别意志的总和。卢梭设想，只要让个别意志自由地争辩，它们的差异便可能会彼此抵消；而公共意志就会像遍布在混乱的众多可变因素中的一个因素那样使其本身被感觉到。

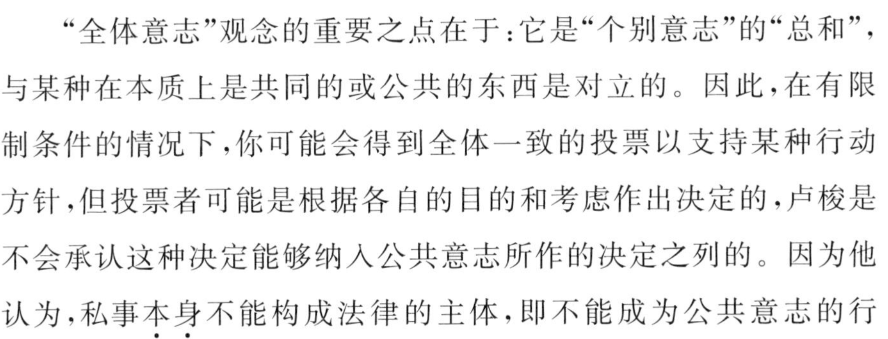

“全体意志”观念的重要之点在于：它是“个别意志”的“总和”，与某种在本质上是共同的或公共的东西是对立的。因此，在有限制条件的情况下，你可能会得到全体一致的投票以支持某种行动方针，但投票者可能是根据各自的目的和考虑作出决定的，卢梭是不会承认这种决定能够纳入公共意志所作的决定之列的。因为他认为，私事本身不能构成法律的主体，即不能成为公共意志的行为。公共意志的行为必须是普遍的，这不单以票数为准（这一点我

① 《社会契约论》，第 2 卷，第 3 章。

② 同上书，第 2 卷，第 4 章；参看以上的论述。

们已经知道是次要的因素)，而且是就其主题的性质来说的，即它
105 的主题应是真正的公共利益问题。[①] 于是，当人们看不到一个问题的公共的或真正带普遍性的一面，各人都按自己的意愿作出决定时，那么，即使大家实际上同意已经作出的决定，这种决定也仍然不是建立在真正公共利益的基础之上的，而只是卢梭所说的“个别意志的总和”。这种意志的总和与一个以真正的共同利益为目标的意志之间的区别在于，一个单纯的集合体与一个有机统一体之间存在的根本差异，我们讨论的关于社会种种相互对立的看法就体现了这一点。这种看法如果被推到极端，对于那些不熟悉全体意见和真正的普遍意见之间的逻辑区别的人来说，也许会感到难以理解。[②] 人们也许会问：在我根据一项措施对我的事务将产生的影响投票时，如果其他个人也都可以根据那项措施对他的事务将产生的影响投票，特别在投票结果是大家都一致赞同的那种曾提出过的极端情况下，我这样做又有什么害处呢？对于公共利益来说，一个能满足每个人的特殊利益的决定难道还不够吗？仅仅根据按人数计算出的相对而言的普遍性，显然无法对这一异议作出回答。在这里，我们找到了那种把社会看作“自我和他人”并把利益看作一种利他目标的见解引起困难的又一例证。因为，在这种假定的情况下，其他的所有人都会和我自己一样感到满意；因此，我不应把考虑他人利益看得比考虑我自己的利益更重要，除非我考虑他人利益的理由不同于我考虑自己利益时所持的那些理

① 《社会契约论》，第 2 卷，第 4 章。

② 见上文第 103 页。

由。但是，任何不同的、更高的或更深的理由既会牵涉到他们的利 106
益而呈现在我面前，也会牵涉到我的利益而呈现在我面前；而且会具有不同于追求私利的动机，这倒不是由于达成了更加一致的意见，而是由于更深刻地意识到共同的利益，因而产生了表面上不那么一致的决议。全体性和真正的普遍性的实际区别在于：“普遍的”特征能比较深刻地反映它所描述事物的特性，而并非只是偶然从外部加上的一个标志或特征——犹如写在藏书上的书主的名字。因此，在这个问题上，每一个人都完全是从自己的私利出发，所谓全体投票者一致同意的决定并不是真正或完全一致的。他们是由于必须立即解决某一问题而偶然达到一致的；但除此而外，他们在生活或原则方面都毫无一致的表现；他们就更不可能对包含着真正共同利益的较大的自我或理性的自我提出要求了。卢梭讲的就是这个意思。他说，区别公共意志与全体意志的并不是投票的人数，而是利益的一致或目标的性质。因而得出的结论是：在上面设想的例子中，对一个投票者起决定作用的个人利益本身，最终并不是他的真正利益；也可以说，“但是，如果每一个人都追求自己的真正利益，全体意志就是正确的。”可是，与表面利益相对立的真正利益，其特征必然是与个人利益的总和相对立的真正普遍利益或与全体意志相对立的公共意志所具有的特性。因此，说“如果每
一个人都追求自己的**真正**私利，全体意志就是正确的”，只不过是 107
在说“如果每一个人都追求自己的**真正**私利，他就是追求共同的利益”；或者等于说“全体意志如果以共同利益为目标，就与公共意志是一回事。”必须坚持区别真正的利益和表面的利益，普遍的利益和个人利益的总和，公共意志和全体意志，其理由在于：凡是真正

的利益通常都要求付出某种程度的精力或努力，也许还要付出某种程度的自我牺牲；而纯粹的私利或表面的利益，亦即我们每个人日常考虑的利益，乃是许多人总要受其限定而整个社会也很可能受其支配的一种利益。所以，把全体意志和公共意志区别开来是有益的。让我们这样假定：当地米斯托克利在雅典公民大会上提出把银矿每年的收益用于建造一支舰队——即在萨拉米斯作战的那支舰队——而不要分给全体公民时，他的提议被否决了。[①] 显而易见，在这种要求作出某种自我牺牲以实现一个比较理想的目标的情况下，对于每一个只考虑自身利益的人来说，都不会比习以为常的把钱分了的办法更有吸引力。如果这种观点获胜，历史就绝不会载明，也绝不会有自由的欧洲来了解雅典真正的公共意志和共同利益是通过什么决定而得以超越其全体公民的个人利益之总和的。毫无疑问，还可以补充说，一个真正普遍的目标和一种狭隘的利益相比，即使单从其作用来考虑，前者的力量通常也比后者
108 的强大；而且，即使根据对受惠者人数的粗略而不可靠的计算，我们最终也会从雅典给世界带来的裨益中看出她的英勇无畏与自我牺牲精神的合理性。

如果要按其字面含义坚持上面讲的这种理论，就会得出这样的结论：一项并不**真正**代表共同利益的法律对一个国家的国民没有约束力。因为，根据定义，这样的法律不可能是主权所采取的真实行为。任何一个政治理论家，无论多么不实际，也不可能接受这

① 地米斯托克利（约公元前524—前460），雅典执政官。事实是，他说服了公民大会，以银矿的收益扩充了海军，从而保证雅典以强大的舰队击败了波斯的入侵。——译者

样的结论；而且卢梭认为，公认的主权者作出的决定必然是不可更改的，他试图说明这种决定在什么时候以什么方式最接近于真正的公共意志。

在这个问题上他的学说中起决定作用的一点是：他敌视代议制政府，[①]因而认为公民大会和小型社会是真正反映代表共同利益的意志的唯一保证。用他的一句名言说，“英国人民只有在普选期间才是自由的。”此外，当公民大会意见一致时，表明全体意志基本上是符合公共意志的。但是，长期的讨论、代表次要“利益”的体制，以及国家内部的各种交往，简言之，即成熟的政治生活的全部现象，都是不能反映公共意志的标志与条件，因为公共意志在个人意志以前面讲过的方式互相抵消时才最有可能使自己被感觉到。[②]

所有这些表明，卢梭在力图指出公共意志的标志时，实际上是在推崇全体意志。他的目的是使每个公民都能在不受外界势力或 109
利益影响的情况下直接提出意见。根据这一目的，他所想到的当然是古代城邦的那种流行的观念。但是，即使是雅典或罗马的制度，其实际运转也比他所想到的更加微妙和复杂。尤其是现代民族国家所体现的共同利益的核心就是它的微妙而复杂的组织，这个组织使国家变得高于任何一个人自觉的短暂的意志。卢梭把表达共同利益的机构归结为全体公民的成员各自独立作出判断，这是和他所自称追求的目标背道而驰的。他正从求助于一个国家的

① 《社会契约论》，第 3 卷，第 15 章；参看第 4 卷，第 2 章。

② 上文第 104 页。

有组织的生活、各种机构和卓越的能力转向求助于那个被认为是孤立的个人集合体的国家。因此，他所推崇的主权者并不是民族精神，而是他自己描述为全体意志的个人利益和观念的总和。正如我们已经看到的，他对这一点非常清楚，所以不愿把大型现代民族国家看成一个政治统一体，因为他想象不出，对于这样的一个国家来说，怎样才能令人满意地表达公共意志。但是，他认为按他的构想而产生的主权者“必然是称职的”，“不会对它的任何成员不公正”，就他受这种观点的束缚而言，他已经忘记了全体意志的危险，从而正是在他关于全体意志的概念所反对的意义上，肯定了人民的意志是绝对的无上权威。关于公民大会和直接参加公民生活的观点无疑会使政治理论家们学到一些实际的东西；但是，这一观点
110 并非意味着要把一个大国的整个政治制度归结为也许只有在非常特殊的情况下才能完全做到的一种模式。

（四）在卢梭对立法者的职责的评述中可以看到他探讨公共意志的另一个产生了较多成果的思想方向。我们将简短地重述一下这个问题的现状，探讨他的看法。

前面已经提到，卢梭在讲他对公共意志的看法时所想的可以说是“意志本身”或真实意志。任何这种概念都牵涉到真实意志与实际意志之间的对比，而这看来也许是毫无意义的。怎么会有一种不是任何一个人的意志的意志呢？我没有充分意识到甚或我反对的东西又怎么会是我的意志呢？

这个问题将在另一章中在心理学的范围内进行比较详细的讨论。现在只要求注意一个明显的事实：往往在人们并不知道自己想做什么时，他们想做的事情却是非常重要的；或者就像通常所说

的那样，“人们所要求的东西很少是一旦得到就会使他们满意的东西。”我们可以回想一下穆勒所引用的一些例子，[1]在这些例子中，连他也承认，从意志的本性可以合理地推断，人们不会真正“决意要做”他们一时想做的事情。关于奴隶的例子是一个最突出的例子。一个人可以与人订约去当奴隶，但是任何一个开明的政府都不会让他的契约在法律上生效。拒绝承认这种契约的根本理由是：正如穆勒实际上指出的，人的本性在于行使意志——享有自由——而一项使人失去这种能力的决定必然被认为是违反人类本 111
性，因而是无效的。[2]

这里以一种终极形式出现的这种矛盾充斥于“实际的”意志之中，而这种“实际的”意志是我们作为有意识的个人时刻都在反复行使的。只要把我们在一个月或一年中体现意志的各种行为比较一下，便足以证明我们在采取行动时所抱的目的没有一个能反映我们的意志所要求的全部东西。甚至连我们所希望而且一般的确在过着的生活，也从未作为一个整体，向我们展示任何个别意志的动机。为了充分表明我们的意志，我们在任何时刻的需要，无论如何应该由我们在所有其他时刻的需要对之加以修正和改进；而要做到这一点就得使这种修正和改进与他人的需要协调一致，而他人也须这样做。但是，在这样大修大改之后，我们的意志会变得面目全非，尽管每一细小改动都必然要以我们实际怀有的全部愿望与决心为依据。而且如果对它有所补充和重新调整，使之不仅代

① 上文第 65 页和第 90 页。

② “放弃自己的自由，就是放弃自己做人的资格。”《社会契约论》，第 1 卷，第 4 章。

表我们基本上可以过的生活，还代表一种理想而又没有矛盾的生活，它就会变得使我们完全认不出了。把一大堆数据加以协调和重新整理，使之成为合理的形式，这种做法就是我们所说的批评。而一旦把批评应用于我们的实际意志，就会表明它并非我们的真实意志；或者，用最简明的话说就是，我们的真正需要并不止是也
112 不同于我们在某个时刻所感到的需要。尽管我们感到的需要在每一点上都会引向真正的需要。

另外，要达到接近于真实的意志，便涉及一个批评与解释的过程，它可能是自然的，也可能需要智慧；这就是说，这一过程可能是通过“自然选择”，即不断探索的方法进行的，也可能是由某个伟大人物的思想在有利的时机迅速推进的。但是，这种批评和解释虽会提出一些可以说能使个人意志达到协调与扩展的不寻常的目标，但也不能操之过急，即必须与社会生活的时代同步，简言之就是要合乎人道。

卢梭归之于立法者的就是这样一种解释的过程。他把历史和社会逻辑铸造人类的习惯和制度的全部工作加在立法者的身上。而如果按照我们对卢梭的历史构思的总看法，则可以认为，他对立法和立法者的看法是他对习惯和法令在构成意志时所起作用的看法的反映。考虑到他的看法的其他方面，特别值得注意的是，正如下文所示，他对真实意志与人们一时意识到的可以作为共同需要提出的任何要求之间的巨大差异竟然设想得那么独特。

他对这个问题论述如下：①“确切说来，法律只不过是社会结

① 《社会契约论》，第 2 卷，第 6 章。

合的条件。服从法律的人民就应当是法律的创作者;规定社会条 113
件的,只能是那些组成社会的人们。然而这些人该怎样来规定社会的条件呢?是由于突然灵机一动而达成共同一致的吗?政治体具备一个可以宣告自己意志行为的机构吗?谁给政治体以必要的预见力来事先想出这些行为并加以公布呢?或者,在必要时又是怎样来宣告这些行为的呢?常常是并不知道自己应该要些什么东西的盲目的群众——因为什么东西对于自己好,他们知道得太少了——又怎么能亲自来执行像立法体系这样一桩既重大而又困难的事业呢?人民永远是希望自己幸福的,但是人民自己却并不能永远都看得出什么是幸福。公意永远是正确的,但是那指导着公意的判断却并不永远都是明智的。所以就必须使它能看到对象的真相,有时还得看到对象所应该呈现的假象;必须为它指出一条它所寻求的美好道路,保障它不至于受个别意志的诱惑,使它能看清时间与地点,并能以遥远的隐患来抗衡当前切身利益的引诱。个人看得到幸福却又不要它;公众在愿望着幸福却又看不见它。两者都同等地需要指导。所以就必须使前者能以自己的意志顺从自己的理性;又必须使后者学会认识自己所愿望的事物。[1] 这时,公
共智慧的结果便形成理智与意志在社会体中的结合,由此才有各 114
个部分的密切合作,以及最后才有全体的最大力量。正因如此,才

[1] 这个对比的说法显然有点自相矛盾;如果所有的个人都是明智的,但都有私心,那就不会有任何公共的善意。要说明卢梭在这里的意思,可参看《论波兰政府》(*Considérations sur le gouvernement de Pologne*),第7章。“立法机关不可能整个腐化变质,但容易受骗。议员不易受骗,但容易腐化变质,而且很少例外。”见德雷福斯-布里萨克编印的《社会契约论》,第169页注。

必须要有一个立法者。”[①]

接着在下一章中[②]卢梭简略地谈到了法律与制度的实质，但完全自相矛盾或不可思议，因为他把立法者的工作设想为可以一蹴而就。“为了使一个新生的民族能够爱好健全的政治准则并遵循政治理性的基本规则，便必须倒果为因，使本来应该是立法的产物的社会精神转而凌驾于立法本身之上，并且使人们在法律出现之前，便可以成为本来应该是由于法律才能形成的那种样子。”[③]面对这一矛盾，立法者必须求助于超自然的约束力。

但是，这种悖论恰好反映了事实。法律和制度之所以可能存在，只是因为人已经是它们越来越明确要求的那个样子了；因为人具有某种公共意志，也就是说，因为他想到的自身利益必然会在某种程度上成为一种超出他自身的利益，即一种共同的利益。通过消除矛盾并表现为永久的形式以引出公共意志或实际社会精神的批评或解释，实质上是卢梭认为应该由立法者来做的一项工作。当我们认识到立法者只不过是社会精神本身的喉舌之一时，卢梭的悖论便被消除了，因为社会精神是部分通过不断探索，部分通过
115 自觉认识与调整进行自我批评与自我解释的。任何社会的习惯和制度可以说都是对组成该社会的全体成员个人意志的固定的解释，这样才可能赋予公共意志实际而具体的含义，使之既不同于每

① 上引译文见《社会契约论》中译本，第 52 页。何兆武译。个别文字有变动。——译者

② 《社会契约论》，第 2 卷，第 7 章。

③ 上引译文见《社会契约论》中译本，第 57 页。何兆武译。个别文字有变动。——译者

一个人的意志，也不同于任何集会的表决，然而总的说来却能代表二者都必然会当作其生活框架来维护的那种东西。不用说，这样一种真实意志的表现是不完善的，因为任何一套制度都不能完全体现生活；而且任何一种生活方式本身也是不完善的。更重要的是要记住这一点：正如众多的科学体系不能完全表达真理一样，复杂的社会制度尽管往往不完备，但是，如我们所看到的，它比能在任何特定时刻促使任何个人作出决断的那些明晰的观念要完备得多。

116 第六章　以上论述中的自由观

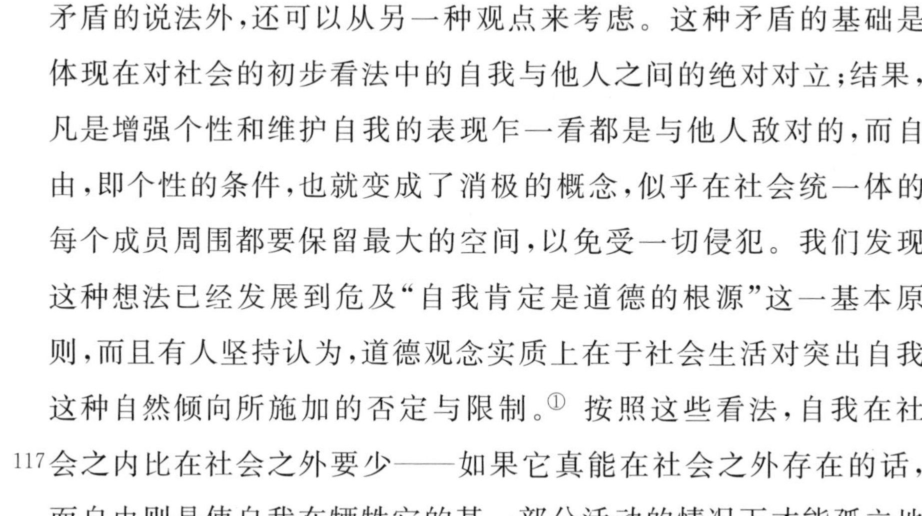

（一）我们已经知道，关于自治的问题除了把它看作一种自相矛盾的说法外，还可以从另一种观点来考虑。这种矛盾的基础是体现在对社会的初步看法中的自我与他人之间的绝对对立；结果，凡是增强个性和维护自我的表现乍一看都是与他人敌对的，而自由，即个性的条件，也就变成了消极的概念，似乎在社会统一体的每个成员周围都要保留最大的空间，以免受一切侵犯。我们发现这种想法已经发展到危及“自我肯定是道德的根源”这一基本原则，而且有人坚持认为，道德观念实质上在于社会生活对突出自我这种自然倾向所施加的否定与限制。[①] 按照这些看法，自我在社
117 会之内比在社会之外要少——如果它真能在社会之外存在的话，而自由则是使自我在牺牲它的某一部分活动的情况下才能孤立地享受其余部分的一种安排。

但是，如果我们可以重视前两章中的那些主张，就要改变我们的设想。原则的区别在于：一般的个人，正如我们每个人处于平常

---

① 上文第67—68页。

的①精神状态时，当他在生活中只看到或自以为看到的只是他自己的私利和乐趣时，——这种一般的个人已不再被认为是真正的自我或个人了。存在的重心已被抛到他的身外。甚至连他的个性，他的独特的个人存在，珍藏于内心深处的他的真相和他希望成为的样子，也不再被允许待在由于理论偏见的支持而不必细察就容易发现的地方。一个人并不是在他的敏感的自我的隐蔽之处，也就是说并不是在他几乎完全摆脱外界的人和事而藏进他所熟悉的情感时去充分欣赏并表现他独特的自我的。这种想法是对个性的真正经验的讽刺。诚然，感到自己的独立存在就是感到某种独特之处，这会使你自己有一种实在感，觉得自己站得住，在其他人当中占有一定的地位，甚至可以说与他们相对立。但是，仔细考虑一下就会发现，这种实在感和地位总得靠自我的某种明确的成就或发展来维系。这往往是由于以某种既定的方式掌握了社会生活；正因为这一点是明确而肯定的，所以既明显地突出了自我，又 118
从个人的自我转变为现实的大我的一部分。从最简单的机器就可以看出：正是各个部件的差异使它们能合成一个整体。因此，我们认为，正是在这种对整体作出贡献的差异之中，自我才感到自由自在并保有自己的个性。

在探究这样一些思想时，我们看到这种主张中含有这样的意思：我们的真实的自我或个性从某个意义上说可能是某种不是我们自己但我们又承认它对我们是绝对必要的东西。同卢梭谈论社

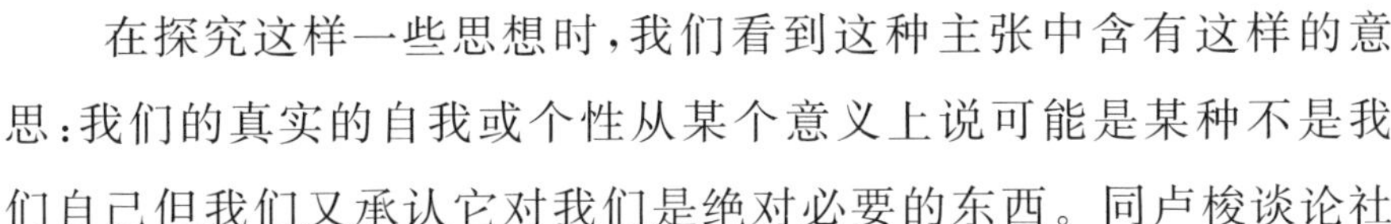

① 说出这一点而不致引起混乱是有困难的，原因是："普通"人在表里不一时，实际上是以各种方式自觉地和不自觉地按照他绝不会承认的种种要求和想法来做出决定的。

会的自我时一样，我们是比较一般地谈论扩展到我们平常个人存在之外的自我或生活，它比我们的真相更真实，而我们的自我真实感取决于我们对它的认同。

我们考虑到这样的主张时，就要以新的眼光来看待自由的问题。按照卢梭与穆勒一致的说法，自由无疑是人类生活的基本特性。我们认为，所以这样，是因为自由乃是使我们处于正常状态的条件。不过，这使我们想到一个问题，即为了使自己处于正常状态，我们必须不断变为某种与我们目前状态不同的东西，或者换句话说，我们必须始终承认我们是某种胜过我们已经成为那个样子的东西，因此，作为我们处于正常状态的条件，自由就不能仅仅是我们现已享有的东西，更不能仅是我们一直享有的东西——一种要加以维持的现状。它应该是与我们为了维护对我们的内心有所控制而进行的持续斗争有关的条件，我们承认这种控制是绝对必要的，或者说它乃是我们的真实自我，但我们对它的服从是很不彻底的。因此，我们可以
119 说这是被迫自由——这样说并不自相矛盾。[①] 作为有理性的人，我们有可能默认一种法律和秩序。这种法律和秩序总的说来有助于维护我们的真实的自我或共同的自我，与此同时也以令我们憎恨甚或诅咒的方式限制我们特有的个人意志。这种靠强力维持的法律和秩序，乃是一种权利的制度，我们认为它基本上是我们达到高度自我肯定的手段；而且，我们的自由——或者用一种适当的旧说法来讲，即我们的各种自由——

① 关于各种限制，参看下文第 8 章。

可以认为是与这种制度相一致的，这种制度被认为是使我们能充分发挥潜力亦即成为真实的自我的条件与保证。由于这种秩序在一定程度上体现了我们公认应该能够防止懒惰、愚昧或能与我们临时的个人的自我相对抗的一种自我或意志体系，我们完全可以称它为自治体制或自由政体；也就是一种意义上的自我支配另一种意义上的自我的体制；其方式并不像穆勒所说的那样，即并非使我们每一个人受制于所有“其他的人”（所谓“其他的人”是按我们每一个人都是“一个人”的意思说的），而是让我们所有人，作为临时的个人，服从一种在一定程度上表达有理性的自我或意志的秩序；可以假定，①作为有理性的人，我们会承认这种秩序是绝对必要的。

（二）在继续阐释这种自由观之前，我们可以先考虑一下非常相似的关于“自然”和什么是“自然的”的观念。

像把自由看成“能够使你处于正常状态”的想法一样，把自 120
然看成“自行形成”的想法无论被理解得多么不全面，对思想都一直施加着巨大的影响。有人认为，一旦你发现了某种能够自行生长的东西，你就接触到现实了。但是，对自然状态的看法再次和对自由的看法一样，易于受到很不完整的以至实际上是消极的理解，从而被认为是与实际上表达得比较完整的同一观念相对立的。

按最明显的含义说，自然的或天生的东西——看来显然是“自

① 原则上并不需要个人实际上的同意。一旦这个假定不能成立，这个问题就属于反抗的责任和惩罚的意义的课题了。

行形成的”——出现的时间最早，构成成分也最少——是与后来的复杂东西相反的原始而朴素的东西。因而在对确实可靠的东西进行理论探索时，各个时代都经常出现虚构历史的倾向；即把假定为最先出现的状态说成是绝对的自发开端，是我们已知的这个变化很大的世界的起源。在这种朴素的理论中，虚构历史的特点是显而易见的，无论在自赫西俄德以来的一些描绘黄金时代的诗人作品中，[①]还是在柏拉图的《理想国》第 2 卷关于社会契约的谬论
121 中，[②]或塔西佗[③]与直至卢梭的相信“自然状态”思想的著作家们的法律理论中，我们都可以看到这一特点。

在这一点上可以看出：关于“自然法”的概念成了纯粹原始自然状态的概念和完善社会的理想之间的一个非常有价值的中间词。这个逻辑的道理是很清楚的。喜欢掌握某种确实而永恒的东西的本能起初表现为追溯假定的原始的或简单的东西，不久又把自己依附于**普遍**存在的东西，把普遍性理解为自行形成它本身的那种倾向的标志，认为它是依附于真实的并能凭借本身的条件而存在的东西。但是，普遍性是个很有帮助的线索；思想也变了，原

① 赫西俄德对黄金时代的梦想与近代关于高度文明的学说的相似程度是令人吃惊的，它们之间很可能确有历史的连续性。这并非断言后者不可能含有真理，但确实认为，把它看得过于重要（例如傅立叶和《快乐的英格兰》〔*Merrie England*〕一书）是带有已往“自然状态”谬论的成分。

② 《理想国》，358E。

③ 《编年史》(*Annals*)，第 3 卷，第 26 页；参看《日耳曼尼亚志》(*Germania*)，第 19 章，第 20 页，“Neque corrumpere et corrumpi‘seculum’vocatur...”〔“不仅不腐败，而且要打败‘我们的时代’的召唤。……”〕注意：“我们的时代”在这里等于腐败；可与“世纪末”的说法比较一下。

来认为“火自然会燃烧，[①]因为它到处在燃烧，而法律却是易变的”，[②]现在认为法律的特点自有其普遍性，因而在法律中似乎也有一种“自然的”因素，这可能指的是最强大者的权利，[③]也可能就是出自“自然状态”的一种倾向。同样，对自由的看法也总是从经验中得出某种积极进取的倾向，大概从不坚持——甚至在最狂热的理论中——其消极意义似乎含有的保持孤立的强烈要求。

但是，这种本能在寻找有力量生长或自行形成的东西时，抓住 122
的仅仅是原始的或带普遍性的东西，它在所有伟大的思想时代都遭到较深刻见解的对抗。

自行形成的不仅仅是我们天生的**样子**或世界开始时的状态。关于生长的最普通的概念必然包含着成熟，而“自然”一词在希腊语和拉丁语中也和在英语中一样，不仅可以表示我们天生的**样子**，还可以表示我们出生的**目的**，即我们的真正的或真实的或完整的本性。所以，各个时代的伟大思想家都被引向某种类似亚里士多德概念的思想，认为“一件事物一旦完成了它的生长，那就是我们所说的它的自然本性[④]（生长或发展）”；因此，如果我们把“自然”作为一个整体来考虑，它就不会像我们谈论“自然”科学时所说的那样是一个物质世界，即无论是由原子还是由有机体组成的，既和上帝又和人类有差别的物质世界，“因为亚里士多德说过，自然并

① 亚里士多德的论据，见《伦理学》，第5卷，10。

② 正因为这样，在精确的科学中，从原子论者开始都认为原始的质量（占据空间的）是真实的，次生的质量（如颜色）是因袭的（或者如我们所说的，是“主观的”）；前者比后者更为普遍适用。

③ 柏拉图的《高尔吉亚篇》（*Gorgias*），第484页。

④ 亚里士多德：《政治家》，第1卷，第1章。

不是由被创造出来的事物构成的物质世界；它是创造力，即宇宙万物的本原。”[①]我们喜欢把自然性既与人性又与神性相对比，因而对希腊思想家借以把这三种观念结合起来的生动现实不免感到有点惊讶。这个创造活动的神圣原则在柏拉图看来实际上与生长或自然或发展是一回事。[②] 把柏拉图指责常见的谬论的一段重要的话在这里引述一下也许是有益的。[③] “许多学者认为自然力与低于人类的无机界和有机界都是自然而然地偶然产生的，而法律、正义以及人类的成果、社会制度和宗教则完全是因袭的、可变的和不
123 真实的。但是，我们必须强调指出，法律、宗教和人类的各种成果都是自然存在的，或者说并不亚于自然，都是符合真正的理性要求的精神产物。”……“因为他们都把最早事物的起源叫做自然；[④]但是，如果精神确实是所有事物中最早存在的，那就完全可以说它是极其自然的。”

因此，对伟大的思想家们来说，鉴于宇宙万物既是自然的又是神圣的，这一点也适用于人类社会。不仅在亚里士多德所作城邦是自然产物的有力的说明中，而且在柏拉图精心分析道德生活与社会生活的整个论述中，我们都看到把社会描绘成一个生气勃勃

① 布彻尔：《亚里士多德关于诗和美术的理论》(*Aristotle's Theory of Poetry and Fine Art*)，第116页。

② 《理想国》，第10卷，597。

③ 《法律篇》，889以下节录。

④ 这里并不涉及对柏拉图哲学的阐释，但似乎有必要指出，按字面意思理解，这段话承认了自然=本原这个原则，并试图证明精神从这个意义上说是自然的。我们也像柏拉图实际上打算的那样，完全不想求助于时间上的连续性。但是我们能看出柏拉图多么强调精神是极其自然的。

而又不断发展的创造物，人的本性在其中使其本身不断地扩展，将自己的本质逐渐传给了社会。因此，我们发现，原始而简单的状态所特有的自然性不过是一种幻觉，产生这种幻觉的原因是，认识较大的个性有较大的困难，这种较大的个性在较后和较复杂的生活阶段中既有自行形成的，也有自行恢复的。但是，在这个较后和较复杂阶段中，原始而简单的状态中原有的真实的和自行形成的东西仍然存在，并达到了更高的程度——更加真实，作为同一自我也只会更加完善。认为我们在从比较简单的自我变成比较成熟的自我时会缩小存在的想法，乃是一种没有见识的谬论。

正如我们所看到的，卢梭对人类的自然状态与文明或有道德的状态之间的传统性对立，口头上是坚持的。然而，从他所持观点
的倾向性看，我们也许会以为他的哲学轮子转动整个一圈后，“自 124
然”一词又会回到其希腊语的原义。但情况并非如此，尽管在《爱弥儿》中有一种折中的说法表明有某种这样的趋向。不过，与卢梭同时代而略早的日内瓦法理学家布拉马基有一段话很值得注意，[①]它表明又恢复了希腊人对大体上已完善的社会性质的看法。“社会的自由远胜于天生的自由，因此，社会状态是人类所处一切状态中最理想的，确切地说，乃是人类真正的自然状态。政府和主权的建立引导人们重新遵守自然法则，[②]因而使他们在走向幸福

---

① 引自德雷福斯—布里萨克编辑的《社会契约论》，第 39 页。

② 注意“自然法则”作为一个中间概念的意义，其重要性相当于实在法所具有的一般而合理的特点，并可以作为使“自然的”东西超出假定的“自然状态”的范围的一种手段。

的道路上恢复他们由于误用自己的自由而脱离了的自然状态。”[①]

随着古代说法的恢复，出现了浪漫主义天才和有机科学的时代的思想运动，而由于歌德的“地妖”和华兹华斯对自然的信仰，把自然的东西限定为原始而简单的东西的看法便被打破了。自然仍旧具有我们在考虑相对说来是“自行形成的”东西时所持的那种观点，但它已不再具有从属于我们视为人类处于前社会或超社会状态时未经证明的性质。

（三）按本书第三章中讲到的那些著作家的理解，自由与国家
125 的关系很像虚构历史的理论所说的自然状态与文明社会的关系。我们知道，西利曾在他的《政治学导论》[②]中断言“绝对自由等于完全无政府”。这无疑很可以代表我们对这个问题的最初看法，它撇开了实际生活对自由的各种限制，因为这些限制——实际上是对真实情况所作的最初提示——容易被我们误认为全是些不真实和不完善的东西。我们曾注意到，在卢梭的著作中仍留有一方面是天生的自由和另一方面是社会的或道德的自由之间对比的思想残余，而且我们还说过，关于什么是自然的思想在不断发展，无法阻止它不涉及社会生活或道德生活的领域。在自然的问题上，我们发现连接思想的线索，或者更恰当地说，促进发展的酵素，就是自行形成的观念。自行形成的东西就是自然的。

1. 在认为自由等于没有任何政府的朴素理想中——因为我们不应忘记这是一种理想，是由于忽视了与之相反的生活事实而产

① 此段引文原文是法文。——译者

② 西利，上文第 67 页曾援引。

生的——显然含有应受我们尊重的一种主张。这个主张是如此地不言自明，如此地能征服一般人的感情——斯宾塞先生当然会不无道理地说，这是一般动物的感情——以至很少有人能以明确的语言说明它的确切性质。我们在前面业已指出，这一主张的本质在于要求让自我处于正常状态。但是，按它对一般人来说的实际含义来理解会更妥当一些，即按其消极含义把它理解为要求不受强制。[①] 如果我们要问“什么是强制？”答案的依据是，由于不同的 126
精神附着在不同的肉体上，我本人和其他人之间通常存在着差别。一旦我的精神在控制我自己的肉体方面受到在另一个精神的指使下用实际的暴力手段或以暴力相威胁的方式的干预，那就是强制。这种持久不变的强制，使我实际上变成另一精神的工具，这就是奴役。如果我们认为，重视自由并把它奉为一种类似理想的东西是由于有奴役状态相对照，这是不会使我们错到哪里去的。这种积极的政治自由的理想要以比较复杂的经验为先决条件。但荷马早已指出，“一个人一旦成为奴隶，宙斯就把他做人的勇气剥夺了一半。”

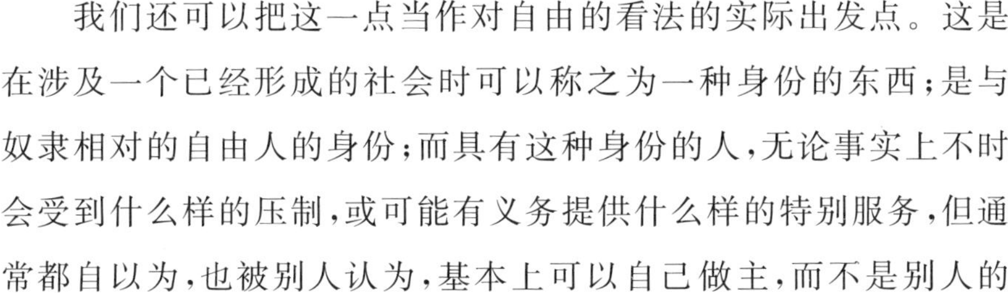

我们还可以把这一点当作对自由的看法的实际出发点。这是在涉及一个已经形成的社会时可以称之为一种身份的东西；是与奴隶相对的自由人的身份；而具有这种身份的人，无论事实上不时会受到什么样的压制，或可能有义务提供什么样的特别服务，但通常都自以为，也被别人认为，基本上可以自己做主，而不是别人的

① 我想，我们应当假定，在西利的那句话里，“政府”=“强制力”，否则它就失去了**真实性**。

纯粹工具。

因此,“自由”一词的法律上含义是以一个有自决权的人和另一个有自决权的人之间的正常差别为依据的,我们可以认为这是这个词的本义;以西利为最新代表的一些英国著作家至今都根据可靠的理由把自由界定为不受约束,或者把绝对自由界定为没有任何政府(从经常受其他人强制的意义上说)。

2. 上述定义显然完全不能说明与整个历史时期中一直以政治
127 自由的名义提出并达到的那些要求有关的最简单的事实。一个人的地位可能比奴隶好得多,但又比公民差得远。正如西利所说,如果写出“啊,自由是多么崇高”这样的诗句的英国作家不过是说自由就是没进监狱,那么,与两千年前希腊的一位历史学家的几乎是同样的说法相比,他的意思肯定是差多了。这位历史学家写道:“平等的发言权从任何方面来说都证明是个崇高的主题。”[①]他的说法和他讲这句话的时机表明,他指的是要给积极进行影响整个社会福利的活动提供某种明确的保证,而某些这样的保证始终可被理解为包含在政治自由这个概念之中。不过,在这一点上,我们将满足于指出自由的消极概念或法律概念与其多变的积极概念或政治概念之间的差别与关系。因为后者按其程度来说,是我们要对其在国家中的体现进行探讨的那种更充分的自由的一个实例;我们在说明国家是更充分的自由的主要机构和条件时所持的观点当然也适用于这种政治自由的现象。

3. 我们说过,在这一点上,应当注意法律自由与政治自由之间

① 《希罗多德文集》(*H. D. T.*),第 5 卷,第 78 页。

的联系。这不过是说明我们将要彻底发现什么的一个例子，即貌似消极的东西可以在积极的东西中找到它的根源与含义，并且随着它的真正的性质变得明显起来，其积极的方面也会变得清晰可见。离开了政治自由，法律自由就得不到确实的保证；而政治自由总是不断地违背法律自由，这一直是法律自由要求分担高度明确的政治责任与职能的原因。单是保护人身和财产也许看来只要有 128
一点善意就不难加以界定和维护；但是，在什么时候以什么方式在什么意义上加以维护却涉及政治制度的积极的特性，除非这种制度是由社会中所有的人共同建立的，否则就没有根本保证。

4.那么，如果回到自由的本义或基本意义，把它看成一个人不受其他人的压制，我们便可能承认，当我们超出这个范围时，就得或多或少地利用一种隐喻。[①] 我们就得从单纯不受压制的想法转为在自我的才能与活动的范围之内或多或少地进行塑造与选择的想法。诚然，有一点是正确的，并且应该作为一个基本原则来维护，即“较高层次的”自由实际上也是“较大的”自由，它提供的活动范围更广，提供的自决的机会也更多。[②] 不过，这种更大的发展仍然限于一种积极的普遍性质，而且选择的机会较多，受到的限制也会较多。即使把自由应用于一个忠实的公民的守法生活与道德生活，甚至把消极的概念改为积极的概念，认为纯粹的法律自由不过是不受压制的自由，而政治自由则是采取行动的自由，我们也不能

① 这一节和下一节中有很多地方都大量引用了格林《政治义务的原则》第一章中的讨论。

② 关于这一点，也许可以提到我的《论自由与立法》一文，载《基督教文化》（索南夏因出版）。

尽述自由的新含义。较高层次的自由也和较低层次的自由一样，含有对某些事情有自由和对另一些事情没有自由的意思。在这种
129情况下，我们所摆脱的并不是我们通常视为别人的那些人的强制，而是我们通常视为自我的某一方面的强制。这就是为什么说当我们按较高层次的意义谈论自由时，必须承认是在使用隐喻。[①]

我们曾认为，按这个词的简单含义来说，如果没有实际的暴力或暴力的威胁迫使我成为另一人意志的工具，我就是自由的。这里忽视了可能引起的一些微妙问题：由于受到程度适当或不适当的影响，我可能或多或少地愿意成为另一人意志的工具。只要我能置预料中的实际干预及其有关因素所强加的种种苦恼于不顾，仍按我的意志倾向行事，那么，就可以认为我是自由行事的。

但是，从有道德反思的最早时期起，就有人认为"自由"一词具有更深一层的意义。一些道德家和哲学家——最初也许是苏格拉底和柏拉图——曾经指出，对于人处于正常状态的条件产生重要影响的，不仅是他在没有约束的情况下按自己的爱好行事的能力，而且是他所喜欢做的事情的性质。他们解释说，人的精神绝不会完全没有矛盾，"自制"或"自我控制"这些常见的说法也被用来把我们上述的意思描述为自治的道德悖论。[②] 于是就用隐喻把人的精神视为好像是两个或更多的人；而最初用来指没有谁强制谁的"自由"这个词，却被用来指在一个人的精神里没有用什么东西强制另外的东西。若不进一步仔细研究，在这样应用"自由"这个词

① 另见下文第 134 页。

② 本书第 51 页。

时，就看不出它竟会包含着什么有道德价值的东西。现行的所有 130
这些说法很可能是出自柏拉图所说的一段话，[①]正如这段话所说的，根据初步印象说自我克制是某些精神状态的显著属性，似乎是很荒谬的。因为，在精神中，被支配者和支配者必然具有同样的自我性质，所以，说我能支配自己，也就是说我能放纵自己；说我的精神是自由的，同时也就是说它是受奴役的。在一定限度内，这一悖论能表明一则真理，从而对强制与被强制成分的道德层次可能作出完全相反的估计。我们不论在爱情战胜理智的时候，还是在理智战胜爱情的时候，都会认为完全可以说自己是自由的。而且，正如柏拉图进一步指出的，这个隐喻被普遍采用，事实上我们只是在某一些而不是在另一些情况下才认为并称我们自己是“自由的”或“自我克制的”或“完全正常的”；而且在这些情况下并非每次都认为“受奴役”、“放纵自己”、“不正常”等相反的状态与前一种状态同样的真实。这表明某种重要的论据是通过这种隐喻强加给我们的。这就是詹姆斯教授机智地予以说明的那个问题，他指出：“懒汉、醉汉、懦夫都绝不会像这样（即说什么‘战胜’他们的冲动和诱惑）谈论他们的行为，也绝不会说他们要限制他们的精力，克服他们的自制力，战胜他们的勇气，等等。”[②]

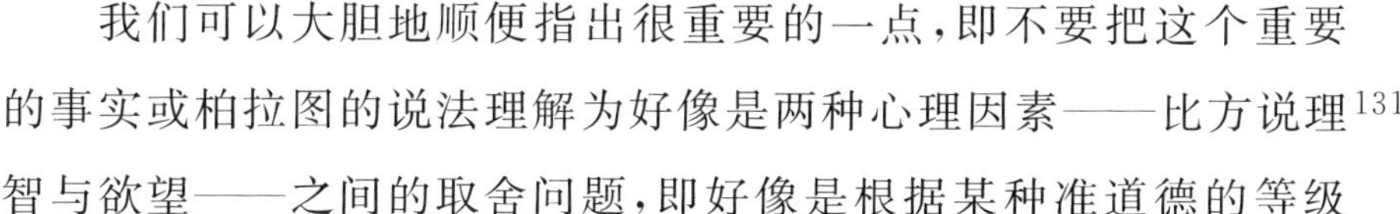

我们可以大胆地顺便指出很重要的一点，即不要把这个重要
的事实或柏拉图的说法理解为好像是两种心理因素——比方说理 131
智与欲望——之间的取舍问题，即好像是根据某种准道德的等级

① 《理想国》，430E。

② 《心理学原理》（*Principles of Psychology*），第2卷，第548页。

观念，认为一者可取，另一者不可取，如认为理智近乎神圣，而欲望则类似兽性。按照这里所说的意思可以断言，比较说来，人类的自我在一种生活中是自由的，在另一种生活中则不自由，两种生活都被假定是在没有外部意志强制的情况下选定的。显然，能够证实这种论断的唯一根据是：一种生活比另一种生活更能对整个自我产生影响，或者说更能消除其矛盾，从而使之最充分地发挥作用，或使之能根据其每一种需要和全部需要的性质真正实现其愿望。对理智和欲望不同阶段的种种要求必须根据这个原则加以评论，而不是根据通过肤浅的比较作出的种种推测加以提倡。

但是，我们此刻的问题并不在于我们称作**典型**的自我的较深一层的性质，而在于把维护这种自我等同于自由或不受强制的那种隐喻的意义。这显然是说：[1]在代表**典型**的自我的一方和随时都与之对立的另一方之间的矛盾中，我们清楚地体验到我们有可
132 能让我们精神中的一种我们并不承认的意志支配自己，[2]因此，如果我们屈服了，就会感到自己像个奴隶；如果胜利了，就会感到像个自由人。我们可能受到某种东西的支配，这种东西不止是非我的——因为在生命的最旺盛时刻，当我们的存在达到顶点时，从某种意义上说，我们会感到一种非我的冲动——但正是非我的东西以强力控制我们，并通过冲突与暴力对我们起作用，而又不具备能使我们失去自制力并把我们整个自我完全纳入它的轨道的力量。我们会受自己的某个意志的支配，这个意志既非自我，也并不表明

① 见格林的《政治义务的原则》，第 1 页。

② 即使我们同意苏格拉底的观点，认为不可能有明知什么较好而宁愿要较差的东西的时候，这一情况仍然是真实的。我们的正常的自我会否定我们一时的看法。

它处在一个更高的层次上，而是我们厌恶而又不愿承认的东西；这种体验就是用关于自由与奴隶状态的那个隐喻说明人在没有外部强制的情况下的生活时的依据。[①]

5. 把“自由”一词隐喻地用于个人的一种精神状态是既有危险，又有道理的。我们要重复说明一下，处于这种精神状态时，趋向自我满足的冲动所追求的目标是要体现完整的自我，即没有矛盾或处于存在的顶点的自我的本性，并要战胜异己的和不完全的意志，即走上更狭窄的放纵道路的倾向，因为一旦陷入其中，自我就会感到受到一种外力的压迫与强制。当思想作为一个整体按其意志行事时，正如柏拉图所暗示的，[②]它就会感到自由。如果它不 133
能作为一个整体考虑它要干的事情，而是被种种不能令它满意的目标搞得无所适从，那就完全谈不上它能干它想干的事情了；它会有受压制和被奴役的感觉。

这种隐喻有下述危险。在流行的理论中，整体和部分的对比很容易变成一个空洞的概念和每一件具体事物的对比。因此，要求自由意味着把作为总意志力的精神和每一具体的目标分开。据说这样精神作为一种未确定的能力是自由的，而一旦被任何目标或观念充实和塑造（所谓“被充实”和“被塑造”并不是指真实的情况，而是一种假设，但它已成为有关谬论的依据），它就失去自由而

---

① 卢梭提到热那亚被迫划船的囚犯枷锁上印有“自由”的标记时所作的评论（《社会契约论》，第 4 卷，第 2 章注释部分）有可与但丁的诗句媲美之处。坏人的镣铐乃是自由的象征。卢梭把自由仅仅归结为使社会完全摆脱为非作歹的人，这是按照他的方式把话题转到平常的事情上。

② 《理想国》，第 9 卷 577E。

成为奴隶。不过，如果我们坚持认为只有作为一个具有确定性质的整体，精神才具有真实性，自决是靠作为一种自我的力量，而不是靠任何无中生有创造具体事物的能力，那么，我们就将避免对更高层次的自由作这种曲解。

但更为重要的是，要注意这个隐喻的合理性。我们知道，自荷马以来，关于自由是人类真实本性的信念就已根深蒂固。我们现在也看到，使自由显示其最深刻意义的这个隐喻所依据的原则仍然是源于这个词的字面上的意思。把自由设想为一种精神状态，正如把它设想为不受别人的实际威胁或强制一样，问题的实质在于要求完全的自决。但是，就字面意思来讲，我们所说的自我乃是

134 指某个特定的自我，是不时与我所特有的肉体相联系的意志与愿望、感情与观念的集合体；简言之，就是我们每天时刻都体验到的未经批判的实际的"精神"。就那个隐喻来说，我们在自我批评方面已取得了很大的进步，至少知道我们的"自我"在某种程度上是个问题。我们知道这个特定的自我即日常的精神①是并不令人满意的；而且我们把重心抛到自我以外去了，并把真实的自我寄托在某种与其说我们实际上是它，还不如说我们宁愿是它的东西上；尽管与此同时这一点看得很清楚：我们在某种程度上就是这种东西，否则我们是不会要成为这东西的。我们的确认识到，所谓处于正常状态是一个原则，它既要显示与他人有区别或显示在他们当中所处的地位，又要表明完全转入了与他们的生活基础相一致的生活。正因为如此，我们才非常自信，认为在这一点上抓住了我们的

① 可参看上文第 116 页的注释。

真实自我之实质，这种自信心是和我们完全掌握一种因此而能将我们显示并辨别出来的生活成比例的。这样做，我们就是遵循自由的本义，即不受人身束缚，把“只由我们自己作出决定”的原则付诸行动。

因此，按“初次印象理论家”或各个时代中抵制专制暴政的那
些人的理解，自由终究是与哲学家的社会自由或道德自由属于同
一原则的。要求只服从你自己乃是人性的基本要求；其更深一层
的意义取决于你所谓的“你自己”是什么意思。倘若抵制任意侵犯
的行为确实是只服从我们自己的一个条件，那么，下述情况就具有
更深一层的真实性：一旦人类达到某种文明的程度，那么，为了服
从你自己，就必须服从与实际的你大不相同的某种东西。而且有 135
人已恰当地指出，[1]文明民族的意识对自由的含义是很敏感的，所
以任何自我改善的行为对一般读者来说可能最有力地表现为一种
摆脱某种束缚，如酗酒、愚昧或贫穷的束缚，从而获得自由的努力。
尽管有人反对，认为这样描述自由全然是一种比喻，但是，“觉得事
事不顺心往往会产生一种压抑感，[2]就此而言把追求任何一种自
我改善的努力描述为要求‘自由’，这总归是有意义的。”

我们已经顺着英国人通常的思路，并学习一位既热情又慎重的著作家的榜样，承认“自由”这个词的较低层次的意思乃是它的本义，对深一层的含义则可以当作隐喻来对待。值得注意的是：这样看待这个问题的理由是很可疑的。因为无论多么不明确，我们

---

① 格林的《政治义务的原则》，第 18 页。

② 格林的《政治义务的原则》，第 18 页。

知道我们的自我在某一点上超出了其日常需要的范围，即专横的压迫变成要以生命为代价加以反抗的东西。赫伯特·斯宾塞使人们注意当我们试图把一个动物关起来时它所作的挣扎，以此作为有天生的自由感的证据。但是，驯养的动物都是最高级的动物，或者说无论如何也不是最低级的；而以类似条件驯养的人却是我们所说的奴隶，因为他为了活命而出卖了自己的自由。因此，使争取较低级自由的要求具有不受控制的力量的，事实上正是较高级自由的含义——生活的高尚与协调一致。同时，如果说比较充分的意思是实体，而较次要的意思是象征，那么，比较接近真理的说法
136 便是：实体是能在其生活中恰当地表达其意志的有道德的人的自由，而不受外来约束则只是这种自由的一种基本形式或象征。辞典编纂者认为，词的最早的或通常的意义也就是它的最准确的或“固有”的意义，这种看法是没有根据的。[1]

（四）于是，自由意味着自我完全处于正常状态，而最充分的自由条件就是使我们最完满地处于正常状态的条件。这里所含的理想可以借助于下述哲学的表述来进一步说明：“自由的意志乃是自主的意志。”我们业已按其含义理解这句话的意思了。如果有人问我们：“难道我们的意志不总是自主的意志吗？”我们立即可以回答：从一种意义上说是，从另一种意义上说又不是。我们总是想要自己愿意要的东西，但是我们愿意要的东西不一定总会满足我们的需要。一种自主的意志应该以能满足其整个需要的东西为目标，别的东西则一概不要。它的愿望不会是狭隘的和偏颇的愿望，

① 内特尔希普的《遗稿》，第1卷，第27和30页。

因为这样的愿望即使实现了，也会使人感到窒息和压抑，就像一个人走进了一条越来越窄的死胡同。这些愿望不会是人为的愿望，这种人为的愿望在有更多的追求而又得不到它“更多的”需要的那个自我的刺激和精心制作下会变成生活机制中的一种暴政。这就是说，自我行使意志所经历的过程大概就像一种偶然的感性认识变成伟大的科学理论所经历的过程。当这种认识保持不变时，对它本身是不适当的；因为它伪装是真理，却显然是一种虚假的联系。所以，一方面要对它有所补充，另一方面要使之净化；要给它 137
加进种种条件，使之与别的知识协调一致，直至它多少接近于表达适于在人类世界观中长期占有一席之地的经验。这就是批判的实质，即把局部因素调整到与整体相一致。这恰好是另一个过程，即生活经验将提供给偶然意志的目标加以充实和净化的过程。也就是说，如果把这个过程看作能对不协调的意志产生这种效果，便可以说明它的性质；而且相对来说，在一定的时刻这一过程在某种程度上是会出现的。但是，我们必须牢记，不要把诉诸感觉的个人看作在时间上是完全先于社会意识的，看作是一种先在的东西，那么这样一种效果就会被认为是外加的。那就会恰恰成为卢梭奋力与之斗争而我们也试图说明如何摆脱的那种谬论；也许，即使我们自己说的话会表明要完全摆脱它是多么困难，但那终究是谬论。对于诉诸感觉的个人，即以不纯而又未经批判的形式呈现的意志，我们只有在坚持理性的生活而常有的失败、错误和疏忽的经验中才会真正有所了解，而理性的生活基本上是我们有理性的人所固有的本性，我们只要在理性问题上犯了错误，就会以同样的方式并在不同程度上背离自己的本性。我们犯错误是由于思想狭隘和混

乱，也由于从整体上得出了错误的抽象概念。这种情况只可能发生在一个有社会理性的人的身上，而且不可能在我们形成完整的社会理性的性格之前发生。

因此，了解到我们现在是在探讨一种已存在并基本上居支配
138 地位的社会理性内部狭隘和混乱的情况及其对立面，我们就会注意这样一种关系，在这种关系中更恰当的意志类似于更恰当的认识。

如上所述，可以任何一个人一时的实际意志为例，特别是如果这种意志在文明生活的范围之内我们通常会断定它的性质是错误的。例如，假设它是一种肉欲的冲动。在这类冲动中，自我不能得到持久的满足是常有的事。冲动过后，给他留下的是空虚。这类冲动不会使他看到新的可能性，不会给思想带来更大的稳定。但是，它们具有自己的含义，也归属于人性。它们暗示需要和谐，需要自我以外的吸引力。要是我们把它们和一个幸福恩爱的家庭抱有的目标和感情相比较，就会看到一种不大恰当的意志和一种比较恰当的意志之间的区别。这种冲动在变成家人感情的过程中，会变得既较弱又较强。它既会受到约束，又会得到发展。提供给意志的目标会改变性质。不合法性会被排除；但是，大量超出个人生活范围的感情与兴趣会呈现出来，作为一种目的和对自我的刺激，取代一时的快乐。简言之——因为，对每个人都能立即认识到的问题无须细说——一种意志使你能创造新的生活，而另一种则不能。在家庭处于最佳状态时，意志具有实际而稳定的目标，这个目标多半是与它本身的可能性和力量相符的。在确定这个目标时，相对而言，它是自主的。我们还可以同样方式把只求能糊口的

意愿和高智力职业的见识相比较；或者把一种行业或职业的两种 139
不同的日常工作情况相比较：一种是以应付的态度敷衍了事，另一种是以文明的态度认真从事。在每一种情况下，我们都可以看到两种意志的对比，一种是实际上怠惰的或自私的意志，另一种就其体现其本性来说，乃是我们所说的真实的或合理的意志，这种意志体现在能为自我创造一种有价值的生活而为自我所追求的目标上。

所以，作为有理性的人，我们的天性中包含着由这样一种真实的或有理性的意志对我们提出的强制性要求。无论得到承认与否，这种要求植根于我们自己的种种意志之中，就像这种要求的正确性植根于我们的主张之中一样。任何组织制度，如果它根据诸如建立一种尚属完美的生活的行动目标，在总体上向我们提出了为肯定这种意志所不可缺少的条件，它就会对我们的忠诚和服从，提出强制性要求，以此体现我们的自由。唯一可能出问题的是这个制度是否真是它自称的那个样子。但是，即使应当反抗，也只能是因为我们清楚地认识到强制性的义务与以它的名义要求我们服从的某个体制是不相容的。那个自主意志的强制性要求是我们最深刻的本性，而且我们无法摆脱它。这乃是政治义务的主要根源。

（五）追随卢梭的一些思想家正是把这种“真实的”或有理性的意志等同于国家的。在这一理论上，他们对柏拉图和亚里士多德的原则的遵循并不亚于对卢梭提出的与立法者的工作相关联的公共意志理论所提供的指示的信奉。按照这种看法，国家对于个人
一般生活的关系很像我们所看到的家庭对个人的某些冲动的关 140
系。这就是说，在国家中或在国家的帮助下，我们可以既有纪律又

有发展，即既能改善一些局部的冲动，又能按照人的自我本性的要求去做和去关心某些事情。也就是说，倘若你从一个人的实际情况出发，试图给他提供一条出路和一个能充分发挥他的才能的稳定目的——一个令人满意的生活目标——你就不得不考虑种种实际的需要，至少是对国家的需要，也许还不止于此。要使这种想法对英国人来说不那么自相矛盾，有两点可能是要加以坚持的。

1. 照这样设想，国家就不仅仅是政治组织。“国家”（“State”）一词确实主要是指统一体的政治方面，并与那种无政府状态社会的概念相对立。但是它包括从家庭到行业、从行业到教会和大学各方面决定生活的整套组织机构。它并非单纯是全国（the country）各方面发展的集合体，而是这样的一个组织：它赋予政治统一体以生命和意义，同时又接受它的相互调节，从而得到发展并具有一种更加开明的气氛。这样设想的国家可以说是对所有组织机构的有效的批判——即使这些机构能够根据人类意志的目标起合理作用的修改和调节。从这个意义上说，批判乃是这些机构的生命。作为排他的组织，这些机构会出现停滞与弊端——想一想只维护家庭或教会的心理状态吧；只有纳入国家的活动，它们才是有生命

141 力的精神存在。因此，从这个意义上说，首先，国家不等于一群人，而是一个有效的生活概念。正如柏拉图所教导的，它是指导每一个国民使之能够履行其职责的概念。倘若要问，这是否意味着甚至在政治家们的心目中对共同生活的目标与可能性都有一个完整的概念（普通公民就不用说了），问题本身作了否定的回答。然而，只有当这样的概念无论以多么不完全的、片面的形式掌握了一般人的思想时，国家才能存在并起作用。这个概念通常并不以反映

的形式存在；如果以思考的形式存在，它遵循的也是自相矛盾的不完整的终极标准。不过，凡是能很好判断自己的地位对他提出的要求的人，可以说都会从自己的角度领会国家的目的；如果这类概念都比较完整，而且更多地相互包容，实际矛盾当然就会少一些。但是，一个既全面而又无矛盾的反映国家目的的完整概念，可以说就是一种毫无浪费或疏忽地发挥所有人的能力的完美想法。这种想法是不可能实现的，因为决定人类生活目的即善的本性的过程是渐进的。国家所代表的真实意志只是真实意志的部分体现。

2.作为对所有的机构的有效批判，国家是必要的暴力；而且作为最后的手段，它是唯一得到承认并被证明是正当的暴力。看来注意到这一点很重要：暴力是国家所固有的性质，没有任何正确的理想观点主张消灭它。因为，国家的暴力实质上出自它的这一性质：它是我们自己的精神的延伸，可以说是延伸到我们短暂的意识之外。对整个生活的处理不仅是一个一般水平的普通人力所不及 142
的，也是一个社会中所有一般水平的普通人的全部力量所不能胜任的。以为国家使用的暴力只限于由警察镇压妨害治安的人和惩罚故意犯法的人，那就大错而特错了。国家是我们的生活的飞轮。它的体制使我们经常想到自己所承担的从环境卫生到托管事务等各方面责任，对这些责任我们一点也不想忽视，然而，不是由于太无知就是太懒惰，离开了指导和当局的要求就履行不了。我们随时受益于由处于最佳状态的有才智的人建立的机构、规定、惯例以及种种研究工作，所有这些都是通过国家采取行动以某种形式作为我们自己的精神的延伸在起作用的。这不仅仅是一个人的有限活动与亿万人所共同取得的较大成就之间的对比。这也是同一批

个人在两种状况之下的对比：一种情况是有秩序地活动并以长期形成的法律、习俗、著作和各种制度为武器，另一种情况是，他们被看作日常的一般的自我，具有不断变化但范围总是有限的短暂意识。因为在任何特定的时刻，没有哪一个法官通晓所有的法律；没有哪一个著作家熟知自己的全部著作——更不用说其他作家的著作了；没有哪一个机构的官员知道该机构的全部逻辑与含义。所有个人能超出他们通常的短暂意识而不断得到加强和支持，都要靠社会秩序中围绕他们的知识、智谋和能力，以及以这个秩序本身
143 为主的社会遗产。这个大我的复归，即在他们那些孤立的精神基础上形成一个合乎统一要求的制度，作为一种延伸和对它们的刺激，有必要采取暴力的形式，倘若这些精神无自动能力的话。实际情况也必然往往如此，不仅在个人的意志直接违反共同利益时，而且在一般人的知识与能力不足以靠自己的主动和机智去应付所有可能发生的维护共同利益的必要条件的联合时。换句话说，只要我们的动物本性[①]的局限性仍然存在，就必然有惰性需要克服。正如柏拉图所说，国家是大写的个体精神，或者按我们的说法，我们的精神是靠与其本质相同但能弥补其不足的能力来加强的。这样，不那么完满的精神就必然明显地感到自己是存在于更完满的精神之中，而且，只要后者能够前进，就会带动它一道向前。不过，有一点很重要，即我们的精神处于最佳状态时和处于一般状态时差别很大；它处于最佳状态时所理解和赞成的许多东西，在一般状

① 不是“我们的个性”。个性原则上不是使我们和自己在整体中的地位不相称的一种限制因素。

态下却成为外来的强制力或习俗硬加于它的负担。因而，在我们自觉的精神和支持、扩展与改进它的社会的意见、习俗和强制力的体系之间并不存在截然的分歧。二者的关系很像意识的中心和使日常生活得以进行的各种下意识与无意识的习惯的关系。不可想
象，个人的生活竟会在没有下意识和自动作用的情况下进行（因为 144
它最终与表现为变化不定的精神中心内的种种观念的那些目的有关）；同样不可想象的是，社会生活也能在没有强制力和权威性习俗的情况下进行（因为社会生活的目的是反映在个人不同的理解力之中的）。关于国家活动的固有局限性将在下一章探讨。至此，我们一直在试图说明把国家与个人的真实意志看作一致是什么意思，作为一个有理性的人，他决意按照真实意志控制自己的天性；这种一致性使我们找到了履行政治义务的唯一的正确理由。

145 第七章 对真实意志或公共意志概念的心理学阐释

（一）本章的目的是要帮助读者把国家或社会的概念和存在于个体精神中的实际个人意志的概念结合起来。[①] 我们已经看到，如果把自我的重心抛到我们总想视之为个性的范围以外去，如果承认在我们的清醒意识中一般只稍有反映的一种自我和一种利益是我们真实的本质，因而对我们来说是绝对必要的，那么，只有这样才能使自治得到解释。我们已经知道，所有正确的理论和有效的实践都基于这样一种认识或信念[②]：社会的共同的自我或道德人格比表面上的个人更真实；我们也曾按照卢梭提供的线索批评某些人的实际意志是有缺陷的和有矛盾的，并在体现社会精神的法律和制度中去寻找对它作出解释并使之完善的办法。

146 但是，社会与国家给人的第一印象是数不清的人群。实际上有各种各样的机构；不善于思考的公民几乎说不出他认为这些机构是由什么组成的。虽然法律和习俗比较接近于我们通常所认为的“意志”，它们也还是容易被当成是一种无生命的物质力量，普通

---

① 参看第 2 章，第 40 页。

② 对于这里给这种信念提供的理论形式可能会完全否定的人当然也可能有这种信念。边沁与穆勒对大我的存在就具有比任何人都要强烈的实际信念。

人的生动意志与它们几乎无关或完全无关。

因此，我们的目的是要说明，当我们谈到国家、社会、法律和制度能体现“意志”时是什么意思；还要说明我们所理解的个人怎么可能和这个不断变化但绝不会完全消失的意志具有同一性。一个人的真实自我怎么会在很大的程度上存在于他的正常自我之外，而且是某种他只能偶尔明确地掌握但绝不能完全掌握的东西呢？

（二）我们想这样开始：(1)指出构成我们的理智的各个组织或系统与构成社会的各个组织或系统之间的类似之处；继而(2)说明它们是同一事实达到某种程度的不同表现。

1. 我们可以注意一个整体的各个部分之间两种不同程度的联系，我们可以把它们称之为“联合”和“组织”。

(1)当两个人的联系非常密切，你只要看到一个就料到会看到另一个时，可以把他们叫做伙伴。而任何一种经常性的集团，从一个盗贼团伙到一个科学或慈善机构，都可以称之为联合。可能是由于它的 147
确切含义来自动词“联合”，因而“联合”这个名词含有这样的意思：若干原来各自独立的单位被有意识地汇集到一起，而且可以再分开。然而，“社会”这个词就没有这种动词上的含义，而且尽管一种“联合”可以自称为“一个社会”，却不能把“社会”叫做“联合”。我们谈到“社会”时，并不强调把若干各自独立存在的成分汇集到一起这一面，因而我们习惯于用这个词指一种自然的组合，在正常情况下我们无论如何都不会认为这种组合是有意识的和易于解体的。一旦把国家看成是一种“联合”，那就意味着提出一种关于国家性质的明确的理论，诸如赫伯特·斯宾塞把国家和股份公司相比所包含的那种理论。

现在“联合”这个词最常用来表达精神因素之间的联系，——

类似于被叫做伙伴的若干人之间的联系。如果有两个精神因素联系得非常紧密，只要想到一个，就会联想到另一个，那就可以说它们是“有联系的”。如果火车的汽笛声使我想到火车就要开动了，那就可以说，在我的思想中，“火车开动”这个概念是和“火车鸣笛”这个概念有联系的。它们早已纳入同一个心理群或统一体，因而我们想到一个就会联想到另一个，正如我的朋友甲出现时，他的亲密伙伴乙大概离他并不远。

这里我们可以注意一下这两种联合模式即人的联合与精神因素的联合的类似之处。按照一般人对这两种情况的看法，我们是在探究若干天然独立的单位纯属偶然的联合。在两种情况下，联
148 合者都无须为现在的联合找出比过去的联合更好的理由。它们的本性中没有任何本质的或基本的联系，即使它们再次分开，它们也不会因分离而受到严重影响。

当然，这种单纯联合的观念，甚至对最偶然的参与者之间的联系来说也不甚适用。任何一种联合，无论是亲密伙伴之间的，还是观念之间的，都是种种特性之间的联系，因而也就是有关方面的性质之间的一般性联系。人们结成真正的伙伴关系不会是毫无理由的；观念实际上也并不像物质单位或原子那样，单靠并列一下就会结合在一起，因而一旦从遗忘的冥府中抽出一个就可以带出另一个来。伙伴的联合和观念的联合都具有这种倾向：特性的一般性联系在起作用，一有机会就会通过实际环境的各个方面表现出来。当这种联合由于双方同时出现而变得明显时，二者的本性就获有它们在分开时所没有的表现机会。

但是，尽管所有这些都是真实的，并且只要仔细分析一下联合

的实例就会明白，相对说来，实际上寻常的联合往往取决于这样一些特性：它们非常表面化，以致凡属同一领域的个体似乎都可以建立联系。因此，和任何一种比较彻底的联系相比，这种联合都可以说是偶然的，纯粹是由并列的偶然性决定的。

(2)让我们把刚才称之为联合的这种联系和我们同意称之为组织的那种联系比较一下。

我们知道，大致说来，联合者[①]汇集在一起，只是因为他们发 149
现他们在一起。这就是说，他们联合起来后还是和以前一样，如果要分开，也不会受到严重的影响。这种联系基本上还是个体与个体之间的联系。它们缺乏一种以各种方式而又根据一致行动的原则来支配范围广大的成员的计划性。

像前面一样，我们还是从人与人之间的联系开始，把一群人和一支军队进行比较，以说明这种区别。一群人的精神确实曾被当作一种真实的社会精神的样本。但实际上完全不是这样。它不过是个人与个人之间在扩大和加强了的规模上的一种表面联系。像人们在街上相遇一样，通过情绪的感染和最短暂的思想感情的交流，每个人既影响他周围的人，同时也受他们的影响。对他们都起作用的必然是这些人们所共有的东西，而他们的相遇可以说是没

① 任何一种“联合”可以说通常都有一定的目的，而且如上所述，联合者的确是汇集在一起了，而且并不觉得他们仅只是在一起而已。不过，这只是表面现象。和他们的整个本性比较起来，为了某种有限的目的——复本位制、博爱、政治理由——而联合起来的人的确觉得他们不过是在一起罢了。爱嘲讽的人会说他们是组成了一个特殊的动物园，这种联合一旦解体也不会对他们的本性有任何明显的影响。不过，显然有一些目的会深入人的性格，还有一些则比较肤浅；而这不过是说明我们的这一论点：最偶然的联合乃是一些非真实的特性的一般性联系。

有什么原因的，除了当时看到和感到的以外，他们并不知道彼此还
150有什么共同之处。这群人确实可能“一致行动”；但是，即使这样做了，其智力和责任感的水平通常也是特别低的。他们除了能一时互相影响外，并无任何共同之处。谈不上什么一致的行动、认真的思考和批评。每个人去做或思考的事情不同时不可能只抱有一个目的。这群人只是作为一群人在行动，因为它各部分的联系只是个人同个人之间的联系。任何一种联系若能形成一个完整组织，就会对每个成员的性格提出要求，而这种要求是纯属偶然的联合所无法满足的。

一支军队[①]和一群人一样，也是由一群互相有联系的个人组成的。每个人和与他站在同一队列或与他共度闲暇时间的人必然会互相影响。我们可以顺便指出，这些影响本身比一群人的成员之间的影响具有更持久的性质，它们也必然会因我们就要谈到的另一种联系的影响而有所改变。因为人与人之间“联合”的链节并不是军队行动中的决定力量。一支军队就是一部机器或一个组织，它因行动计划而结合在一起，体现这种计划的一方面是军官，另一方面是服从的习惯和经训练而具备的素质：每一个人只愿意而且能够听从军官的指挥，而不受周围人的影响。决定军队行动
151的是将军的部署，而不是像在一群人中由一人传到另一人的那种影响。换句话说，每个人都要按一个庞大整体的行动而行动，尽管这个整体的各个部分大多跟他并无直接联系。他并不仅仅参照周围人的行动来决定自己的行动。这就是说，军队是一个系统或有

① 斯托特先生的《分析心理学》中的一段话使我想到了这个例子。

组织的群体，它的性质或体现在其结构中的主导思想决定它的各个部分或成员的活动和关系。这两种决定方式的区别在阅兵日看得很清楚：我们先看到阵容整齐的队伍在操场上行进，然后看到这群人零乱地散开去休息或恢复精神。因此，我们所讲的组织是跟联合相对立的，决定其成员行动的是他们所属的有组织团体的计划或一般性质，而不是相对来说按照偶然的并列关系把他们联合起来的那些直接联系。[①]

在精神的活动与构成中也可以看到联合与组织之间的这种区别。纯粹的联想意味着，任何感觉或观念都可以使人绝对想到同一精神统一体中任何与之已发生联系的精神因素。对纯粹联想的研究，有时被认为在《爱玛》中的人物贝茨小姐身上可以看到。也许，正如在一位清醒的智者身上几乎不可能看到真正无拘无束的联想一样，我们可以说贝茨小姐这个人物比较敏感，也比较符合人的天性；也就是说，她是一个具有那种纯粹联想倾向的研究对象，152
这种倾向表现为不断地产生联想而又不断地受到抑制，或者说“被赶回”到主题上去——这是借用沃尔特·司各特描写这样的一个爱联想的谈话者[②]被听者拉回到他的话题上去的说法。

在精神世界和在物质世界里一样，较高层次的联合就是组织。组织的特点是受一个总计划的控制[③]而不受各部分的并列关系的支配。像贝茨小姐这个人物所表现的那种迂曲的思路，乃是由于

① 这种差别当然基本上只是个程度问题。起作用的始终是一个统一体成员之间的一般联系；唯一的问题是统一体的性质，以及由此而决定的这种联系的性质。

② 《海盗》(*Pirate*)中的克劳德·哈尔克罗。

③ 关于这种控制的心理学理论可参看斯托特的《分析心理学》，第 2 卷，第 3 页。

不受任何总计划的控制所致。每一个观念——每一个有重要意义的词——实际上都有数不清的联想。如果思路没有确定的总方向,没有经过选择的有效控制力量,那么,每一个主要的词都可以使之完全转向。[①] 可能由我们自由支配的众多概念犹如一个完全由转车台组成的复杂的铁路系统,火车可以通过任何一个转车台改变行驶方向。能联系上下文作出解释的辨别力足以说明这点。任何缺乏这种辨别力的人可能会不断出错,没有改正的希望。

与这种迂曲的思路相反的,是诸如论证那样的一系列思想。在一系列思想中,一个总的观念规定了方向或形成"主题",即限制
153 了所谓论述的范围。注意力完全受总观念的引导,不受任何无关的兴趣或联想的干扰。例如,假设总观念是财富和美好生活的关系。经验表明,要抵制在考虑这种关系时会产生的各式各样的兴趣和困扰,是非常困难的。方便而又诱人的获取方式,方便而又有趣的消费方式,会作为与主题无关的联想闯入脑际,转移对这个问题的注意力:"既然我懂得'更多',更适合讨论这个问题的人是我还是别人呢?"必须努力控制,以便牢记我们关于生活中美好事物的概念的一般性质,并注意关于获取和消费的种种联想;只有在这些联想似乎有可能促成这个概念时,控制的努力才意味着计划或总观念在各种各样可能的经济环境下都占据支配地位。我们是在谈理论还是实践,这并不重要。在这两种情况下,坚持不背离主题的控制能力和显示其自身的理性系统在本质上是一回事。事实

① 如果没有足够的控制力,无法讲完一句重要的话,那当然是精神失常或白痴的表现。

上，每一种精神都或多或少受到占支配地位的观念的控制，这些观念属于习惯性的成见，并决定思想的经常性偏见。有一个著名的故事，说的是一个旅客在乘火车时对同车厢的旅客提出一个问题，然后根据各人的回答来鉴别他们的职业。他的问题是："什么东西会毁掉其本身的成果？"据说一个博物学家的回答是"生命力"，一个军人的回答是"战争"，一个学者的回答是"克罗诺斯"[①]，一个记者的回答是"革命"，一个农民的回答则是"公野猪"。[②] 每一个答案都由那个占支配地位的偏见或观念所决定——这个占支配地位 154
的偏见或观念从可能的答案中挑选出一个与受其控制的总的精神体系相称的答案。必须牢记，选择同时就是创造。在任何情况下，无论从理论上还是从实践上讲，周围的事物整个说来总是不熟悉的，规定或计划必须在跟过去任何情况都不完全相同的条件下表现自己。这时它并不像一个击球手击球时想起以前的某个动作那样单纯地**重复**过去的东西，而是按照它必须在其中活动的新的环境条件**表现**出能反映其性质的思想或行动。[③] 因为，这是一种普遍倾向，即一项计划只是部分被界定，而且正在通过加工提供给它的材料进一步对本身加以界定。

还有一点也很重要。精神有其占支配地位的特性，但它并不是一个以同样方式完全组织在一起的单一系统。它可以说是由若干这样的系统构成的，这些系统可以有不同程度的彼此联合、漠视和对立。每一个这样的系统或一组观念和经验都自有其占支配地

① 克罗诺斯是希腊神话中的播种与收获之神。——译者

② 施泰因塔尔，见詹姆斯的《心理学》，第 2 卷，第 108 页。

③ 参看斯托特先生有关"比例制"的论述，《分析心理学》，第 2 卷，第 167 页。

位的计划和控制思想或行动的倾向。而且，一般说来，当一个系统处于活跃状态时，所有其他系统会静止不动；当我们致力于一个连贯的思想活动或追求时，我们就不去注意属于任何另一系统的种种联想。每一个这样的系统或一组思想，在心理学上被称为"统觉团"，因为它是因一个共同的规则或计划而结合在一起的一套观
155 念，只要这个系统处于活跃状态，能够产生知觉的观点就要受它的支配。没有某种"统觉"，即精神中没有某种能够使新东西被分类的观点，就根本不可能有什么知觉。眼睛只能看到视力所及的东西。因此，某些最显著的统觉例子系出自这类基本事例：在缺少更好的系统时，一种实际上和主题关系很少的系统就活跃起来了，原因就在于必须有某个系统起作用，而最邻近的那个系统便会作出反应。幼儿把橘子叫做"球"；波利尼西亚人把马叫做"猪"。这些都是能引起新感觉的统觉的最接近的"项目"或规则。我们应用的每一个科学概念，我们涉及的每一组关系，以及我们熟悉的每一种追求，都是这种"统觉团"或注意力的规则或计划的实例。根据共同的经验我们知道，精神中一个这样的因素在我们全神贯注于另一个因素的活动时是怎样完全静止不动的；例如，当我们把一些野花当作杂草从庭园里清除出去时，我们会完全无视它们的植物特性，而当我们专心研究它们的植物特性时，我们又会完全不管它们是"花"还是"杂草"。在每个统觉团的活动中，只要它是根据一个有系统的整体的一般性质来支配思想，而不是通过由个体对个体所施加的孤立的吸引力，我们就获得了一个与联合迥然不同的组织的例子；或者可以说，这是整体与部分之间有系统的联系或联合的例子，这与同样的原则只是偶然地表面地在个体与个体之间起

作用是截然相反的。

必须补充说明的是，这种计划或有系统的联系可以是无意识的。控制我们的思想和行动的概念并非都是抽象形式的明确观 156
念；而且即使一个人知道自己的主导思想是什么，他的精神的一般性质与范围大概也是他无法通过反思意识到的。大家都知道，某些没有引起思考的原则也可能理智地起作用，并体现在一系列结论中。因此，我们的统觉团可以有各种不同程度的明确的系统。但它们的活动总是有规则的——整体的性质改变着它所接触到的东西，同时也被这些东西所改变。

让我们带着这种心理系统的概念，再来看一看社会和国家的组织。我们不愿把一群人作为社会的真正样本，而是想通过一支军队的例子来说明与偶然的“联合”相对立的组织的主要特征。我们坚持认为，一支军队的特征是：支配其中每一个成员的行动的，不是他身边的人的活动和冲动，而是这个整体的计划或观念。只要再仔细地研究一下，我们就会明白，社会是由许多这一类系统所构成的一个巨大组织，每个系统都是一个相对而不是绝对的封闭而又自我完备的组织。它的结构错综复杂，系统中还有系统，集团中还有集团。但一般说来，社会的日常事务和愿望是由分布在不同集团中的人来实现的。各个集团都显示出组织的特性，即每个人的身份地位都取决于整个集团的一般性质和原则，而不取决于他和偶然在他身边的人的关系。例如，同行和同业就是这样的集团。它们的结构可能很不相同。在某些行业中，工场又构成一个从属的自己组织的集团。在另一些行业中，专业人员单独工作，显 157
然可以自行其是。然而，他们通常也组成拥有若干成员的集团，在

每个集团中，所有成员都以一定的方式受该集团的共同性质的支配。一个人在他的行业或职业范围内，据说是按一定的“身份”行事的。只要他按照与自己在某个集团中成员资格相符的身份行事，他就可以以一定的观点看待自己，而别人也会以同样的观点看待他，至于其他观点则往往一概被忽视。[1]

乍一看，这些由人组成的集团和构成精神的那些系统一样，相互之间也可能有不同程度的联合、漠视或对立；一个同时属于多个不同集团的人，可能发现自己具有多种显然不同的“身份”。一个忠诚的工联主义者可能发现他的工会会员身份和他的一家之主身份显然不一致，前者要求他尽力普遍改善工人阶级的处境，后者则要求他抚养子女。一个法官或地方行政官在不能不执行他认为不适当的法律时，会感到他的官员身份显然与他作为一个忠诚的公民应尽的职责不一致。显而易见，除非组成社会的各种不同集团之间基本上能保持一种有效的协调关系，生活就不可能继续下去。
158 正因如此，国家这个规模最大、其成员是根据共同的经历有效地联合起来的集团必然是这样的一个共同体：拥有绝对的权力——必要时就使用暴力——至少能保证充分调节所有其他集团的要求，以使生活能维持下去。诚然，假定所有的集团都是一种独一无二无所不在的生活的机构，我们就会觉得，如果它们之间竟然有根本不可调和的对立，那是不可思议的。它们之间发生矛盾的可能性既不多于也不少于人性自身发生矛盾的可能性。

---

① 由于使人们结合在一起的原因各异，他所从属的集团，往往与其说是因他的同行而组成的，倒不如说是因他的服务对象或主顾而组成的。不过，职业团体内部通常也存在差别。

这样，我们便懂得了精神同社会或国家在具有组织的特征这一点上是一致的，它们都是由一个组织系统构成的，每一个高层次集团和从属集团都有支配其成员的各自的特性和原则，因而都倾向于把一种特定的身份或观点强加给它们的成员。只要一个既定系统是活跃的，这种身份或观点就倾向于无视其他系统的存在。这些系统之间的联系是多种多样的，程度也很不相同；但是，只要精神和共同体都是实际有效的整体，就可以假定它们各自的内部都有一种最终或普遍的调节力量，以防止矛盾走向毁灭性的极端。不论是精神还是共同体，作为有效的组织，都不能按照纯粹联合的原则加以解释。

2. 在指出精神的组织结构和社会的组织结构之间的类似以后，我们现在就可以进而证明精神和社会实际上是从不同的观点来看的同一结构。这可以分成三个部分加以说明。

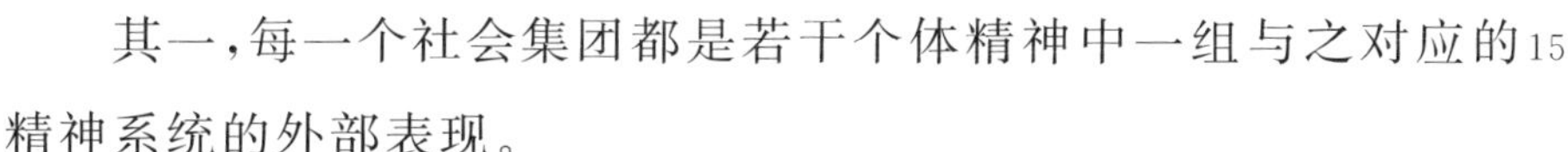

其一，每一个社会集团都是若干个体精神中一组与之对应的 159
精神系统的外部表现。

其二，每一个体精神，从一种特定的观点看，都是那些与社会集团的总和相对应的系统所组成的一个系统。

其三，社会整体虽然蕴含于每一精神中，但它只有在被视为同一的有效的特定共同体的精神总和中才具有现实性。

(1)社会、国家和每一个公共机构给我们的第一印象就是有许多人，也许还有一些建筑物和其他物质设备，以及正在进行着的某些种类的工作和已经取得的一些看得见的成果——有许多儿童“受教育”，许多工人“就业”，建造了许多船只，耕耘了大片田地。

但是，如果我们能够看到任何一个社会集团或机构的完整的实在，我们就会发现要考虑各种不同的事实。让我们来想象一下一所靠地方税收维持的小学罢。在我们的想象中，它会有许多校舍，一大群儿童，还有一批与他们成一定比例的教师。但是，它的实际作用究竟是什么？它的基础又是什么呢？

这所学校真正的实在在于，某些充满活力的精神以某种方式联系在一起。所有的教师、学生、管理人员、家长以及公众都必须具有某些起作用的观念，如果这所学校要成为一所学校，这些人的一部分生活就必须受这些观念指导。所谓受某些起作用的观念指导，换个说法就是某些统觉团的活动支配着某个观点——只要那些特定的统觉团处于觉醒状态的话。还要注意一点，即学校赖以
160 存在的那种联系或一致是以另一种活动——即在每一精神，特别是有关的各类精神中的另一个统觉系统——为先决条件的。这和我们所熟悉的螺钉和螺母的例子的道理是一样的。任何一所学校都不能单纯由教师或单纯由学生组成，也不能由全是一样的教师或全是一样的学生组成。

因此，如果我们能想象出一所学校——一个机构——的实在，我们看到的就会是各式各样和所处条件各异的若干精神的同一的联系。但是，在每一精神中，这种联系都将采取一种独特的形式，以致它和所有其他的精神相联系，就像一部机器上的一个齿轮嵌进其他齿轮一样。学生必然按他特有的方式去学习，教师也必然按自己特有的方式去教书。家长和公众也有他们自己和教学工作的关系，不论好坏他们总会对教学工作采取某种态度，而且他们的态度会改变教学工作。因此，在任一精神中，这种联系如果完全脱离其他精神中的与之相对应的联系，那就

毫无价值和意义了。这就好像是没有车轴的车轮或没有唧筒的唧筒把手。正是由于组成这所学校的诸因素的这种性质，这个学校本身才有可能成为一种同一，或联系，或汇合点，把许多精神结合到一个单一的系统中来。

这样分析一个机构也许好像是把一件确凿的事实归结为纯粹的思想活动。但实际上并非如此。如实地了解各种有关的概念，就会知道它们包含着空间和时间方面的种种事实——校舍、设备、161
工作时间和参与的人数等等。要充分正确地说明一个概念，不可能不包括它所处的环境和据以认识它的那些活动。在说明一个机构时，我们不会忽略空间和时间方面的种种事实；唯一的问题是：只有在我们了解到这些事实被那些精神系统结成一个统一体，而它们又是那些精神系统的前因后果或表现之后，我们才能如实地了解它们。学生和教师双方都必须按照特定的时间和地点来考虑他们的学习和工作，否则他们就不会在那些时间和地点做他们的工作；而只有确实是在那些特定的时间和地点做他们的工作时，他们每个人心里支持这所学校的观念或观点才能顺畅地表现出来。

因此，我们完全可以说，每一个社会集团或机构都是若干个体精神中一组相应的精神系统在空间和时间中的表现。我们可以从这一概念作出一些推论，既涉及个人意志或能动的精神的性质，也涉及社会的和政治的整体的性质。

(2)每一个体精神，只要它根据明确的计划或条件思想和行事，就是由若干统觉系统或有组织的意向构成的。我们目前并不认为，所有的统觉系统都可以表现为社会集团，尽管和在时间与空间上有联系的人毫无关系的这类系统即使有，也是很少的。但据

上一节的说明，每个社会集团或机构显然都含有一个由若干统觉
系统组成的系统，它使所有参与的精神保持一致。这样，每一个体
精神只要加入了社会集团或机构，它就是由若干统觉系统构成的。
162 这些系统分别适应它在不同集团中的不同身份。我们已经指出
过，不同“身份”之间的区别是怎样适应某一统觉系统的活动阻止
所有其他统觉系统活动的心理倾向的。部分地由于这个缘故，尽
管该精神必须是若干系统的一种实际结构，但还远不是有理性的
结构，这一点几乎是无须指出的。当某个系统在活动时，其他的系
统通常是静止不动的，这个事实掩盖了构成整个组织的基础的各
种矛盾，使之受不到批判和纠正。

但是，尽管该精神因此而暗含着不同程度的自我矛盾，也不
会改变这个事实：它的一般性质乃是要成为一个有组织的观念的
统一体，以适应个人在这个空间与时间的世界中所起的种种实际
作用。因此，如果我们把每一个体精神当作一个整体，它就是按照
某种独特的观点对整个社会的表现或反映。它以任何方式与之相
当或以任何方式在其中起作用的每一种社会因素或关系，都体现
在它的统觉系统的某种特征之中。大概就像在任何人对伦敦的看
法中几乎都不会有对其背景一点不施加影响的伦敦生活的因素一
样，在每个人对社会整体的看法中也不会完全没有不以这样或那
样的方式对全部结果起作用的社会特点。在每一精神的意向中，
整个社会结构都以独特的形式得到反映，而且就是靠这种反映和
反映形式的独特性，社会整体的运转才能借助于彼此作用的种种
163 差异得以维持。可以这样说：如果把某一精神解剖一下，我们就可
以看出，它主要是由若干有组织的意向构成的，每一个意向相当于

一种独特的观点或特殊的角度，[①]它以这种观点或角度在人类的某种功能中起作用。关于人类的某种功能和这种功能通常能使许多人联系起来这一事实的确切关系，我们在下一章中将进一步说明。现在只要这样说就够了：任何使许多人发生联系的东西都要靠这些人精神中的统觉系统的活动，因而正如柏拉图所说，每一个体精神，不论是向善还是趋恶，都是社会整体的真实而有效的实在。当我们考虑有系统的统觉活动时，很容易看出它怎样才能实际上或多或少地支配我们自己的意志系统。首先是那些随时都在活动的统觉系统和那些不活动的系统之间存在差别，然后是我们的实际意志在达到最大强度时的性质和与它分不开的整体的性质的要求之间存在差别。这些要求总是会或多或少地出现在每一个要行使我们自己意志力的行动之中。

(3)从相应的观点来看，社会整体也是由以确定的方式彼此相适应的心理倾向及其活动所组成的整体。因此它具有持续的或自我认同的存在的性质，这种性质渗透于由差别构成的系统之中，也只有通过这些差别来实现。这个整体不同于一部机器或所谓单纯的“有机体”，因为整体是通过意识的活动存在于各个部分之中的，这不仅是就观察者的推断而言，而且在某种程度上是就每一部分 164
的本身而言。不过，对这一点我们应当注意的是：把整体通过意识在部分中的存在等同于整体赋予部分的意识那就错了。后者是一种推想，而前者才是事实，这个事实对注意观察的理论家来说是体现了这个想法的，但对起作用的意识本身来说却并非必然如此或

① 这一比较应归功于S.亚历山大教授的一篇演讲。

经常如此。从我们精神的形式以及它们对我们的工作进行我们意识不到的调节活动来看，人类社会与比较低级的有机体之间有一种不能缩小的类似性。指引我们生活的意识是对某种东西的意识，但通常并不是对那种东西在整个生活中所处地位的意识。我们都有我们的生活目的，但我们并不知道我们的目的怎样使我们与我们最终属于它的那个整体达到一致或一致的程度如何。

显然，社会统一体实际上只有在众多的个人中才能是完整的。我们知道，被我们看作生活基本准则的人性发展是没有人能独自全部完成的。正如在空间和时间的物质世界中一样，在一个方面是属于物质世界的人类世界中，分化意味着分散成许多中心。根据那些似乎是生理和心理条件的限制，同一个人不可能既是柏拉图又是亚里士多德，也不可能既是希腊人又是犹太人，甚至不可能既是斯巴达人又是雅典人，更不用说不可能既是男人又是女人了。如果我们说他实际上通常不可能既是政治家又是鞋匠，或既是军人又是牧师，我们的根据就不那么可靠了。显然，在某些情况下不能兼备的身份，在另一些情况下却可以兼而有之。同一个人可以
165 既是个好建筑师又是个好工人，而从另一方面来看，建筑师和工人也可以是不同的人，虽然他们要配合工作。当然，我们可以回答说，一个人无论有多大的本领，实际工作仍然要求有分工。这是正确的，但显然只是个程度的问题。只干一件事的人并非总是干得最好的，而且要说明“一件事”指的是什么也不容易。

这些提法的目的是要说明一点，即尽管必须有众多的人才能使社会担负起可以说是人类本性所能担负的任务，但是，实际上各个人并非社会统一体的那些真正特色的最终或同等体现。因此，

我们便又一次看到这个特定的个人不过是在形成的过程中，他的实在可能大部分还在他的自身之外。他的意志并不是一个整体，但是蕴含着并取决于一个整体，因而这个整体才是他的意志的真实性质。而且我们对这个社会心理的整体也有所了解。因为，看来很清楚，某个实际的人可以担负在别的情况下需要许多人才能担负起的任务。而在一些这样的例子中——不是或显然不是在以高度的天才为基本特征的那些例子中——似乎没有什么理由要把一个人的各种意向的相互关系和分散到不同人身上的同一批意向的相互关系加以区别。如果我是自己的园丁，或自己作品的评论者，或自己的医生，那么，我对问题的处理确实会和园丁与主人、评论家与作者、病人与医生不是同一个人时的处理截然不同吗？有人会说，给我的园丁的指令是通过语言传达的，而我自己则直接知道自己的意愿。在这里，无论从心理学的角度还是从形而上学的 166
角度来说明这个问题都不合适。但是，为了引起思考，可以这样提问：我给自己发出的指令通常不也是用语言发出和记住的吗？如果我们认为我在不同的时间与自己的一致是个有局限性的例子，[①]那么，我们就会发现，在我们所说的某一精神的一致和同一社会中所有"精神"的一致之间的原则区别是很难成立的。

总之，我们所谈到的一切已足以说明：乍一看社会确实存在于相互关联的意向中，众多的个体精神根据这些意向通过最充分细致的分工可以满足人类本性所能完成的任务的需要。但我们已进一步指出，真正表现人类共性的个性并不一定与不同人之间的差

---

① 参看上文第 102 页。

别相符合，而且这些差别的相互关系和由它们所构成的一致无论是偶然集中于一个人的身上还是分散到若干人的身上，也是大致相同的。因此，着重点似乎在于获得能够发挥人类最大才能的真正个性，而不在于事实上的众多成员之间的单纯关系。这倒不是因为无须要求表现在任何一个人身上的人性臻于完善，而是因为对其完善程度作出判断的，必须是为了测定真实成分而提出的批评，而不是由特定的众多成员提出的偶然标准。我们将在下一章中进一步探讨这些观念。

167

第八章　国家目的的性质和随之而来的对国家行动的限制

（一）按我们一直追寻的思路来说，以个人为一方和以社会或政治统一体为另一方之间的区别是与人在社会中的“目的”何在这个问题无关的。因为社会和个人这两个概念是彻底地互相关联的；所以，我们无论按什么标准看待其中的一方，也必须按同一标准去看待另一方；因此，要把一个因素同另一个因素区别开来，认为一个高一个低，或者说一个是手段一个是目的，就变成在说法上有矛盾了。如果我们从给个人划定界限开始，我们划出的这些界限就会在被视为这样一些个人之总和的社会中再现出来，而手段与目的的问题就会像我们在边沁的例子中所看到的那样，[①]或表现为“每个人”都是为“全体”谋福利的手段，或表现为“全体”是为“每个人”谋福利的手段；于是区别就变成不过是说法上的不同而已。而如果我们不限制个性，承认它是目的，可以具有任何程度的自我完善性，因而具有广泛性，那我们就会发现，它实际上等同于实现社会统一体赖以形成的要素和含义。艺术和宗教这些可以被 168
视为与社会手段无关的明显的例外，正如我们将会看到的那样，即

① 参看第 3 章。

使在大多数人变得不重要的阶段，它们也确实是典型的社会手段。[①] 因此，如果认为个人具有一种能与社会的本质相分离的本质，那么，艺术和宗教便无论如何也不会真正被认为是与个人有关的目的。然而，这种对立的说法实在是荒谬的。这个问题根本不涉及两种相互对立的含义；而是只有一种含义，就其整体而言是社会，就其差别而言则是个人。使整体成为部分的手段或使部分成为整体的手段，就好比使一出戏成为剧中人的手段或使剧中人成为这出戏的手段一样。但是，诗人或宗教天才可能像一个集全剧的意义于一身的人物，因而在某种程度超越了戏剧的形式。不过这样做是由于包含了由多数人组成的整体的本质，而不是与之无关。[②]

那么，要把有关手段和目的的这一观念应用于社会整体及其各部分，唯一的办法是把较低水平的社会看成是达到较高水平的社会的手段，前者可视之为仅仅由多数人形成的表面现象，后者则可视之为由许多处于最佳状态的个人形成的一种融洽的关系。但是，按照这一观点，我们看不出个人与社会之间有什么手段与目的
169 之分。我们看到的是，按一个水准（通常的个人主义与集体主义的水准）理解并在一定程度上在这一水准上生存的个人与社会都被视为较高水准的个人与社会的手段。如我们所知，关于自治的唯一准确的解释就是，使自我的实在超出所谓的它的一般性质，而且

① 马雷特先生对这一点讲得很好，尽管稍有夸张。见《宗教的起源》（*Threshold of Religion*），第 159—160 页："从根本上直截了当地说，宗教体验的主体，即所有者，可以说是宗教团体，而不是个人。"

② 参看第二版导言，第 xxxiv 页。

就这个意义而言，可以把这种一般性质视为达到更加真实或更加完善的自我的手段——也就是说，可视之为后者的一个工具而无权反对后者。

（二）因此，我们认为，社会和国家的最终目的和个人的最终目的一样，是实现最美好的生活。给最美好的生活下定义不会使我们作难，因为我们始终相信*作为*有理性的人性的基本逻辑。我们认为，我们自己既要预先说明符合一个有理性的人的愿望的生活细节，也要预先说明符合一个有理性的人的需要的知识细节。一个人无论在哪里接触到实际，也无论在哪里接触到理论，我们都会发现他是由于不能容忍在形成他整个生活的过程中出现的各种矛盾而不得不如此。我们所讲的“善”和“真理”指的是人类整个本性所依据的逻辑允许他信赖的实践经验和理论经验。而最美好的生活则是最大限度地具有这种普遍性质的生活——这种性质只要实现，就会满足人的能力的基本逻辑。

显然，这种最美好的生活只能在意识中实现，意识是达到一切满足的手段，也是经验中唯一的真正典型的整体。人类所产生的
一切意识就某一特定的方面来说都依附于身体，并排斥依附于其 170
他身体的意识。从某种意义上说，确实没有哪一种意识带有另一种意识的性质或实际上成为它的一部分。因此，正如我们已经充分理解的，很容易有这样的看法：国家干预的基本危险在于使独特的个人意识受到来自“其他意识”的某种干扰，从而损害了这种意识的显著特点——它的自由。应当消除这种偏见，这对我们的观点来说是非常重要的。无论是暴力还是自动的习俗或权威性的传统或“暗示”与一个人的个性相对立，并非因为它们是来自“其他人

的个性”，而是因为其性质与这种高度自我突出的精神的性质相对立，因为它们与后者的存在条件可以说是势不两立的。它们经常从我们复杂的个人经历的相互抵触的因素中发散出来，好像我们所说的“外来物”一样，与高度自我突出的精神完全对立。问题在于它们的“性质”和倾向，而不是它们的发源的中心。个人在许多方面受到限制和隔离。但是，他们的真正个性并不在于他们的孤立，而在于使他们能够对共性作出独特贡献的独特行为或服务。正如我们所说的，真正的个性并不在于缩小到不能再分的最小程度，而在扩大到最大程度，大到能够包括在一个不容侵犯的统一体内可能有的最大的存在。因此，妨碍个性的并不是对孤立的干扰，而是与个性的成长相对立的一种生活条件对逐渐趋于统一的意识的干扰。

171 但是，我们已经知道，由于人类受到其动物本性的限制，暴力、自动作用和暗示对于支持和维护人类意识，从某些方面来说是有必要的。众所周知，这些确是人类意识发展的条件。因此，要创立最美好的生活，掌握绝对权力的社会即国家就必须使用这些手段。而且这样做所引起的问题并不是“国家妨碍了个人”——这个对立的说法只要指的是社会可以妨碍个人而不会妨碍它本身，那就是毫无意义的；然而，问题在于，国家运用暴力之类的手段达到何种程度及以何种方式会成为对国家亦即社会力量本身为之而存在的那个目的的障碍。换句话说，要弄清楚的是：对存在于差异中的社会共性的高度自我突出——最美好的生活——的促进可以达到什么程度，或者说由于对它采取不同的因而有时会与之对立的手段可能造成的危害有多大。关键并不在于我和成千上万的人一起用暴力打扰你一个人，侵犯你的孤立，而在于这种强制进行的干扰无论执行者和受害者是谁——即使是由于一时的感情冲动或迷惑你打扰你自己，我打扰我自己——乍看起来都是与意志的生活逻辑相对立的，而只有后者才能创造一个统一体并实现一种最美好的生活。那么，在较完善的自我和较褊狭的自我的复杂冲突中，要怎样并在哪些限制条件下才能使用这种危险的暴力毒剂，比如说用来作为抗衡一些倾向的抗毒剂以防止这些倾向不给合乎逻辑的意志以任何机会呢？鉴于我们心理上存在这一难题，我们将力求制定一项国家应据以使用暴力和威胁手段的一般原则，并制定一项由国家机械地加以执行的例行办法。

（三）到目前为止，我们所用的国家和社会这两个词几乎是可 172
以互换的。[①] 实际上这也是我们的论据的一部分，即社会的影响力和国家的权力只有程度上的不同，对二者的解释最终也是相同的。但另一方面它又是我们另一论据的一部分，即国家本身乃是文明生活的一个必要因素；而且任何正确的思想都不会倾向于把国家的个性减少到最低限度或者说限制它的绝对的权力。另外，我们讲的国家指的是作为一个单位的社会，它被公认为有权使用绝对的物质力量去支配它的成员。这个单位的范围当然是由貌似偶然的历史事件所决定的；但是，在这些表面事件下面有着必然的联系，而且最大的政治问题也与政治单位的划界有关。比方说，政治上异常节约的一个原则——entia non sunt multiplicanda praeter necessitatem，“如果一个机构能完成任务，就不设两个机

① 参看第 139 页以下及第二版导言，第 xxxiii 页。

构”——总是倾向于扩大政治单位。有效的自治所必需的共同经验的限度则总在起着控制这种扩大的作用。所以，我们认为，确定国家疆域的原则是：“与有效的自治所要求的共同经验相适应的最广阔的疆域”。但是，国家**事实上**是(**法律上**也是)这样的社会：人们认可它对其成员使用强制力并作为众多独立的法人团体中的一个独特的法人团体而出现。没有这样的权力，或者说有什么地方不存在这种权力，就不可能有对个人以及与个人有关的各种社会
173 团体的要求所作的最后而有效的调节。正是由于需要这种调节，才需要使文明世界中的每一个人都属于一个国家，而且只属于一个。否则他就会受到形形色色拥有同等迫使他服从的权力和权利的权威机构对他施加的相互矛盾的调节。所以，那个社会就是一个国家，通常被承认是一个可以合法地使用暴力的组织。我们曾认为，社会的各种特征逐渐变成国家的特征。如果说社会只是在实际上使用暴力时才是一个国家，这是不正确的；但也许这样说是正确的：国家的活动本身虽然远远不限于公开使用暴力，但它完全是由社会活动的一个方面构成的，这个方面取决于最后裁决者兼调节者、机械常规的维持者和权威意见的提出者的特性，这种特性就是有权使用暴力作为最后手段。

因此，国家的目的就是社会的目的和个人的目的——由意志的基本逻辑所决定的最美好的生活。**作为**国家，它使用的手段总会带有暴力的性质，尽管这并不排除它还有其他方面的手段。征税的目的可能是最合理的，甚至是最能为一般人所接受的，但要做到普遍而公平和确有成效，也只有采取强制的办法。任何国家都不能靠自愿缴纳来进行这项工作。也许可以说，一个普遍性的目

的实际上并不仅仅是一项一般性规定；但是，没有强制推行的一般性规定，就不可能在众多的成员中实现带普遍性的目的——而人类的组织从一个方面来说又总是人员众多的。

（四）这样，我们的问题就比前几章中讲得更接近于明确了。174
在前几章中，我们只是一般地认为，除非我们能“真正”决意去做“实际上”我们不一定总是想做的事情，自治便毫无意义可言。我们还被引导去寻找线索以了解我们的真实意志或蕴含在社会精神中的意志——这种意志是具体表现在法律和制度之中的，这就是说体现在作为一个运转中的整体的社会之中，而这个整体又反映在组成它的整个意识系统之中。

这样就好像是我们曾假设自己准备去做并忍受任何有助于实现这个整体的最美好生活的事情——所谓最美好的生活就是使我们的存在扩展到最大限度，我们认为，从我们的真实意志的性质来说，这是绝对必要的——这个要求蕴含在每一个意志力中，因而是我们无法逃避的。

但是，现在我们面对的问题是：为了创立最美好的生活，我们作为国家的成员，**应当**干什么或者说要忍受什么呢？现在我们不得不从另一个观点来继续进行第三章中的讨论。对这一点有决定意义的事实是：作为国家的成员，我们掌握的行动手段，就其独特的方面来说，是与目的不一致的。作为一个明智的体制，国家确实能够通过说理和劝导求助于合乎逻辑的意志。它是经常以各种方式这样做的，一个国家如果既不直接这样做，也不间接这样做，它就不会得到承认，而这是它本身的存在所必需的。只要它的行为与目的一致，它就成为在其本身的思想和意志的精神环境中扩展

其精神和特性的直接因素。不过，国家行为的这一方面并非它所
175特有，因而不是它特别为之存在的东西。它独有的属性是充当各
种要求的最后裁决者和调节者，即充当至少是肉体活动领域中一
个切实可行的体系的生活的保证者。它和构成我们复杂生活的无
数其他团体和组织的区别实际上就在于它的这种终极性。这一点
可由以下事实证明：正如我们所说，我们每一个人都必须属于一个
国家，而且只能属于一个。国家之所以必须是独一无二的，就因为
它是最终的权威。这种在一个包括肉体活动在内的领域中的最终
权威，必然是可以使用暴力的权威。正如我们所说的，也就是由于
这个原因，暴力才被纳入国家的独特属性。

但是，暴力和思想与特性在其精神环境中的扩展并不是一回事。因此，在国家所特有的活动方式和它据以自称是代表“真实”意志的目的之间立即显得手段不适应于目的了。

这种不适应性是什么意思呢？国家以其独特的地位最多能做
些什么来创立它认为是理想的生活方式呢？它的直接的权力只限
于保证外部[①]行动的进行。这并非仅指凭实际的物质力量可以进
行的外在的肉体的行动。值得注意的是，在任何秩序良好的国家
的行为中，实际的物质力量所起作用是很小的。我们说国家只能
保证外部行动的进行，并没有把按一定方式采取行动的意向排除
在行动之外。因为如果没有这样的意向，就根本不会有人类行为
176这种意义上的行动，而只有肌肉的活动了。国家必须重视意向，因
为它蕴含于人类行为这个观念之中，因而是唯一确实能支配人的

① 格林：《政治义务的原则》，第 34、35 页。

肌肉活动的媒介。于是国家通过最终以物质力量为后盾的权力，便能相当有把握地引起按一定方式去行动的意向并因而产生行动本身。我们为什么把这样产生的意向行动只叫做外部行动呢？

这是因为国家不能限定，采取这种行动必须出于唯一能够赋予它作为最美好生活因素的直接价值或永久可靠性的那种理由或动机。相反，如果这种行动是由国家所特有的活动方式引起的，也就是说，是由于希望得到奖赏或害怕受到惩罚才进行的，那么，除非考虑到日后的影响，事实上它作为最美好生活因素的价值就被毁坏了。从这个意义上说，被迫采取的行动便不是意志的一个真正的组成部分。[①] 它是出于顺从或自私的意向，不仅没有道德价值，而且缺乏为生活的永久性目的所采取的行动中表现出的原则的持久性和坚定性，这在一定程度上和道德价值是一回事。

所以，国家只能保证外部行动的进行。这就是说，它只能强制实施必要的意向，[②]以求基本上符合根据影响外界的活动所提出的要求。它远远不能促进实现最美好生活的行动，因而在它起作 177
用的地方，它的运转必然会由于激发了关于它的某个方面的较低级的动机而直接缩小这种行动的范围。

（五）因此，国家由于其独特的地位，并不掌握影响行为的力

---

① 关于惩罚的理论会在某种程度上修改这个命题。

② 关于这个问题可参看格林的非常详尽的讨论。当然法律确实是会考虑意向的，例如不会把无意中杀了人当作谋杀，二者的区别在于意向的不同。但是，要想影响人的行动，显然要像这样来考虑意向；因为意向是构成人类行动所必需的。无意识的肌肉活动是不能靠法律和刑罚来防止的；只有通过威慑的意向或其他一些动机才能变成行动；而经常守法的意向就是守法行为的最好保证。边沁是完全反对根据有道德的动机进行判断的，但他也极力强调能使行动具有可靠性的意图与倾向的重要性。

量，但它可以用颁布命令或禁止进行外部行动的办法来制定一项外部行为方针，在对这些行为施加影响的过程中，只要能推断出某些意向，国家就会加以注意，因为只有通过这些意向，国家才能施加它的影响。

这样的一个手段与绝对必要的目的的关系从一定的意义上说必然是消极的，而我们已经认识到政治义务就是据此目的而定的。这个手段不仅不能直接促进目的的实现，甚至还倾向于缩小目的的范围。它能起的作用是排除障碍，即破坏不利于实现该目的的各种条件。这使我们想起康德提出的一项原则，[①]他的质朴的陈述很像穆勒的论点。当强制力与自由对立时，抵制这种暴力的暴力就是**正当的**。当然，在这个问题上，一切取决于我们所说的自由是什么意思，以及我们是从什么意义上说暴力能够排除妨碍自由
178 的障碍。如果自由对我们来说指的是每个人周围的六角形空间，[②]这个原则就会使我们回到穆勒所讲的自由上面去。从另一方面来说，如果我们掌握不住任何一种暴力和我们视为自由的共同利益的积极性质之间的差异，那么，这个原则就会把我们直接引向一个千篇一律的乌托邦。因为它的消极性质并不能使它不在某种程变上采取积极行动。只有通过积极行动，一种否定或对立才能实现。而它的积极行动的限度也必然取决于它对暴力加以否定的确切含义。

我们认为，按照已经作出的解释，我们的原则的消极性质是要

① 《华莱士文集》，第 9 卷，第 34 页。费希特评论过这个原则的重要意义。关于这个问题可参看本书第二版导言，第 xxxi 页。

② 参看上文第 68 页。

认真加以贯彻的，尽管它的行动不得不采取积极的形式。国家应当使用暴力以制止妨碍最美好的生活或共同利益的行为。为了制止这一类行为，它实际上会采取积极的行动。它可以试行强迫教育和由官方经营酒类以防止文盲和酗酒。有人会问，为什么不实行普遍就业以防止失业，广建住房以防止居住拥挤并通过惩恶扬善以防止道德败坏呢？这里有必要记住一点：按照我们的原则，国家的行动虽然就其实际做法和最终目的而言都是积极的，但就其直接的影响而言则是消极的。对每一个问题都必然有这样的疑问："所提办法真的只限于扫除障碍，还是试图用暴力直接促进共同利益？"因为始终要牢记的是：只要暴力起了作用，无论什么行动受到强制都是背离高尚的生活的。例如用暴力促进道德就是绝对 179
自相矛盾的。[①] 除了常识和特殊经验，任何一般的原则都不会告诉我们如何具体地去解决这个微妙的问题。不过，如果有诚意进行探讨，[②]从这个原则学到的东西也许会超过从大多数论述社会或道德问题的一般原则学到的东西。我认为，在评论我们以强制手段促进最美好生活的努力时，可经常应用关于消除障碍的概念。一般说来，当我们提出采取强制手段时，我们应当能够提示一定的发展趋势或一定的能量储备，这是会由于遇到某种已知的障碍而

① 曾经有人说："你会承认强迫接受的信仰胜于没有信仰。"回答是："我看不出这种区别。"

② 真正的学者想必是有诚意的。这样一个原则可以诡辩的地方当然是没有边际的，因为它赞许为了积极的目的而采取带有消极意义的实际行动。实际上，我认为，就对政治思想的实际应用而言，几乎自始至终都需要诚意。

受挫的，但消除这种障碍与要释放的能量相比就是个小问题了。[①]因为应当看到，由政府采取的每一个行动，只要是靠使用征税筹集的基金，或是靠把一种自动的安排引入生活，则无论其程度多么轻
180 微，都有对个性和智慧的领域进行侵犯的一面。因此，只有当政府行为有利于发挥个性和智慧的作用的一面毫无疑问地超过侵犯的一面时，它才会被认为是正当的。正如我们以上所见到的，如果把这样做看成社会侵犯了个人，那就是把这种关系本末倒置了。这完全是不正确的。严重之处是，认为**只要强迫在其中起作用**，就是一种类型的行动在干预另一种较高类型的行动；也可以说是自动作用在干扰明智的意志。较高类型的行动，即合乎逻辑发展的共同利益的体现，绝不仅仅是与社会行动相对立的个人行动，而是据以要求任何个人效忠于社会的总目标和总意志。在公众生活中也像在个人生活中一样，每一次自动作用的侵犯，只要不是意味着退化和衰老，而是能给自觉的发展提供新的机会，就必然会被认为是正当的。

这正是格林用另一种说法提出的同一个原则，他实际上是说：[②]只有对这种行动（或者说不履行法律责任的行动），政府才应当予以强制，因为无论动机如何，这样做也比不做好。这就是说，当我们依法对一种行动（或不履行法律责任的行动）实行强制时，

① 也许我可以引用一个确实有趣的例子。一直有人主张用奖励的办法吸引一些船长雇用男孩做航海业的学徒，而且认为这种技术训练应当像其他形式的技术教育一样，由地方政府来促进。在讨论这个问题时确实的论据是一些统计材料，这些材料看来可以证明男孩和他们的父母普遍渴望进入海运行业，而妨碍他们实现这个愿望的，就是在少年时代没有受过几年适当的训练。

② 《政治义务的原则》，第 38 页。

我们应当准备这样说："即使可以相信这个行动本来是出于责任感，但现在却可能主要是由于害怕惩罚或由于一种机械地服从外部规定的倾向（还伴有因行动受到强制而表现出的冷漠、不认真和逃避等实际干扰因素）；对于人民较高层次的生活而言，它仍然在很大程度上取决于一些得失攸关的外部条件，所以我们认为对这 181
个行动（或不履行法律责任的行动）实行强制是值得的，尽管我们充分看到持久的自动作用的危险。"

在这一点上，我们可能不得不把我们的论点和穆勒的论点加以对比。有人会对我们说："你们说过，承认强制为获得自由的手段是一种矛盾的说法。现在你们却又说强制若能起作用就是获得某种与之不相容的东西的手段，而这种东西就是我们的'自由'，亦即心理和意志的某种状态。如果像你们前面所说的，强制的范围有必要从自由的范围中除去，那岂不是也有必要从意志和个性的可取的发展所占据的范围中除去吗？"

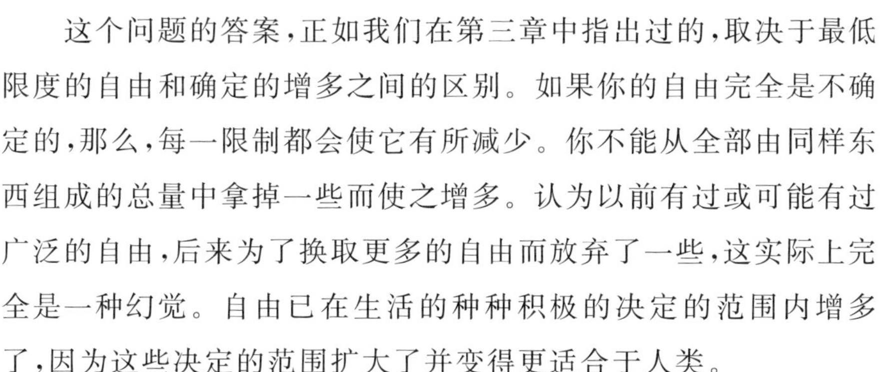

这个问题的答案，正如我们在第三章中指出过的，取决于最低限度的自由和确定的增多之间的区别。如果你的自由完全是不确定的，那么，每一限制都会使它有所减少。你不能从全部由同样东西组成的总量中拿掉一些而使之增多。认为以前有过或可能有过广泛的自由，后来为了换取更多的自由而放弃了一些，这实际上完全是一种幻觉。自由已在生活的种种积极的决定的范围内增多了，因为这些决定的范围扩大了并变得更适合于人类。

但是，如果增多的部分是一种确定的增长，属于已知其一般特性的类型，那问题就转变了。最普通的经验是：在不得不消除障碍和维护有利条件时，倘若不是着眼于每一种可以想象的和无法想

象的发展，而是为了一种已知其一般发展方式的增长，那么，消除障碍和维护有利条件是可以做到的。在这种情况下，随着整体的
182扩大，限制和自由，即活动的余地，甚至会一起增多。[①] 这一点在一般理论中不仅是正确的，而且与人们在特殊的理论或实践中常常提到的相比，要重要得多。用强制手段促进自由或幸福的可能性确实在很大的程度上取决于把一个社会凝聚在一起的习惯和经验的一致。生活中共同的东西越多，你能为促进生活而妥善作出确切和自动的安排也就越多。我家里的一些规矩使家庭成员感到的不便不会超过他们的衣着所带来的麻烦，但要是依法强制他们遵守，就会引起反抗——即使我们全村都是这样做的。

因此，我们可以坚持关于独特的国家行动的范围的原则。国家活动的独特性在于，它容许为了最终的积极目的而采取种种积极的行动和干预，但这种目的却带有主要是消极的或间接的意义。实际情况是：无论这些也许是应该加以维持的条件具有多么积极的性质，从国家的强制所造成的独特方面来看，它们总是会被看成障碍的障碍。如果能够借助于特殊的经验来**真诚地**运用这个原则，这种运用就会在某种程度上真正成为了解应当做什么的一个有用的线索。这不过是把所有注重实际的人在处理他们真正有经验的问题时所遵循的行动准则换了一个说法而已。例如，我们可以考虑一下由国家维持大学的问题。投票决定拨款、兴建校舍和通过章程都好办。但这些事情都不会保证达到大学的种种目的。经费、校舍和章程可以说能为愿意学习和受教育的人开辟一个活

① 见作者《基督教文化》一书中的“论自由与立法”一文（索南夏因出版）。

动的场所。但活动本身所需要的条件却不能靠强制手段产生，而 183
且由于它以对根本不愿从事这种活动的人施加压力作为条件，它本身也就远不是那么生气勃勃了。

但是，在这一点上我们碰到了一个原则问题。[①] 我们不是说过任何外部条件都不过是最美好生活的障碍的障碍吗？我们不是否认最美好的生活能靠外部条件积极加以促进吗？或者说，如果我们承认这一点，我们是否仍然不相信它能靠国家的活动来积极加以促进呢？回答是不言而喻的，但还可以明确地重申一下。我们曾拒绝[②]把思想同它在物质上的体现分开，以免被引人一种纯内在的道德理论。把这样的外部条件，比方说第一流的教育设施，[③]仅仅看作最美好生活的消极条件，那就未免夸大其词了。但又有人向我们提出：难道国家不能用强迫筹集的经费提供这种外部条件吗？果真如此，我们的原则，即国家的活动仅限于充当障碍的障碍，不是就被破坏了吗？

这个难题源于这个事实：国家使用强制手段只是社会的一个方面，它的行动也只是社会行动的一个方面。即使第一流的教育设施是由国家出资建立的，该设施的第一流的特点也不是对纳税

---

① 参看第二版导言，第 xxxvi 页以下。

② 第 29 页。

③ 参看帕金*的《思林传》中思林**论这一点的重要性。不过，同时要注意他的观点由于在滨海的阿平厄姆的冒险经历而有所改变。

*帕金(Sir George Robert Parkin，1846—1922)，加拿大教育家和著作家。——译者

**思林(Edward Thring，1821—1887)，英国教育家。曾改组建于1584年的阿平厄姆学校，影响了整个英国的公共学校教育。——译者

人使用强制手段的结果，因为迄今为止这种强制是否定明智意志本身的行动的。但是，它的第一流的特点在某种程度上必然是由
184 于这一事实：设计第一流设施的某种才能正在某处急于找到出路，而这种机会由政府提供可以说是轻而易举的。我们不应把强制的因素和解放了的才智所取得的全部物质成果混淆起来，前者显然属于国家干预的社会行动方面。因此，当我们说国家本身对最美好的生活所能做的只是阻碍对它的阻碍时，这个原则在最严格的意义上只适用于国家行动的强制性的或自动的一面，而若把这方面的成果和全部社会的自然发展相比，可以说国家行动的这个方面必然会被认为是不符合这个原则的。①

但更为确实的是：与生活关系密切的一些物质条件，如住房、工资、教育设施等，并未完全背离我们的原则。它们在纯粹的障碍的障碍和对精神与意志的实际刺激之间占据着一个非常有趣的中间地带。一方面它们承载着精神和特性，并一直是构成最美好生活的实际因素。另一方面它们又依赖外部行动，因而似乎很容易受到国家的强制——这种强制已扩大到一切外部行动和不履行法律责任的行为。不过，我们不得不注意实际上也是非常重要的一点是：**由于承载着精神和意志**，这些物质的事实可能不易受国家强制的影响；同样地，**由于容易受**纯粹的**国家强制的影响**，它们可能失去其承载精神和意志的特性。这种情况会以两种方式表现出
185 来。第一，正因为它们是一种跟生活关系非常密切的事实（换句话说，就是在很大程度上取决于承载着思想和意志），国家的强制甚

① 属于我们将要谈到的对权利和惩罚理论的看法。

至不能确实保证其表面上的存在。就像人类一样，如果没有精神以保持其活力，它们就会整个垮掉。工资同生活水平的关系可以说明这一点。第二，假定由于竭力强制——这必须要求积极的才智的帮助——而使这些事实暂时显得令人满意，但只要它们具有强迫的特点，它们就仍会失去其作为构成最美好生活因素的性质。这就是说，它们不会有益于它们想使之受益的人。这种事实是不会被生活吸收的。

正是就这些中间状态而言，关于障碍的障碍的原则，倘能正确加以理解，是极有价值和富于启发性的。为住户所喜爱的一幢漂亮的大房子是最美好生活的一个因素。懂得什么是家庭生活的人谁会怀疑这一点呢？但是，为了使一家人从一幢坏房子搬进一幢好房子这件事成为构成最美好生活的一个因素，就有必要严格而准确地按我们的原则来考虑实际情况或方针。这就是说，除非有一种较好的生活力求表现其自身，并经过全力以赴的干预[①]以消除限制它的障碍，否则那座好房子就不会成为较好生活的一个因素，而且会有人以意志为借口无补偿地加以侵占——这是一个可能以多种不幸的方式表现的事实。另一方面，如果争取较好生活的趋势有力量引起变化而又不用来自外部的全力以赴的干预，[②] 186
那么，结果就肯定是而且全然是好的了。

① 战争造成的拖延和已被唤醒的公众的需要证明，全力以赴地解决人们的住房问题的方针是正确的。但是，如果要避免再次造成亏空，就必须坚持在这项工作中给予崭新而又非常普遍的关注，这是很明显的道理。1919 年。

② 应该提醒一点，即有许多形式的**社会**协作并不需要**国家**本身全力以赴的努力。我们并不是要用自助去反对协作，而是要用意志去反对自动作用。

因此，我们可以这样说：对于每一项法律和制度，即公共权力所维护的每一种外部的事实，都应根据其容许精神和心灵在其中自由发展的程度来评价。这个问题部分在于消除对发展的障碍，部分在于意识作用与自动作用之间的分工。

读者应当想到，这里提出的限制国家行为——即由公共权力采取的社会行为——的理由**乍看起来**是与关于政治义务的论述不协调的。因为，按照政治义务的道理，法律和制度代表若干个人所承认的包含在他们所必需的共同利益中的真实自我或公共意志。例如，我们谈到过被迫自由，谈到过法律和秩序的体系代表着较高层次的自我。但我们现在却认为，只要暴力是通过强制和权威性意见起作用的，它就是只能通过否定来达到目的的一种手段。

不过，这个**初看起来**矛盾的情况实际上证明我们的原则是有生命力的。这是因为事实上我们承认自治的两个因素具有充分的实力，并在此基础上研究自治。假定我们在其中生活的这个社会制度并不要求立即进行革命，那么，它就要向作为一个整体的社会显示出作为一个整体的公共意志和较高层次的自我，而且只有这
187 一点得到了承认，它才能站得住脚。我们对它的忠诚使我们成为人和公民，而且是赋予我们的生活以精神意义的主要力量。但是，我们每个人都会由于对抗、不积极、无能或无知而有一些不顺从的表现，有些人表现得还很多。只是对这些因素，公共权力才会作为权力通过强制或权威性意见而发挥作用。因此，当我们看到的公共意志是暴力和依靠暴力的权威而不是我们会自动接受的社会意见时，它就成了**假设的**这样一种东西：它声称它就是我们自己，可是我们对它暂时还或多或少难以承认。根据在它和我们的复杂而

又基本上无知的自我之间所做的调节，它可以听任我们受自动作用的摆布，也可以激起我们反抗或承认，因而结果可能妨碍我们的更充实的生活，也可能消除对它的障碍。看来把日常的自我和公共意志之间的关系的两种主要情况分清是有益的。一种情况涉及我们日常的表现出不同程度的积极忠诚、接受意见和自动默认的整个守法生活；并且包括我们日常的自我同作为最后调节者与裁决者的国家所维护的总的权利制度的关系。另一种情况则只涉及一些比较特殊的情况，并且还不得不涉及有关惩罚理论中所讲的个人意志与公共意志之间的冲突。奖赏的问题可以同时提一下。即使只是为了说明为什么它在政治理论中几乎是个空洞的标题。所以，我们将以概述权利制度和奖惩制度来结束这一章。

（六）我们关于个人权利的观念来自天赋人权的学说，我们已
联系后者对之进行过广泛的讨论。我们现在无须摈弃与天赋人权 188
思想有关的那些幻想。只要记住一点就够了，即我们从它那里继承了关于应有的实在法这个重要概念。因此，任何一种权利[①]既与法律有关又与道德有关。它是能够靠法律来维护的一种要求，而任何道德规范都不能这样做；但它又是被公认为应当能够靠法律来维护的要求，因而又具有道德的一面。实际的法规与道德“义务”显得不一致，这种情况将在下文加以考虑。但是，典型的“权利”可以把二者统一起来。它既能够也应该能够靠法律来维护。

权利的特殊地位源于我们所说的国家的目的和它所掌握的手

① 这是从最充分的意义上说的权利。关于纯粹法律上的权利或纯粹道德上的权利的性质将在下文加以阐明。

段。国家的目的就是道德的目的，对它的成员来说是绝对必要的。但国家的独特行动仅限于消除达到这一目的的障碍，即用它的力量来克服阻挡实现这个目的的种种障碍——既从心理上，也从对心理来说必不可少的外在环境方面。经这样强制而形成的全部条件便是以一定关系组成这个共同体的自我的全部"权利"。因为，正是在这些自我的身上国家的目的才是真实的，也正是通过维护和调节他们对消除种种障碍的要求，国家才能促进它为之而存在的那个目的。所以，权利就是得到国家即作为最高权威的社会所承认的种种要求，即维护有利于实现最美好生活的条件的种种要求。如果我们一般地要求说明国家行动的定义和界限，就可以用
189 一句很简单的话来回答：国家的行动就是维护各种权利。

考虑国家维护的权利制度可以有不同的着眼点：

1.首先可以从整个共同体的角度看，即把它看成一个自由社会的活动在促进美好生活方面所取得的总成果，正如一个政治家或外界的评论家可能有的看法一样。持这种看法，就可能把权利制度描述为"合理的生活所必需的各种外在条件的有机整体"，或"为维护人类个性的存在和完善所必不可少的物质条件所确实需要的东西"。[①] 这个观点很重要，因为它充分驳斥了这种不加鉴别的看法：认为权利是某种使个人陷于孤立状态并不受他与目的的关系支配的东西。它促使我们摆脱这种错误的说法，并使我们不能不这样看：只要共同利益能够通过系统的外部行为和习俗得以

① 克劳斯和亨利西的说法，据格林的《政治义务的原则》，第35页。试比较："权利制度是实现了的自由王国，是作为第二天性的精神所产生的精神世界。"（黑格尔的《权利哲学》〔*Philosophie d. Rechts*〕，第4部分）

表达，国家所维护的有连贯性的秩序就是共同利益或共同意志的唯一表现。这个观点还使我们能够衡量维护任何一种差强人意的社会秩序的价值——只是因为它是一种秩序，迄今为止能使生活维持下去，并使一种即使是有限的但还算确定的共同利益得以实现。从其他观点来看，我们就容易忽略这个特点，并且会由于生活全过程中各种可能发生的情况而忘记仅是存在一种社会秩序这个事实就具有多么重大的意义。黑格尔说，一个人认为他在黄昏以后安全地回到家里是理所当然的事情。他不会想到他做到这一点 190
靠的是什么。然而，这种可以说是生活在一个社会秩序中非常正常的情况，也许就是国家能为较好的生活所提供的最重要的基础。“你若要找到他的纪念碑，请环顾四周。”[①]要问国家是如何影响我们的意志的，答案是：它塑造了我们的世界。广义地说，一个文明社会的成员看到的只是他们生活中的秩序，而无法使他们的行动去适应任何别的东西。

应当提到的一点是，这个观点具有一种危险：如果我们被整个社会组织引人注目的景象所迷惑，那就可能分辨不出什么是纯粹对权利的维护，什么是这种维护能够促进但不能构成的发展。这样我们就可能完全看不到对国家行动的真正限制。

2. 可以从组成社会的自我或个人的角度来看这个复杂的权利体系。正如我们所知，正是在这些自我身上社会利益才是现实的，

① 这是伦敦圣保罗大教堂内英国著名建筑师雷恩(Sir Christopher Wren，1632—1723)的墓志铭。1666 年伦敦大火以后的许多新建筑，包括几十座教堂都是由雷恩设计的。——译者

也正是为了适应构成这些自我的生活和共同体的目的的不同的职能，[①]才不得不对各类权利或美好生活的各种条件进行调节，使它们像成套的衣服一样互相协调。从这个观点来看，只要是靠法律——可以说是权力的标志——的维护，权利就主要是一个人在他的共同体中所处地位的外在表现。从在法律所确定的秩序中所处位置或地位着眼，我们便可把权利的性质看成是附属于自我和
191 个人的。我不知道有人是根据什么理由提出这样的主张：在考虑空间微粒之间的关系时，正确的途径是把它们的位置或彼此间的距离看作主要的事实，并把它们相互间的吸引力和排斥力的性质看作是表示维持必要的位置的方式，而不是表明造成这种情况的实际原因。在我看来，至少这种想法完全可以应用于有关权利和义务的观念。我们可以说，首要的是在一定的社会中由最美好生活的性质和个人能为这种生活作出独特贡献的能力所决定的位置，即地位或作用。这种地位和作用是绝对必要的；它们是一个人的更完善的自我，并在他转化为更完善的自我的过程中塑造这个人。坚持这一点是他的真实意志，或者说，是他对公共意志的理解。这种讲法也许像是简化得不符合事实了，因为我们看到现代化生活的无数关系和这样一种抽象作用：使个人易于变成一个没有固定位置的滚石——确实是“不生苔”的[②]——他的位置和关系不断变换，好像乘火车经过许多车站似的。但事实上这种说法只是简化的而不是虚构的。如果我们仔细地研究一下，就会看出只

① 我讲的不仅是社会职能，即直接与“别人”打交道的职能。

② 这一说法来自英国谚语：A rolling stone gathers no moss（滚石不生苔，转业不聚财）。——译者

有这样说才符合一切生活的实情。

因此，位置是实际存在的——职业即地位或职能只是对这个人的实际自我和社会关系的一个读数。充分理解这个基本事实之后，我们就能顺利地探讨根据权利或义务的某些方面说明地位或其附带物的观点。

(1)我们说过，权利是得到社会承认并由国家加以维护的要 192
求。因此，我的位置或地位及其附带物，只要经国家认可就构成了我的权利——这时是把它当作某种我所要求的或者我认为是有助于达到我的目的的东西。这样看待的权利并不是什么首要的东西。它不过是对某些条件的一种看法，由于这些条件和整体的目的有着像在我身上所表现的那种关系，它们对我和别人来说就同样是绝对必要的。而且它还是各个人对这些条件的独特看法，当我或假定我为了一个我作为自己的目的所接受的目的而把这些条件作为我的受到保护的权力来索取时，这个看法就会产生疑义。如果我实际上并不关心这个目的，但由于假定我具有达到这个目的的能力，我同样享有这些权利。不过在这种情况下，它们虽然在表面上被认为是权利，却倾向于变成义务。

(2)权利一旦被看作个人为达到某种目的而要求获得的一种受到国家保护的权力，就成为一种绝对必要的“地位”或职能，若如此，义务便成为这种地位或这些权力的对立面。这就是说，一种“地位”的条件，只要被认为需要靠强力来维持，因而在人们看来根本不直接等同于这种“地位”或以它们为手段的目的，那么这条件就可以被看作义务。权利是提出的要求，义务则是应尽的责任。而且从表面上看，权利是由一个人提出的要求，义务则是应该对一

个人尽的责任，这在那些与他相对的必须尽义务的人看来，就是那个人的权利。

因此，尽管我们不承认自我和他人的区别是社会的基础，但这种区别在强制的范围内却显得很突出。原因是强制只限于阻止或
193引起外部行为而不能引起与道德目的有关的行为，即不能行使真正意义上的权利；不过它可以强制推行实际上有利于可能实现道德目的的行为——即义务。这等于说，在正常情况下，权利是我提出的要求，而与之有关的义务则是你应尽的责任；因为义务是可以强制推行的，是一种无达到目的意愿的行为或不履行法律责任的行为；权利则包含着不能强制的因素，即行为和一个人想达到的目的之间的关系。但是，甚至在这一点上，自我和他人的区别也几乎不是根本性的。如果我把赡养父母当作一种特权，那么，对我来说，这项义务就几乎成了权利。[①] 而我的地位所拥有的许多权利，由于我的地位或职能，实际上可能成为，或更加常见的情况是，可能引起我必须承担的义务。如果行使公民权变成了被迫的，它也就成了被视为义务的一项权利；但也会有人坚持认为：作为义务，它的确立是由于他人的地位，而只有作为权利才是由于我自己的
194“地位”。不过，如果法律对我过分消耗体力或饮酒过度以致伤害

① 我不知道我可以强迫父母由我来赡养，所以赡养他们就不是我的法定权利；但如果我要求这样做，至少这项义务就不再靠强制力来推行了。一个伦敦东区的人会说，“他有赡养他父亲的权利”，这就是说他不得不这样做；珍妮·迪恩斯则说，“我没有权利让人不经我同意就议论我家的事”，这乃是把她自己的要求当作她自己和别人的一种消极的义务。她是想说“我有不让你说三道四的权利”等等，而用这种方式表达的意思却是“你没有说三道四的权利”，这是一时没有注意到她自己和别人的区别。

自己身体的行为进行干预，[①]那我就会认为这是强迫我履行从我作为一个人和公民的地位与职能中产生的义务，这样做是对我的生命的合理关怀，对我来说是绝对必要的。

3. 常有人说，每一项权利都包含着一项责任。这里有两层应当加以区别的意思。

(1)一层意思是：因为应该把“责任”理解为“义务”，即可由法律保证实现的一种要求。这就是说，每一种“地位”都可被视为或者含有受到保护的权力，或者含有已强制实现的条件——二者是从不同的角度观察的同一件事。大致说来，它们是由一个人和由其他人从不同角度来看的同一件事。在我的沿公路行走的权利中包含着其他人都不得妨碍我的义务，而且作为最后一着，国家宁可出动骑兵、步兵和炮兵，也不让我无缘无故地在公路上行走受阻。

还有一点也是正确的：任何地位，如果会导致有利于我的权利的带强制性的义务，则同样会导致有利于其他人的权利而我必须履行的义务。当我凭借我的地位要求一项权利时，我就是承认并证实法律总体系的存在，根据这个体系，我也有义务尊重其他人的权利(或不如说是其他人的职能和地位)。因此，我的权利既含有别人的，也许还含有我自己的与这些权利相关联的义务，而我所承 195
担的义务则与别人的权利相关联。但严格说来，既不能说义务是权利的根源，也不能说权利是义务的根源。二者都是“地位”的不

① 过去法律往往只对被看作“讨厌的事”，即烦扰“别人”的不卫生的行为进行干预。现在凡属威胁到生命的情况法律都要干涉，这大概是表明理论已经不知不觉地发生了变化。关于危险行业的立法几乎也证明了这一点，虽然在这方面可能是坚决主张雇主对工人负责，而不是要工人对自己负责。不过，这种区别事实上几乎是不存在的。

同的外部条件，只是看问题的角度不同而已。

(2)但是，说每一项权利都含有一项责任，还有一层不同的意思。这是这一说法的真正含义，它与我们所说的“地位”的性质有关。作为既是也应当是由法律来保证实现的要求，一切权利都是从它们同实现较好生活这一目的的关系中获得强制性权威的。所以，一切权利都是有助于最充分地发挥人的才能的权力，并只能根据这点得到承认或实行。

从这个意义上说，责任是目的——为了这个目的，权利才受到保护——而不仅仅是同样出自于共同理由的相应义务；同时，不是把权利和责任区分为自我要求的东西和应当付给其他人的东西，而是把责任看成一种绝对必要的目的，把权利看成因为有助于达到这个目的而受到保护的一种权力。

4. 我们始终认为权利就是要求，由国家来维护它们只不过是达到了社会对它们承认的顶点。为什么我们这样需要对权利的承认呢？如果我们否认会有未被承认的权利，岂不是放弃人类的自由，听任专制主义或民众为所欲为吗？

(1)在探讨权利为什么必须得到承认这个一般问题时，我们必须记住我们所理解的社会的性质和义务的根源。我们曾把社会设想为有理性的结构，各部分的关系是互相合作而又彼此包容的。我们认为义务的根源在于这一事实：整体的逻辑在每个部分中都
196 起作用，因而每个部分都会有一个超出其平常的自我的实在，并使之与整体保持一致，在此过程中向它提出种种要求。

现在据说凡是我们感到熟悉的东西，我们就“承认”是我们感到适意的东西。这是我们对我们每一行动中所包含的整体的逻辑不

断向我们提出的要求所持的一般态度。它涉及种种精神相互依存的关系——人们一直认为这种关系构成了以有形的共同体为躯体的**精神**。例如，一个教师对他的学生的态度就包含着他们的精神之间的某种特殊的相互依存关系。他能为学生做什么取决于学生对他的期望和他们乐意为他做什么，反之亦然。每一方对另一方的关系都是一种特殊的“承认”方式。这就是说，每一方的精神对另一方的精神都持有一种明确而实际的态度，这种态度的基础或者不如说它本身就是双方所处“地位”之间的关系。所以，社会地位或职业实际上是通过承认取得的。它们**等于**人们相互之间所持的态度，人们各自的显著特性就是通过这种态度而有助于实现共同利益的。

因此，权利既然是为了占据某个地位而受到保护的一种权力，它就只是下列事实的一个部分：人们承认这种地位有助于实现共同利益。要证明这个地位可以存在而不被承认是不可能的。因为我们现在谈的是若干精神之间的关系，只要这些精神由于它们的相互态度而联合在一个独一无二的体系中，它们的“地位”和对它们的承认就是同一件事。它们所采取的欢迎、合作、容忍以及诸如 197
此类的态度就是一种承认，尽管不一定是经过考虑的承认。也许这就是把模仿或其他类似的原则当作基本社会事实的那些人的想法。他们指的并不是重复另一个人的行为，尽管那也可以在某种程度上成为相互依存关系的一部分。他们指的是对别人有意识地采取[①]一种态度以体现社会逻辑分配给每一个人的“地位”之间的

① 把这样做叫做模仿有些类似于把美术叫做模仿。实际上在这两种情况下我们都可以发现把材料重新安排和修改以适应新表现形式的迹象。如果我们一定要给这样做安上一个名称，那就不如说是“相应的提示”，而不宜叫做模仿。

关系。

(2)但是，我们必须回答第 195 页上提出的问题："如果我们否认可以有未得到承认的权利，岂不是放弃人类的自由，听任专制主义或民众为所欲为吗？"

承认是一个根据并通过经验而起作用的逻辑问题，而不是一个选择或爱好问题，如果我们能充分理解这一点，上述问题就会失去锋芒。假若我的精神对你的精神**不持任何**态度，那就不存在相互依存的关系，我也就不可能参与保证你的权利。在我看来，你就没有资格分享我们每一个人都必然关心的共同利益。一只狗或一棵树都可能有助于实现美好的生活，因而以某种方式对待它们可能是恰当的，但它们不能成为权利的主体。如果我的精神对你的精神**持有**一种态度，那么，我们之间就肯定存在一种承认，而且这种承认的性质和它的含义都是涉及推理和涉及诉诸经验的问题。例如，无论是我与你交谈，还是与你做买卖都不会影响这种承认，
198 也许甚至与你处于交战状态，[①]并进而说我不承认你有资格分享共同利益，也不会起什么作用。这时我的态度是自相矛盾的，因而面对的问题是由经验证明的对你的承认涉及哪些权利。任何人和任何社会都不会始终与其本身协调一致，要证明并改变它们的不一致的状况也总是有可能的。而且，解决了一个矛盾，就为产生另一个矛盾开辟了道路。如果奴隶被承认是自由的但未被承认为公民，那么，这样做本身就会使这个新自由人有理由声称不承认他是公民是自相矛盾的。

① 这和打猎显然不同。我们是不会与狮子或老虎处于交战状态的。

但是，任何权利都不能建立在我随心所欲的基础上。[①] 对此抱有希望就是对未被承认的权利提出过分的要求；这种愿望有可能产生，因为已经有人担心我们的观点可能导致专制主义。这是个事实和逻辑的问题，而不是爱好和愿望的问题。如果我急于肯定一项未被承认的权利，我就必须表明什么“地位”包含着这项权利，以及这个地位在作为社会精神的承认体系中如何表现自己；而且我的论点只有与某种类型的地位有关而不仅仅是为了作为某甲或某乙的我本人才能得到普遍的承认。换句话说，我必须证明这项权利是实现做好事的资格的条件，它并不要求牺牲正在实现的种种资格，这同这项权利能使之表现它们自己的那些资格是不相称的。总之，我必须表明，只要这个要求得不到国家保证，社会就 199
是自相矛盾的，也就没有做到它自称可以做到的事，即充当实现美好生活的一个组织。而且我所有的表示，在达到修改法律之前都不会使我得到任何**权利**。为了维护一项权利而用暴力反对国家或不服从它，那就是造反，而在考虑造反的责任时，我们就不得不把社会秩序存在的全部价值与我们认为社会有缺陷的问题的重要性加以对比。在可以通过宪法程序更改法律的国家中，几乎不可能有什么造反的责任。

因此，国家维护的权利制度，就它同正常的自我和怀着各式各样的积极或冷漠态度的普通公民的意志之间的关系而言，可以把它比作人体的无意识动作。我们走路，吃东西，穿衣，弹钢琴，骑自行车，这些都是无意识的动作。它们已经为意识所形成，因而具有

---

① 格林：《政治义务的原则》，第 149 页。

从属于意识的目的并服从它发出的信号的特性。一般说来，它们无需去注意。这样就节省了注意力，使之能够专门用于考虑那些需要更加认真对待的问题。它们被归入自动作用，因为它们是不变的、必要的和外部的——“外部的”就是前面解释过的意思，即无论它们有什么目的或根本没有目的，只要动作完成了，对它们的要求也就达到了。

权利制度的很大部分就是以这样的方式与正常的意识相关联。我们可以纳税、避开欺诈与威胁、使用道路和邮局以及享受一般的安全保证，但并不知道我们是在做或享受什么要求特别注意的事物。当然，其他意识也会在一定程度上注意到维护我们的生
200 活的安全和便利。即使如此，只要没有理由引起一般的注意，这种安排就是自动的；但自动的程度有所不同，而且它渗透到整个民族的社会体系和习惯之中。我们都被假定是懂得全部法律的。甚至一个法官也不可能在任何时候都掌握所有的法律，但这是说法律大致上是反映我们的习惯的，我们根据它来生活不会有很大的困难，并期望彼此都这样做。只要我们只把“外部的”问题归之于自动作用，这种自动作用就是无害的，而且是完全正确和必要的；所谓“外部的”问题是指无论有无目的都必须以一般所能采取的方式去解决的问题。这样发挥作用的自动作用就成为进步所不可缺少的一个条件。它代表着我们的文明所赢得并占稳的阵地，使我们可以自由地去考虑和致力于那些值得考虑和应当解决的问题。如果我们试图把这些问题都归之于自动作用，那么，道德和理性就会归于灭亡。

但是，如果说权利体系是自动起作用的，它又怎么会依靠承认

呢？我们必须记住，自动的行为仍然具有一种可以说是与意识相连续的特性。“承认”非常清楚地表明了我们对我们自己和其他人的这种行为所持有的习惯态度。例如，我们会考虑构成我们家庭常规的习惯和期望的体系。对这一体系的思考我们在很大的程度上是自动进行的，同时“承认”与我们共同拥有这一体系的那些人的“地位”，并尊重作为这个体系的目的的生活。当这个体系在某一点上影响到我们存在的较深刻的可能性时，我们的注意力就变得活跃起来，并积极认真地维护我们的地位。我们对社会权利制 201
度的态度和这种态度有些相似。整个秩序是得到了我们的习惯承认的；我们懂得，也或多或少地尊重它所依据的绝对必要的目的——共同利益对我们全体提出的要求。在这个秩序的范围内，不同程度的粗心大意和认真负责的情况都可能发生；但无论如何，只是在某些时刻——或涉及我们的特殊地位或要求根据全体利益进行调整时——积极认真的注意才是可能的或可取的。

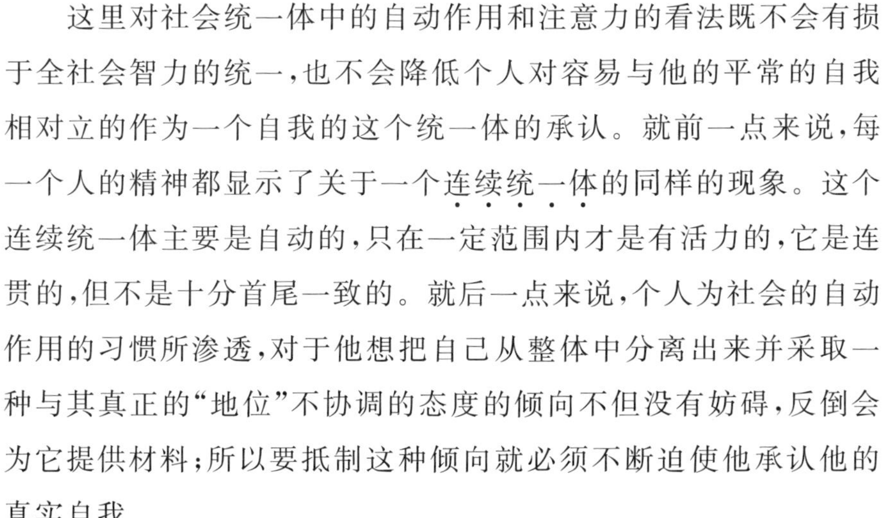

这里对社会统一体中的自动作用和注意力的看法既不会有损于全社会智力的统一，也不会降低个人对容易与他的平常的自我相对立的作为一个自我的这个统一体的承认。就前一点来说，每一个人的精神都显示了关于一个**连续统一体**的同样的现象。这个连续统一体主要是自动的，只在一定范围内才是有活力的，它是连贯的，但不是十分首尾一致的。就后一点来说，个人为社会的自动作用的习惯所渗透，对于他想把自己从整体中分离出来并采取一种与其真正的“地位”不协调的态度的倾向不但没有妨碍，反倒会为它提供材料；所以要抵制这种倾向就必须不断迫使他承认他的真实自我。

（七）最后，我们不得不探讨一下国家维护权利的最后手段即暴力的实际运用问题。对人性施加强大压力，既可以通过奖赏，也可以通过惩罚。无论就哪一种办法来说，国家使用暴力一般都属于自动作用的范围；这就是说，它促进某一目的的手段不包括运用有关这一目的的观念去影响意志。但是，由于人性的各个阶段的
202 微妙的连续性，我们将发现要说的还不止这些，而且有关目的的观念正是在促进目的的机构显得最相异和最机械的地方以一种特殊的方式发挥作用的。只要情况是这样，关于国家活动的消极性质的一般理论就不得不像我们所预见到的那样，[1]根据惩罚的理论加以修改。但是，乍一看，奖赏和惩罚确实都属于社会生活的自动的因素。它们不是由意志对目的的直接关系所引起的。它们乃是自动系统作出的有助于达到目的的一种反应，以此来消除干扰目的的阻力或障碍，或（在奖赏的情况下）消除克服阻力或障碍的行为所遇到的阻力或障碍。没有理由把每个细节都进行比较；但是，由于社会和个人的自动作用实际上都与意识有同一种关系，也许可以说奖赏和惩罚在某种程度上相当于一种由高级的从属性的自动作用所产生的快乐和痛苦，比方说骑马或看书就是特别有助于美化生活的这类次自动行为。这种活动在不受阻碍时就带来快乐，而在突然遇到什么情况或问题而受到严重干扰时就带来痛苦。如果用一种说法把后一情况与惩罚进行类比，也许可以说这是已形成的无意识地或半意识地与目的或较完美生活有关的行动习惯受到了精神的某种不完全状态的阻碍，伴随它们之间这种冲突而

[1] 第183页以下。

来的是承认、痛苦和烦恼。于是，我们会惊呼："我真傻，竟然在那个拐角处骑车不当心！"或"竟然让假日的计划破坏了我早晨读书的习惯！"

有一点似乎值得注意，即奖赏在社会通过公共权力实行自我 203
管理方面只起着很小的、而且显然是越来越小的作用。对质朴的雅典人来说，[①]奖赏似乎是激励公共精神的正常手段，这大概是由于缺乏辨别各种目的的能力，而不是因为真正相信政治上的自私。在欧洲国家中，荣誉似乎仍然起着相当大的作用，但只要分析一下就会发现实际情况并非如此。荣誉在一定程度上是对重大作用的承认，因此，与其说这是奖赏，还不如说是条件。而且，在很大的程度上荣誉承认现存的事实，因而不如说它是社会尊重某些生活典范的结果（这在普遍精神缺乏经验的某些领域中，如美术界，可以产生非常奇妙的效果），而不是用于控制公民行为的手段。如果一个士兵的目的是成为贵族，我们就会认为他可鄙；假若他是一个诗人或艺术家的话，那就更可鄙了。我不大了解由国家规定的不同于报酬的奖赏存在于美国的情况。[②] 因此，奖赏不能用来解决与惩罚有关的问题，这道理看来是显而易见的。惩罚更适合于作为唯一供国家使用以维护权利的消极办法。因为惩罚显示了它的消极性质，谁也不会认为仅仅由于害怕惩罚而不干坏事是值得称赞

---

① 《伯里克利的演说》，见《修昔底德文集》，第 2 卷，第 46 页："哪里对功劳的奖赏最多，哪里就会有最优秀的人从事国家的工作。"可与柏拉图的下述原则对照：如果完成公务的目的在于获得奖赏，就不可能有健全的政府。

② 关于给作出显著贡献的士兵或水手发奖金的确切理论是不容易说明的。但是，有一点似乎很明确，即并没有把获得奖金当作目的。发奖金主要是事后的一种承认，而不是事前提出的一种诱导办法。

204 的。但是，尽管这同一原则完全适用于为了得奖赏而立功的情况，却几乎肯定会产生一种错觉，把这个原则掩盖起来。因为，如果奖赏主要是被用来诱使人们采取有助于实现最美好生活的行动，那就几乎可以肯定它会被用来诱使人们采取这样的行动：其价值与可靠性取决于采取这些行动的意志状态。这样肯定会抹杀两种行动之间的区别：一种是无论有无目的都要完成的，这是国家行动的真正领域；另一种是带有某种目的的，这种目的必须赋予行动以最高的实际价值或任何道德价值，而且道德意志的很大一部分会因此受到侵犯，并经常倾向于自我欺骗。[①] 这个道理换个说法也同样正确，即如果说奖赏和惩罚作为干预手段只适用于一些特殊情况，那么奖赏就适用于特别好的行为。因此，从另一方面来说，奖赏不外乎有两种做法：一种是试图把所有正常行为都当作好事，但这是不可能的，而且这样做有使整个正常生活陷于混乱的危险，另一种是特别提倡格外有助于实现美好生活的行为，这样肯定会干扰前面分析过的外部活动[②]的微妙的中间状态，以致引起混乱。
205 因此，只有当我们发现没有追求个人荣誉的**破坏性传统**的国家几乎不了解由政府颁奖这种事情时，奖赏才是我们应当期望的办法。

因此，只要再对惩罚的性质和原则作一些说明以完成对国家维护权利的行动的叙述就足够了。

---

① 也许可以一般地讲一下对所谓善行深有体会的人都清楚的一点，即用公开的荣誉宣扬善行的趋势对善行的性质具有极大的危险性，因为它的性质完全取决于只有最深刻和最高尚的目的才会带来的智力活力与纯洁无瑕。单纯卑下地追求私利虽然确有危险，但还比不上由于各种目的与打算混在一起而造成的智力混乱。

② 第 183 页。

我们可以先回想一下前面的一章中提到过的迪尔凯姆先生的看法，[1]这样开始可能有好处。他说，从最简单和最实际的观点来看，惩罚本身包含着往往为理论认为不能共存的那些方面。实质上这不过是对伤害了集体感情的行为的强烈而明确的反应。把这种反应完全归到改造或报复或预防的名下，是没有根据的。任何侵犯行为**实际上**都是个性的一种表现，是一种伤害行为，也是一种威胁行为；对它作出反应**实际上**也同样是一种影响个性的企图，一种对伤害行为的报复，以及对威胁的威慑或预防。当我们对侵犯行为勃然大怒时，很可能会说"我要教他懂礼貌。"或者说"我要报复他。"或者说"我要使他不敢再干这种事。"要公正地评价理论和事实，就必须对这些方面一一加以考虑。

1. 有一种明显的观点，认为惩罚的目的在于使罪犯变好，这个看法虽然与早期的法律严重对立，但也许是最早在哲学中出现的。为了检验一下这种主张本身是否恰当，可能会提出这个问题："如果快乐能使罪犯变好，是否该让他获得快乐呢？"然而，这种主张无论如何是不会完全赞同宽大的。因为它必然会得出把不可救药的 206
人消灭掉的推论，柏拉图就在一段颇具现代性质的话中提到过这一点，他主张法官和医生合作，以维护社会的精神生活与物质生活的健康。[2]

我们首先想到的是：仅仅对罪犯采取医治的办法，包括提供合意的条件，如果对他有疗效的话，社会利益似乎就被忽视了。如果

① 第35页。
② 《理想国》，409，410。

罪犯预料会受到合意的或宽大的“治疗”，那么，维护权利会变成什么样子呢？有一点可能是真的，即残酷的惩罚与其说会制止还不如说会激起人们犯罪的倾向；但不能因此就断言无需把恐怖和罪行联系起来。要说愉快完全可以像痛苦一样起作用，那是在开玩笑，根本不能说明问题。如果我们要讲得有意义，就应当说惩罚既要使罪犯改过自新，又要使其他的人不敢犯罪，因而在某种程度上是痛苦的。然而，这样的看法还是正确的：罪犯作为一个人，而且可以假定有资格享有共同利益中的一份，因而具有格林所说的人性的“复归权”，惩罚必须尽量注意到这一点。

但是这里有一个较大的困难。如果要把改造的理论和其他关于惩罚的理论认真加以区别，那就是前者有一种对罪犯本身不公正的含义。这就是把他的过错看成像疾病一样，不过是一种自然的灾害，可以通过旨在消除病因的疗法予以治疗。但是，这样对待他就不是把他当作一个人；就是把他当作一个“病人”而不是一个行动者；就是把他排除于肯定我们是人这种一般的承认之外。（如
207 果治疗包含对罪犯的恶意的承认和惩罚[①]——惩罚的形式当然可以很不相同——那么，改造的理论和其他的惩罚理论便不再有什么区别了）。最近有人指出，[②]断言对犯罪行为不需负责任从而没

① 柏拉图的改造理论似乎包含这一点。就我记忆所及，《埃瑞璜》(*Erewhon*)* 的作者也只是部分地坚持他的这一原则：对弊病要惩罚，而对劣性则要医治。因为他对劣性的“医治办法”显然是惩罚性的，这样就完全抛弃了他所说的关于医治的主张。

* 《埃瑞璜》是英国作家勃特勒(Samuel Butler，1835—1902)的一部社会乌托邦讽刺小说。Erewhon 是 nowhere 一词的倒拼，意为“乌有乡”。——译者

② 布雷德利先生，见《国际伦理学杂志》(*International Journal of Ethics*)，1894 年 4 月。

有能力犯罪的人严格说来是无罪的这种说法含有严重的思想混乱。纯改造理论的真正目的就在于此。这就是说，对于不能享受权利的人可以随意处置，从带有医治性质的处理到加以消灭，这对他们来说是最仁慈的，对社会来说也是最安全的。在他们身上没有需要惩罚的罪过，但也没有获得无罪权利的人的意志。

不过，把这样一种理论应用于负责任的人，如果真要坚持其与众不同的论点，那就是一种侮辱。它会导致这种想法：任何人只要他的生活或思想被认为是可以改善的，国家就可以拘捕他，强迫他改好。除了有人损害了他也参与其中的权利体系，从而也损害了他自己的情况外，不存在任何真正的惩罚。即使这样的罪犯也有使他的敌对意志得到承认的权利；把他当作要完全按我们的目的加以塑造的一头野兽或一个小孩都是不人道的。如果没有这样的承认而受到惩罚，按苏格兰的古老说法，就是没有受到"公正的"对待。

2. 关于报复或报应的观念，虽然是惩罚的最古老的概念，[①]在 208
理论上也可以被认为是对把惩罚仅作为使一个人变好的手段的这种想法提出的异议。它的优点是对罪犯有一种确定的看法。罪犯是一个应负责任的人，他属于某个秩序，因为他承认这个秩序跟他是不可分离的，而现在他实际上是有意与这个秩序为敌。他就像柏拉图的《克利陀篇》(*Crito*)中苏格拉底所坚持的那样，他已尽他的力量破坏这个秩序了。换句话说，他已经违犯了这个权利制度，

① 我们曾认为，甚至按这种看法的最早的形式来说，也不能真正认为它是排除其他方面的。

国家就是为了维护这个制度而存在的，而且只有这个制度才能保证他和其他人发挥做好事的能力，而这种保证也要求他们反转来尊重这个制度。一旦他通过包含错误的具体行为来坚持他的个性，他的敌对意志就会表现出来并公然蔑视权利。这时，维护权利制度的权力，如果可能的话，不仅应当补救已经造成的外部损害，而且应该消除以其造成的损害构成蔑视权利的那个敌对意志。目的或真实的自我是借精神和意志来实现的，只要让敌对的意志取胜，它就被否认和取消了。

不过，很明显，用来否定敌对意志的手段**初看起来**是属于自动作用的范围。意识中的顽固因素是不易受到作为一种思想的目的的影响的，否则它就不是顽固的了。这时目的只能按照国家行动的一般原则通过外部行动来表现自己，而对这种行动的精神影响
209 却难以作出精确的估计。因此看来情况可能是这样：自动系统对脱离常轨的意识作出的反应——惩罚——所产生的痛苦只是一种自然的痛苦，它可能成为制止脱离常轨行为的威慑力量，但对罪犯的精神来说，它与真正的整体或目的没有明显的关联。关于惩罚具有威慑或预防作用的道理，我们将在下文说明。不过这里要指出一点，即一种高级的从属性自动作用——我们一直把它和深深扎根于人们习惯中的权利体系相比较——和意识保有非常密切的联系。我们在走路时确实并非由意志支配着迈出每一步，但我们只是在要走路时才走路，在作为我们日常生活的方式与手段的整个常规的自动作用系统中，情况也是如此。一旦遇到任何干扰、任何障碍或失败，意识就会突然出现，从而使我们通过我们脱离常轨的行动重新清楚地看到整个日常生活的目的。

惩罚的情况也是一样。首先，用痛苦来惩罚并诉诸畏惧和顺从的心理，无疑是通过我们较低级的本性起作用的，而且即使有效，也是用自私的目的取代高尚的意志，因而缩小了它的范围。然而其中还有更多的问题。自动系统的活力是与以它为手段的目的的生命力分不开的；如果我们用脚去踢铁刺，它作出的反应就是使我们疼痛，而这种疼痛和我们的整个存在有着微妙的关系。正如我们所说，这使我们醒悟过来；也就是说，这会或多或少地使我们意识到习惯的体系意味着什么，侵犯了它是犯了什么错误。一个人摔倒并跌伤脚时，他会抬头看一看并发现自己偏离了正道。如果某人听说像他那样办工厂或管理租赁房屋是要被罚款或坐牢 210
的，那么，如果他是个粗心大意但值得尊重的普通公民，他就会多少感到有些震惊，认识到他过于忽视了别人的权利，现在因受到指责而醒悟过来。他的公民荣誉感会受到触动。他将不会愿意低于普通道德心在法律中表现出的一般水平。

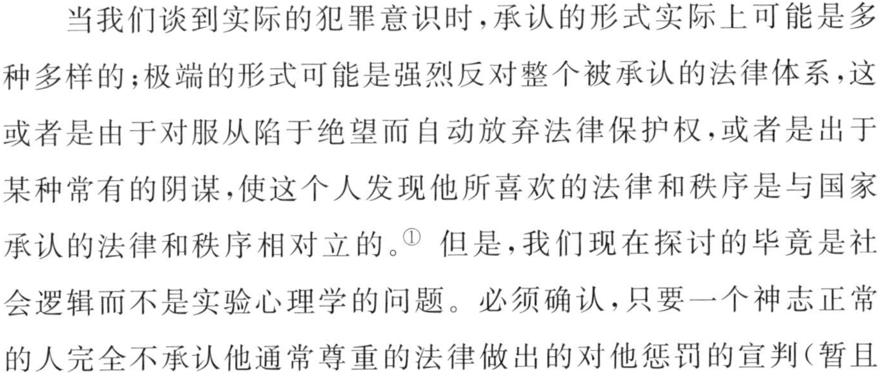

当我们谈到实际的犯罪意识时，承认的形式实际上可能是多种多样的；极端的形式可能是强烈反对整个被承认的法律体系，这或者是由于对服从陷于绝望而自动放弃法律保护权，或者是出于某种常有的阴谋，使这个人发现他所喜欢的法律和秩序是与国家承认的法律和秩序相对立的。[①] 但是，我们现在探讨的毕竟是社会逻辑而不是实验心理学的问题。必须确认，只要一个神志正常的人完全不承认他通常尊重的法律做出的对他惩罚的宣判（暂且

① 参看马里恩·克劳福德的小说《科累翁城》（*Corleone*）中关于黑手党的描写。它所描绘的就是某个地区的人认为可以取代国家的那种社会意志。

不论他认为什么是误判)，他就自动失去了法律保护，因而也就失去了公民身份的基本条件。毫无疑问，如果用理论的语言对一个没有受过教育的人说，他因行凶而受到惩罚时是在实现自己的意愿，他会认为这是幸灾乐祸的胡言乱语。但这不过是语言的运用
211 问题，同他的意识的基本状态确实毫无关系。他会充分懂得他现在受到的对待就像他认为别人应当受到的对待一样，因为他看到那个人的行为正同他过去在放纵感情时的行为一样。而这种承认无论采取什么形式，都会产生我们所肯定的后果。

总之，通过惩罚和对惩罚的畏惧心理形成的强制力量虽然主要是对低级的自我起作用，但一旦存在真正惩罚的条件(即权利制度在受到分享它的人侵犯时作出的反应)，它确实倾向于使受惩罚的人承认这样做的目的，并认为这是他自己的意愿——这个意愿就包含在对他所参与的、以痛苦的形式报复他的那个制度的维护之中。这就是以惩罚作为报复的理论。检验这种理论的原则可以从康德的这一说法中看到：一个社会即使根据协议即将解体，它也必须把关在监狱中的最后一名杀人犯在解体以前处决掉。惩罚可以说是他的权利，不应骗取他的这项权利。

对这一理论有两种通常的曲解。

首先是把通过国家进行的大我的必要的报复或反应同个人复仇混淆起来。[①] 甚至就通俗的形式而言，当一件凶杀案引起了严惩罪犯的普遍要求时，[②]这种普遍的或整个社会的义愤也跟自私

---

① 可以注意的是：迪尔凯姆主要根据早期宗教的观点，不同意梅因认为刑法起源于私人的世仇的说法。

② 格林：《政治义务的原则》，第184页。

的复仇愿望不一样。这种义愤来自对法律和人道的初步理解和认为应对严重的侵犯行为给予严重打击的一种感情。这样的感情是维护权利制度的意识的一个组成部分，在这种意识很强的地方几乎不可能缺少这种感情。

第二种曲解是迷信惩罚应与罪行“相当”。我们已经知道，从 212
某种意义上说，惩罚与所犯罪行是**完全一致的**；也就是说，它是一个有道德的组织中必然会有的一种关系使罪犯的行为给他本人带来相应的回报。但是，至于罪犯受到的痛苦是否与罪行所造成的痛苦或与罪犯的罪过相当，国家却既毫无所知也无从获知。它无法估计痛苦或道德罪过有多大。无法使惩罚适应无法知道的因素。而且，惩罚不道德行为的企图本身也有种种弊端。[①] 惩罚的轻重程度必须依据一些完全不相同的原则而定，对这些原则我们将在谈到惩罚的预防或威慑作用时再加以探讨。

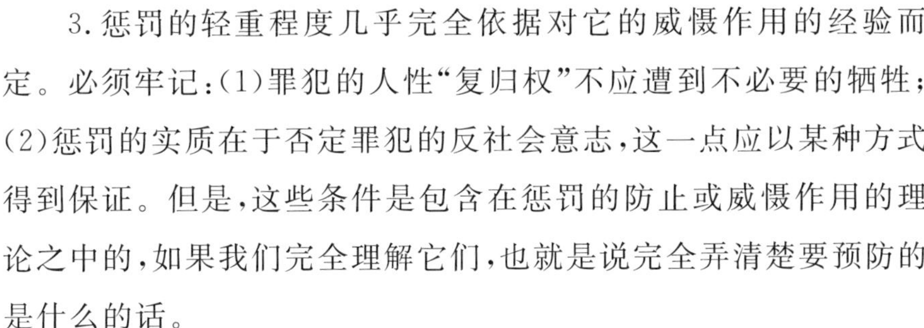

3. 惩罚的轻重程度几乎完全依据对它的威慑作用的经验而定。必须牢记：(1)罪犯的人性“复归权”不应遭到不必要的牺牲；(2)惩罚的实质在于否定罪犯的反社会意志，这一点应以某种方式得到保证。但是，这些条件是包含在惩罚的防止或威慑作用的理论之中的，如果我们完全理解它们，也就是说完全弄清楚要预防的是什么的话。

另外，当我们谈到惩罚是以威慑或预防为目的时，绝不应将之理解为多数人或任何当权者可以以处罚相威胁来正当地防止在他们看来会引起麻烦的任何行为。

---

① 参看上文第 61 页。

213 惩罚所要防止的是国家所维护的权利制度的参与者对这个制度的侵犯，因此包含在对惩罚的改造与报复两方面作用的正确理解中的上述条件，也包含在它的威慑作用之中。不过，在这一点得到承认之后，我们还可以加上威慑理论所坚持的一个独特的原则。在轻罚可以收到同样的威慑效果时，施以重罚就是错误的。因为，国家行动的明确目的是维护权利；如果不用重罚也能有效地维护权利，国家的目的就不能成为施加重罚的正当理由。众所周知，成功地维护权利，不仅是靠严厉的惩罚，还要靠正确调整权利本身去适应人类的目的，要靠高效率的管理机构所带来的侦查罪行工作的可靠性。必须经常考虑到这一点：当惩罚对某些罪行的威慑力量相对无效时，无论是更好地调节权利还是提高侦查的可靠性，其效果都不如加重惩罚。我们已经看到，要惩罚与罪行相当，实在是一种毫无意义的迷信。要使惩罚的轻重程度合理，除了根据经验了解其威慑力量外，别无原则可循。这种看法是与国家行动的真正范围相符合的，这种范围取决于国家根据它为之存在的目的而拥有的手段，因此，一旦掌握了不否认惩罚性质的充分含义，这种看法也就是关于惩罚的正确理论。

我们知道，在把惩罚当作报复手段时说它能否以归咎于道德犯罪的判决为依据，是从什么意义上讲的。对于个人的一些独特行为所表现出来的道德犯罪程度，国家和我们大家一样，必然是不
214 了解的。但这并不是说惩罚完全脱离了公正的道德感。毫无疑问，它的含意和它的依据是对于敌视权利制度的态度的不赞成，这种敌对态度就包含在实现了的侵犯权利的意图之中。英国的民法和刑法之间的区别虽然实际上没有形成严格的逻辑界限，但从整

体看仍可同意黑格尔的说法：在民事诉讼中不存在侵犯权利的问题，只有某项权利属于谁的问题；而刑法则涉及侵犯权利的问题，这种侵犯意味着否定整个法律与秩序。这种侵权行为为一般的良知所非难，这种非难就表现为用强制手段对付罪犯，不过强制的程度可因其他考虑而有所不同。

这里我可以按照格林的看法谈到一个有趣的细节。如果惩罚的轻重程度主要是根据它的威慑力量而不是根据道德罪行来确定，那怎么会让“可使罪行减轻的情况”影响判决呢？这类情况确实起了这种作用，即使并不明显，却是毫无疑问的，甚至在英国也是如此。这不是认为它们表明罪犯并不像罪行原来所显示的那么坏吗？似乎法官们自己有时也会这样想。不过，他们很可能是在一种正确的直觉指引下行动，却作出了错误的推理。因为道德上的罪过实际上是无法估计的，这是个不可克服的困难。让一些可
以改变行为性质的情节影响判决的真正原因是：改变了行为的性 215
质，就可以使这一行为不属于**乍看起来**应该属于的那个罪行等级，而人们正是需要从这个等级的罪行中受到其严酷程度已被承认的惩罚的威慑。如果一个人在饿得要死时偷了一个萝卜，由于情节非常特殊，他的罪行并没有威胁到一般的财产权，也就不需要采取任何严厉的恐吓手段来保护这种权利。对于并非迫不得已而偷东西的人，如果不根据经验采取足以制止偷窃的恐吓手段，他就可能变成惯偷。

在某种特殊的紧急情况下，可能有人说：“现在挨饿的人很多；对偷窃食物的罪行难道不应根据预防的原则尽量严惩以免偷窃成风吗？”或就一般情况而论，在引起盗窃的诱惑或刺激因素很多，需

要增强威慑力量时，难道不需要相应地加重惩罚吗？这种诱惑或刺激力量特别强的情况刚才业已加以探讨。但是，如有像饥荒或公众情绪激动那样的异常诱惑或刺激到处呈现，那就必须记住，这时国家必须加以维护的就不仅是一项权利，而是整个权利制度了。如果普遍发生饥荒，补救的办法就应是对各项权利作一些调整，或至少对生存的权利采取某种暂时的保护措施，而不是或不仅是加重对偷窃行为的惩罚。[①] 如果煽动犯罪的现象普遍发生，那就必须记住那些被煽动者的权利，而煽动行为本身也许应当像在爱尔
216 兰鼓动内讧一样受到惩罚。惩罚是为了保护权利而不是为了助长过失。

这样我们就看到了惩罚的真正的性质和目的，它来源于国家旨在维护有助于实现最完美的生活的权利制度这个目的。我们已经考察过的惩罚的三个主要方面实际上是不可分的，而且，如果正确地作出解释，每个方面都可以扩展到把其他两个方面包括进去。[②]

最后，我们可以根据我们从卢梭那里继承下来的那个公式——主权就是行使公共意志——来总结一下关于国家行动的整个理论。

第一，一切国家行动，即使就其细节来说是特殊的或者不如说是具体的，就其意义和道理来说则是一般的。国家的行动体现在

---

① 在这种情况下，为了各个方面的人，也为了避免诱发盗窃，在受到威胁的地区可能需要采取坚决的措施来维护治安。

② 参看《对伦理学的一些看法》中的《关于对惩罚日益反感的问题》一文，麦克米兰 1918 年版。

一种权利**制度**中，而其组成因素则无不取决于与公共利益的关系。例如，我们英国议会颁布的公法和私法系统可以证明这一点，这和全称判断变为以专名为主词的判断的逻辑理论将是相类似的。不过，我们现在要指出的是：任何权利都不是绝对的，或者说都不能与整体分开，而是都在整体的目的中有它们的依据，这同时意味着对权利的调整和控制是根据总的原则进行的。法律的这种普遍性实际上是对抵制无理干扰的个人的巨大保护力量。它使每一项规定针对的都是一类人，而不是单独的一个人。

第二，一切国家行动归根结底都是运用一种意志；这是真实的意志，或者说是合乎逻辑地包含在理性之中并且或多或少地被认 217
为是绝对必要的一种意志。因此，虽然它是以暴力的形式通过自动作用行动的，即并非直接作为自觉的意志而是通过一个凭借显然是外来力量引起行动的制度起作用的，但整个结构的根源都在于意志的性质，而且它的目的也和有机的自动作用的目的一样，在于为真实的意志扫清道路；这就是"迫使人自由"。另外，只要它由于对自动的[①]作用指导不当而侵犯了在起作用的意志的领域——由利益直接通过它自己的作为一种目的的力量来实现其本身的那个领域——那就等于"锯断自己坐于其上的树枝"，以手段代替目的了。

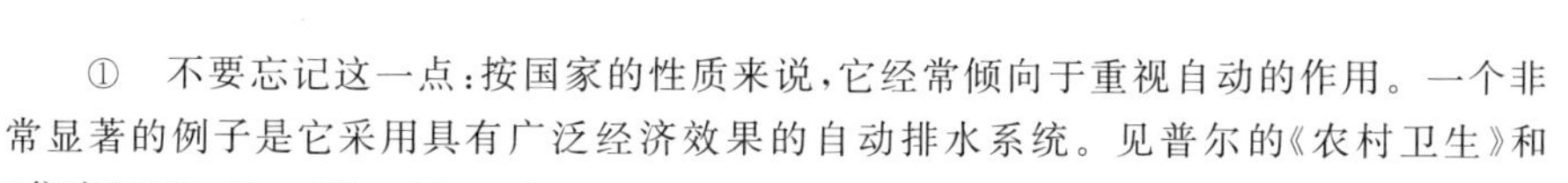

① 不要忘记这一点：按国家的性质来说，它经常倾向于重视自动的作用。一个非常显著的例子是它采用具有广泛经济效果的自动排水系统。见普尔的《农村卫生》和《住宅》(*The Dwelling House*)。

218

第九章　把卢梭的理论应用于现代国家：康德、费希特、黑格尔

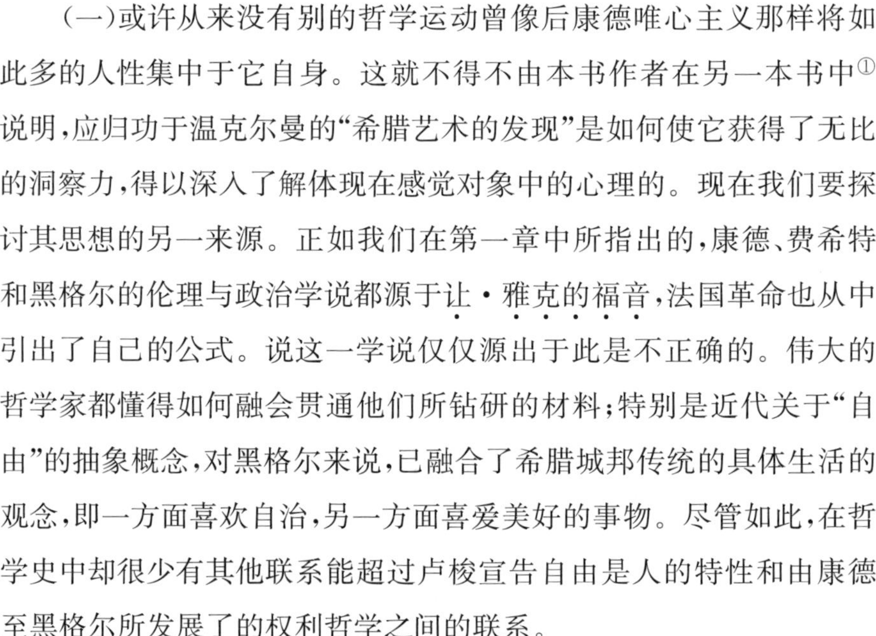

（一）或许从来没有别的哲学运动曾像后康德唯心主义那样将如此多的人性集中于它自身。这就不得不由本书作者在另一本书中[①]说明，应归功于温克尔曼的“希腊艺术的发现”是如何使它获得了无比的洞察力，得以深入了解体现在感觉对象中的心理的。现在我们要探讨其思想的另一来源。正如我们在第一章中所指出的，康德、费希特和黑格尔的伦理与政治学说都源于让·雅克的福音，法国革命也从中引出了自己的公式。说这一学说仅仅源出于此是不正确的。伟大的哲学家都懂得如何融会贯通他们所钻研的材料；特别是近代关于“自由”的抽象概念，对黑格尔来说，已融合了希腊城邦传统的具体生活的观念，即一方面喜欢自治，另一方面喜爱美好的事物。尽管如此，在哲学史中却很少有其他联系能超过卢梭宣告自由是人的特性和由康德至黑格尔所发展了的权利哲学之间的联系。

219　有人提出，法国、英国和德国在18世纪中的学术交流要比今天密切得多，尽管在此期间交往工具有了很大的发展。他们极力主张，民族的自我意识和各民族心理的不同的发展已经在各民族

---

① 《美学史》(*History of Aesthetic*)(索南夏因出版)。

之间造成隔阂，而在上个世纪其程度要小得多。[1] 这个学术史的问题超出了我的题目的范围；不过看来至少卢梭在德国是有影响力的，这是今天任何法国作家都不可能在国外拥有的。单是他对教育方面的影响[2]就构成了教育学史上的重要篇章，而且与哲学有密切的关系。我们的儿童心理学家是他的精神后裔，而且人类发展的问题确实与自由的问题密切相关。

作为自然和感情的宣扬者和提倡反对**哲学家**的感情宗教的战士，卢梭在文学上的影响力是所向无敌的。他走上了 1750 年以前由汤姆森[3]的《四季》的译本在德国开始，继而由瑞士的一些评论家和反对当时流行的伪古典主义的田园诗人所开辟的道路。[4] 青 220
年时代在日内瓦呆过几年的雅各比把他的作为宗教真义的感受论

① 参看莱维-布吕尔先生的《让·雅克·卢梭对德国的影响》(De l'Influence de Jean Jacques Rousseau en Allemagne)一文，载《私立学校政治学纪事》(*Annales de l'Ecole libre des Sciences Politiques*)，1897 年 7 月。

② 参看《康德和费希特与教育问题》(*Kant et Fichte et la Problème de l'Education*)，1897 年法文版；关于卢梭的首创精神，参看阿米耶尔的《私人日记》(*Journal Intime*)，英译本第 1 卷，第 202 页："让·雅克·卢梭在各个方面都是创始人。他在托普费之前开始徒步旅行，在勒内之前开始沉思默想，在乔治·桑之前开始在文学作品中描写植物，在贝纳丹之前开始崇拜自然，在 1797 年革命之前倡导民主理论，在米拉波和勒南之前开始讨论政治和神学，在裴斯泰洛齐之前创立教育学，在德·索绪尔之前开始描写阿尔卑斯山。"*

* 托普费(Rodolphe Töpffer，1799—1846)，瑞士小说家；贝纳丹(Bernardin de St. Pierre，1737—1814)，法国博物学家；米拉波(Honoré Gabriel Riquetti Mirabeau，1749—1791)，法国政治家；勒南(Joseph Ernest Rénan，1823—1892)，法国历史学家、哲学家；裴斯泰洛齐(Johann Heinrich Pestalozzi，1746—1827)，瑞士教育改革家；德·索绪尔(Horace Benédict de Saussure，1740—1799)，瑞士物理学家、地质学家。——译者

③ 汤姆森(1700—1748)，苏格兰诗人。——译者

④ 参看著者的《美学史》，第 214 页。

至少部分归功于卢梭。以歌德的剧本《铁手骑士葛兹》(1773)和席勒的剧本《强盗》(1781)为标志的浪漫主义和自然主义革命是由于克林格尔的剧本《狂飙突进》而得名的，据说，后来克林格尔作出了这个惊人的论断：卢梭(通过《爱弥儿》)是这位年轻人一生中最好的导师。[①] 甚至连席勒和赫尔德也一度热情地赞美过卢梭。特别重要的是：席勒的《美育书简》显然是针对把自然[②]和国家对个人的要求协调起来的问题而发的。因为，席勒认为，自然和国家之间的必要的协调的关键在于可在美好事物中发现的感情和理智的一致，这种看法使我们看到三种主要类型的经验集中于一个焦点，在三者的融合中出现了一种新唯心主义。

（二）回到我们现在的权利哲学这个论题上来，我们就要考虑一下卢梭的自由观和康德或后康德思想的特殊关系。也许可以引用一些有独到的见解但不能被普遍接受的著作片断，以使必须谈
221 到的主要问题具体化。不仅是德国的诗人和感伤主义者，而且还有一些伟大的哲学家，都清楚地认识到卢梭的思想对德国天才人物的影响。“社会契约”这个概念具有一种使看到康德特别是费希特的政治哲学的现代读者感到吃惊的重要性，而且在我们看到黑格尔的著述之前是不会把对“社会契约”的字面解释同公共意志学说所表述的真理完全区别开的。撇开所有与“社会契约”字面解释有关的问题不谈，一个简单的事实是：康德、黑格尔和费希特的全

① 见前引莱维-布吕尔的文章，第330页。这个说法好像是来自一篇传奇，但我没有见过原作。

② 第三封信中对假定实际存在的“自然状态”作了深刻的批判，也许确实可以说，这些信的整个主题就是“人若不停止诉诸感觉如何能够自由”的问题。

部政治哲学实际上就是建立在把自由作为人的实质这一观念的基础上的，而首先提出这个观念的是卢梭——这是黑格尔的明确论断。我要从引用黑格尔的《哲学史》中的关键性段落开始，因为它们既表明了他对卢梭主张的看法，又阐明了他自己的权利学说的根据。[①]

在阐明卢梭认为从政府权利的一个方面即其历史的方面来看，它是依靠[②]暴力和强制之后，黑格尔接着说：

“但是卢梭却用自由意志证明这样做是有道理的（‘国家绝对有理’），而且他没有考虑国家的积极权利（或‘法律’）就对上述问题[③]（国家存在的理由或根据）作出这样的回答：人是有自由意志的，因为‘自由是人的特性。[④] 放弃自己的自由就是放弃自己的人 222
性。因此，不要自由就是放弃自己做人的权利，甚至是放弃自己的义务。’奴隶是既无权利也无义务的。所以卢梭说：[⑤]‘**根本问题**[⑥]是要找到一种联合的形式，这种联合形式能以全部的共同力量来保护和捍卫每个成员的人身和财产，而且在这个联合体中，每一个人由于从属于这个联合体而**只是在服从他自己**，**并仍然像以往一**

① 黑格尔：《哲学史》（德文版），第 3 卷，第 477 页。法译本第 3 卷，第 401 页。

② 在他提到的地方，即《社会契约论》第 1 卷第 3 章和第 4 章中，卢梭曾明确指出**暴力不能产生任何仅利**。所以，当黑格尔说卢梭认为统治的权利**按其历史来说**是依靠暴力云云时，除非是说这种“历史的”情况不能说明权利，“权利”一词只是一个与之有关的名称而已，否则这样讲就是不正确的。

③ 《社会契约论》，第 1 卷，第 4 章。

④ 我保留了黑格尔对卢梭原话的释义性的翻译。

⑤ 《社会契约论》，第 1 卷，第 4 章（原文如此，似应为第 6 章。——中文编者），参看上文第 83 页。

⑥ 着重号是黑格尔加的。

样地自由。'[1]这个问题要靠社会契约来解决;[2]它(按照卢梭的说法)就是每个人根据自己的意志而归属的联合体。

"对这些如此抽象地提出的原则,我们不得不认为是正确的;但歧义立即就出现了。人是自由的;这无疑是人的本性。这种本性在国家中不仅没有被摈弃,而且事实上是首先在那里得到确认的。本性的自由,即自由的资格,并不是实际的自由;因为没有国家,就没有实际的自由。

"但是,对'公共意志'的误解开始于下述论点。自由的概念不应从每个人偶然的自由意志的意义上去理解,而应按理性意志即自在自为的意志这个意义去理解。[3] 不要把公共意志看作表现出来的若干个人意志的总和,[4]以致认为这些个人意志仍然是绝对的;否则这个命题就是正确的:'凡是少数人不得不服从多数人的

223 地方,就没有自由。'更确切地说,公共意志应当是理性的意志,即使人们并没有意识到这一点;所以国家并不是由个人决定的一种联合。

"对这些原则的误解,对我们来说是无关紧要的。与我们有关的是:这种误解会使人们意识到,人在自己的意识中把自由当作完全绝对的东西;自由意志是人的概念。自由恰恰是思想本身;一个人若抛开思想谈论自由,他就不知道自己在说什么。思想与其本

---

①② 着重号是黑格尔加的。

③ 任何东西一旦成为"为了它本身"时,就是"自在自为的",明白而直截了当地说,就是它"本来"的样子,也就是它蕴藏的或潜在的本性的表现。

④ 卢梭的全体意志。

身的同一[①]就是自由，即自由意志。思想只有采取意志的形式才是突破[②]一个人的纯粹主观性的推动力，才与一定的存在有联系，即实现了一个人的自我，因为我要使自己成为像思想那样适合于我自己的一种存在。意志只有作为思维的意志才是自由的。

“自由的原则已按卢梭的观点逐渐为世人所理解，给予了人类无限的力量，从而使人类也把自己看成是无限的。这就促成了向康德哲学的过渡，康德哲学按一种理论的观点把这个原则作为它的基础。这样就把认识引向它本身的自由，引向一种具体的内容，[③]这种内容本是它在自己的意识所具有的。”

一般说来，每一个人都知道自由的观念在康德哲学中所起的 224
作用。然而，指出康德是多么确切地按照卢梭赋予它的形式来理解这个观念的，可能是人们感兴趣的。这里不谈康德全部教育主张的问题，[④]我只想提及康德早期笔记[⑤]中与《对崇高和美的感受》这本小册子有关的两段话和1796年秋首次问世的《权利哲学》中的两段话。

首先要证实康德早年曾特别受到卢梭的影响。他说：[⑥]“我是

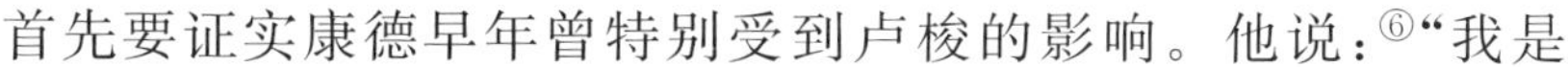

① 即任何东西只要能处于自然状态，就是自由的。在黑格尔看来，这一点的最有力的例证就是体现回到本来状态或与本身一致的思想。

② 即超越。

③ 即在哲学变成和即将变成反思的哲学之前，通过将其本身建立在自由的观念基础之上，把哲学引向检验思想在其中实现自己的生活；因此，这种生活就是“它本身的自由”——由认识构成——也就是一种“具体的内容”，即一种实际的生活制度，是使思想得以表现自己的一个客体——一种等于自由的关系。

④ 参看《康德和费希特与教育问题》。

⑤ 1765至1775年的笔记。

⑥ 《康德全集》（德文版），第11卷，第240页。参看同书第218页。

个爱学习的人。我渴望获得知识，并不断地要求增长知识，而且每前进一步都感到满意。我曾一度认为这一切可以构成人类的荣誉，因而看不起无知的群众。是卢梭纠正了我的错误。那令人目眩的特殊的荣幸消失了；而且，如果我不是相信我的研究会在确立人类权利方面有益于所有的人，我就会认为自己远不如普通手艺人有用。”

从这些话来看，康德确定人在天地万物中的地位时，似乎是在预示他的批判哲学的思想。他紧接着说：“如果说有什么科学是人类真正需要的，那就是我所讲授的那门科学，它完全适合在天地万物中分配给人的**那个**地位；这是一门使他懂得应如何做人的科学。”

225 这有助于理解康德同一笔记中那个难以理解的段落，[①]他在那里讨论关于上帝的思想时，首先提到的是牛顿发现了复杂的行星运动规律，然后就接着说：“卢梭首先发现在人类复杂的表现形式下深藏着人的本性和看不见的规律，据此，他的观察力证明了上帝是合理的。在此以前，埃尔冯瑟斯和摩尼[②]的异议[③]一直占据着这个领域。由于牛顿和卢梭的发现，上帝被证明是合理的，从而教皇的教义也是正确的。”所谓“教皇的教义”无疑是他的莱布尼茨式的乐观主义，它建立在假设的对人在天地万物中的真正地位的洞

① 《康德全集》(德文版)，第 11 卷，第 248 页。

② 埃尔冯瑟斯(1696—1787)，意大利教士。摩尼(约 216—276)，波斯人，摩尼教的创始人。——译者

③ 摩尼教教义。

悉基础上。[1] 卢梭的“发现”——康德在这里将它与这种教义联系起来——必定是指卢梭关于人的天赋的美德和自由的论断，这种美德和自由会因为人在文明社会中脱离了自然分配给他的地位而丧失。显然，卢梭对文学和文明的非难这时给康德留下了相当深刻的印象。更有意思的是看到康德用非常不同的尺度来衡量卢梭首创的从天赋的自由发展为社会的和道德的自由的理论。

现在再从《权利哲学》(1796)中引用两段仍与卢梭的说法有关的话来表明这一较晚的发展：[2]

“**天赋权利只有一项**。——自由(不受别人的意志支配)只要能按照一项普遍的规则与其他每一个人的自由共存，那就是这个独一无二的原始权利，它属于每一个有人性的人。”关于这种自由 226
在国家中如何体现可作如下说明：[3]

“国家的三种权力(主权或立法权、行政权和司法权)都是政权机构；而且作为必不可少的东西，它们必然是出自与国家的法规(宪法)有关的一般的国家观念，是**国家的**政权机构。它们包含着一个普遍的最高权力(按照自由的法则考虑，这只能是团结一致的人民)与**作为**被统治者组成这个权力的那群个人之间的关系；即统治者(*imperans*)与臣民(*subditus*)的关系。人民自己组成国家的行动，**或者严格说来只是关于这个行动的观念**，[4]是**最早的契约**，[5]

① 见上面刚刚引用过的康德的一段话。

② 《康德全集》(德文版)，第9卷，第42页。

③ 同上书，第160页。

④ 着重号是著者加的。

⑤ 着重号是康德加的。

因为单凭这个观念就可以设想这个行动是正当的；[①]根据这个契约，所有的人(*omnes et singuli*)都要放弃他们的外部自由，以便作为一个国家的成员，亦即被看作一个国家(*universi*)的人民中的一员，再立即把它收回来。不能说这个国家或国家中的人为了某个目的而牺牲了一部分天赋的外部自由；而应该说是他完全抛弃了原始的没有法律的自由，以便重新得到他的全部自由——根据一种合法的从属关系，即一种权利或法律的地位，他的自由并没有减少；因为这种从属关系是出自他自己的立法意志。”面对这些普遍的看法，值得注意的是康德和费希特都信奉卢梭的主张，据康德解释，原因在于当时那种不信任代议制政府的政治状况。[②]

227 刚才援引的一段话当然是卢梭观点的翻版，在很大的程度上是按我们在前面所阐释的意思修改过的。

(三)当我们转到费希特时(他早期论**天赋人权**的著作实际上是在康德关于这个问题的著作之前发表的)，就会看到，关于契约的观念正在向着关于一个有机整体的观念转变，尽管这个转变是不完全的。费希特认为，国家必然与人的自我有关；因为一个自我涉及由许多自我组成的社会，而法律或权利就是客观世界中众多自我彼此之间的关系。公民身份所依据的“契约”，由于实际上是

---

① 着重号是著者加的。

② 《康德全集》(德文版)，第 9 卷，第 166 页(议员们实际上是依附于内阁的)。参看本书第 121 页注释 1(即中译本第 148 页注释③。——译者)。另参看《康德全集》第 9 卷，第 193 页，这里表明康德认为在一个真正的共和国中，代议制可能会实际存在，也会是理想的形式。整个讨论中提到卢梭的地方很多。

一般性的，[1]会造成一种令人难以辨认的社会整体的团结。在这方面，费希特提出了那个值得注意的主张，即要先把关于有机体的比喻应用于整个公民关系。这里我引用一段重要的话：[2]

“就我所知，关于国家整体的观念至今都只是凭借众多个人的理想的联合而被接受的，因而对这种关系的性质的真正认识就被割断了。”他强调指出，你绝不能仅有一个关于联合的观念；你还必须证明有一个超越这个观念或者说使这个观念成为必要的一种联合的契约。“据我们估计，这一点已经做到了。从要保护谁的思想 228
来看，由于**谁**会需要有形的保护，**谁**又会由于非法的意图在显露之前就被法律制止了而无形中受益，必然都不能确定，因而每一个人都是被迫加入统一体的。

“对这个想法的最恰当的阐释是把它比作一个有机的天然产物，这个比喻在近代常被用来描述作为一个统一体的公共权力的不同部门，但就我所知，还未被用来阐明整个公民关系。在这个天然产物中，每一部分都是它只在**这个**联合体中才能有的那个样子，离开这个联合体它就完全不是这样了（实际上在全部有机联合体之外，就简直什么都不是了……）；同样，人只有在国家这个联合体中才能在事物系列中得到一个肯定的地位，即在自然界中得到一

---

① 费希特说（《全集》，第 3 卷，第 203 页以下）：“‘不明确的’；也就是说无论谁受到损害，我都要帮助保护。于是，我永远无法知道（他争论说）这种行动的受益者究竟是谁；许多人会由于有害的意图在显露之前就被制止了而无形中受益。所以，这种关系确实是有机的；每一部分都力求保存每一部分，因为任何一部分受到损害都会影响到任何部分。”这是不明确的一般关系；统一性实际上还不如卢梭的“moi commun”（“公共的我”）。

② 《费希特全集》，第 3 卷，第 207 页。“理想的联合”＝假想的契约。

个落脚点；每一个人也只是因为他实际上处于这个确定的联合体之内才得到这样一个相对于别人也相对于自然的确定的地位。……在这个有机体内，每一部分都不断地维护着整体，而在维护整体时，其本身也就得到了维护；公民与国家的关系正是如此。”

这里我们似乎又回到柏拉图和亚里士多德的说法了。事实上我们是很接近柏拉图的；因为费希特想使国家的活动成为积极的而不是消极的，便把维护公民的确定的活动和维护这种活动的一般条件之间的区别抹杀了，因而必然得出结论说，公民的一定的活229动或职业必须得到保证和维护，并由此而产生封闭的商业国家的观念；“关闭”对外贸易，以便政府有可能限定物价和分配工作。换句话说，国家的基础仍然是被设想为个人的自我；它不是根据明智的意志通过国家本身的力量起作用的社会利益。而且，基于这种个人主义，为了保护和支持与整体有确定关系的个人，似乎必须采取种种预防措施，这使费希特的《封闭的商业国家》也许会成为一种严格的国家社会主义的最早的文献。正如他本人也承认是确实存在的情况那样，自由被保护自由的种种措施消灭了。[①] 令人难以理解的是，卢梭论及法的至高无上的地位时所说的“被迫自由”[②]在它再出现时，却成了为在闲暇时间实行强制而作的辩护，[③]好像自由不是在劳动和忠诚中实现的。下面是黑格尔对我们正在讨论的转变的评论：“康德开始把自由当作权利的基础，费希特也在他的《天赋人权》一书中把自由奉为他的原则；但这是像卢梭所

---

① 《费希特遗书》(*Fichte, Nachgelassene Werke*)，德文版，第 2 卷，第 535 页。

② 同上书，第 537 页。

③ 这种强制当然可能是有理由的。

说的那种特定的个人的自由。这是一个伟大的开端；但是为了取得特殊的结果，他们不得不接受一些假定。（在他们看来）具有普遍意义的不是精神，即不是整体的实质，而是外部的否定个人的机械力量。……个人之间总是互相作对和互相否定的；牢房、种种束缚变得越来越难以忍受，而不是把国家视为自由的实现。”[①]

（四）把国家视为自由的实现原是黑格尔的《权利哲学》一书的 230
主旨，而这本书被严重曲解的程度也许是除柏拉图的《理想国》之外，任何一个伟大的政治哲学家的著作都没有遭遇过的。

流行的评论会告诉我们，黑格尔是从普鲁士的官僚政治中找到他的理想的，并会进一步暗示说他这样做是对他有利的。这种说法包含着两点误解，一点应由黑格尔的不机智负责，另一点则是任何对社会的哲学分析都会遇到的真正的困难所决定的。我想说明一下这两点误解。

1. 如果黑格尔原来希望他的书具有派性倾向，他就不会给它选择一个容易引起误解的时机，也不会写出一篇肯定会引起误解的序言。1820 年这本书出版时，各国政府和人民的心里正充满着烦恼。反宪政的倒退倾向当时业已公开显露出来。[②] 1817 年 10 月在瓦特堡举行了庆祝宗教改革和莱比锡战役周年纪念日的示威。俄国沙皇的思想从自由主义转向反动这个难以说明的变化，我们确信[③]是在 1818 年 6 月发生的。1819 年 3 月发生了暗杀俄

① 黑格尔：《哲学史》，第 3 卷，第 576 页。对有机体的概念就是这样机械地理解的。

② 见法伊夫的《欧洲近代史》，第 2 卷，第 2 章。

③ 同上。

国特务、反动的新闻记者和腐朽的剧作家科策布的事件。这个人似乎一直被普遍认为是曲解沙皇的观点的。暗杀他所产生的影响与他的实际价值毫无关系。普鲁士首相哈登贝格听到这个消息后惊呼说普鲁士不可能有宪法了。在梅特涅的怂恿下,普鲁士有许
231 多无辜的人被捕,民办的报纸被查封,而后以被窜改的形式出版。正如我们所说,黑格尔的这本书出版于1820年,他在序言中抨击了弗里斯在瓦特堡庆祝集会上讲过的一些话,那时他已在1818年获得柏林大学教授的荣誉之后,从海德堡迁到了柏林。难怪"有人曾指出,这位新教授是首相的宠儿,他的势力可以左右学术职位的获得,国王间或赐给他的奖金也证明他是受欢迎的。"或者说难怪弗里斯认为黑格尔的国家学说"不是在科学的园地里而是在奴性的粪坑中"[①]生长出来的。黑格尔本人"知道他给了一个浅薄而又狂妄的学派当头一棒,他的书大大地触怒了那些蛊惑民心的人。"[②]

但是,就黑格尔政治哲学的实质而言,根本不存在这些问题。《权利哲学》的初稿是于1817年黑格尔离开海德堡之前在《哲学全书》上发表的。他对政治的兴趣是逐渐发展起来的,这可以根据一些没有发表的著作追溯到1802年。[③] 他曾从希腊国家的概念出发,据以写成他关于道德体系的早期的草稿(1802年,生前未发表)。后来他的发展在于:按照他潜心研究英德两国的政治之后产生的预见,把这一概念扩大到包括更加被重视的近代生活的自由。

---

① 华莱士:《黑格尔的精神哲学》(*Hegel's Philosophy of Mind*),第179页。

② 同上。

③ 参看上书,第180页和187页。

他的真正的政治理论，除了根据他对希腊生活与现代生活的区别 232
的总的看法而有所发展之外，从未改变过。

2. 流行的评论会反驳说："但是，我们从这里看到了黑格尔亲手描绘的理想国家，它基本上就是当时的普鲁士国家，只是加进了一点英国政治的成分。这不是眼界狭窄、理想低下吗？"这种评论是有价值的，因为它讲到了正确的政治理论的一个重要特征。

描绘大多数人所谓的"理想国家"不是政治哲学的目的，可以说正如描绘一个"理想的"人或一个天使不是卡彭特的《人类生理学》的目的一样。政治哲学的目的是了解什么叫国家，就这个目的来说，被分析的国家不一定非是"理想的"不可，只要是一个国家就行；就像用某一个活人来说明生命的性质同用另一个活人来说明无多大差别一样。

黑格尔说：①"每一个国家，即使根据你的原则认为它是坏的，即使你发现它有缺点，也总是自有其存在的重要时刻的（如果它是我们这个时代比较发达的国家，就更是如此）。但是，因为发现缺点比了解肯定的方面容易，所以人们容易犯这样的错误：因某些具体问题而忘记这个国家的内在机制。国家不是一件艺术品，它是处在这个世界上，也就是说处在这个充满变化、不测事件和错误的环境之中；邪恶的行为能从许多方面损坏它。但是，最丑陋的人，如罪犯、病人或残疾人，也同样是活人；肯定的方面，即他的生命，尽管有缺点，却仍然存在着，而这肯定的方面正是我们现在所关心的。"

①　《权利哲学》，第 313 页。

233 当然，任何比喻都不会十分确切，而且可能有人会说，国家比人的身体更具有人为的特点。无论这一说法究竟如何，[①]我们至少会较好地理解黑格尔的看法。而且，我敢说，如果我们像一个人试图通过观察任何一个或每一个人体来弄清人类生命性质那样考虑政治哲学，我们就是采纳了对我们自己来说最富有成果的观点。哪里有生命，哪里就有生命的本质，而他的目的就是要了解生命的本质。毫无疑问，这里容易引起有关逻辑学家所谓的“纯粹状况”的争论。为了了解生命“本身”，似乎必须清除那些与“生命”无关的纯粹的缺点，而其余的部分，即你保证是本质的部分，就一定是你所设想的生命的“完美的典型”。若是只限于强调基本要素和各种事实的相互关系，也许就没有理由拒绝这样做。也只能这样做。

我们不能用把生命简化为它的纯粹状况或本质的方法来构成一个理想的人体，也不能用把精神简化为它的纯粹状况或本质的方法来构成一个理想的政体，因为我们根本不能制造有机体[②]或者历史。这是因为必须坚持的任务是了解而不是制造，而这一点往往被忘记了。的确，了解时和制造时一样，我们会涉及基本的关系，从而招致责任问题，并容易表现出有偏见；但仍然可以借助任
234 何一种生物来了解生命，因而具有决定意义的不是学者用以进行研究的例子，而是他所显示的洞察力。

（五）我们准备把对现代国家的分析看作《精神哲学》中的一

---

① 这样说可能会表现出卢梭指出过的那种悲观主义。参看上文第 89 页。

② “从来没有人构想出一种新动物。”罗斯金：《现代画家》(*Modern Painters*)，第 2 卷，第 148 页。

章，因此必须首先弄清楚这样做所涉及的问题。黑格尔的《权利哲学》（或《法哲学》）虽然是作为一本独立的著作单独发表的，但基本上是由构成他的《精神哲学》的一个分册的内容扩充而成的，《精神哲学》本身则是《哲学全书》的第三和结尾的部分（它的前两部分是《逻辑学》和《自然哲学》）。

我们在本书第二章中曾看到，仅仅是事实的力量已驱使现代的社会学者或多或少地密切联系心理学来研究他们自己那个学科。我们发现，社会的差异已经根据具有心理学特征的原则进行阐述了。但是，在我们看来，由于忽视了同一性的逻辑，一些虚构的区别便把精神的性质弄得支离破碎了，如创造与模仿之间的区别，就因不真实地将一者转化成另一者而变化不定；[1]而在个体精神与社会精神之间仍然保留着一种未经解释的分离与平行的关系，证明卢梭曾清楚地看出应加以谴责的那种迷信仍然存在。[2]我们并不否认精神可以不止是越社会性的；但只要它是社会性的，它就依然是现实的精神，这就是说它不外是我们对个人生活的认
识，[3]是对这些生活的一种无力的和不真实的反映，但它是属于它 235
们最本质的结构的一种特性。这原是柏拉图对合乎道德的自治权的分析，他的著作仍然具有权威性，只须加以发挥和解释就可以把它应用于现代自由的智力和社会的自治。

《精神哲学》一书在分析国家时所采取的立场可简要地说

① 鲍德温教授的《对心理发展的社会解释和伦理解释》，第 105 页，至少是暗示有这种虚构的转化。

② 参看上文第 89 页。

③ 是"生活"，而不仅仅是"意识"，因为客观的精神基本上存在于习惯的形式中。

明如下。在着手研究普通心理学时，我们是按我们今天所看到的个人来研究他的。我们把他看作是一个已经成型的人，与外部事物有所不同，并具有我们所谓的意志——追求个人满足的能力，而这是他借助于语言以一般的思想方式向自己表达的。我们从记忆、注意力、联想、冲动和感情等方面来分析自我和意志。但是，所有的现代心理学家都知道这个已经成型的自我和意志由来已久，并推测它和比较简单的精神生活方式有一段久远的渊源关系。黑格尔实际上是现代最先体察到精神必然经历过悠久历史的学者之一。在他看来，人类的智力，按心理学家的设想，在以精神充当主角的虚构故事中处于中间阶段。在此之前首先是人类学的研究范围，探讨的是精神被安置于人体的受过训练的机能和习惯之中的过程；然后是解释[1]一种意识，这种意识是从努力了解周围的事物逐渐提高到在道德上和科学上都确实了解这个世界。

236 因此，精神的历史在自由的精神——现代心理学的研究对象——出现之前很久就开始了。对这一点不会有很大的意见分歧。黑格尔的研究的特色在于：他对智力的历史的描述，不仅开始于自由精神这个阶段出现之前很久，而且在这之后还延续了很久。调查研究既不能从今天的个人开始，也不能到今天的个人为止。人的“精神”不是一个可以分割的实体，而且在整个历史中也不曾

[1] 这种解释在黑格尔的著作中占的篇幅也许最多，他为此创造了“精神现象学”这个术语。这是自由的或现代的精神从古代不成熟的意识（例如把奴隶制看成是自然的事情）中产生的历史。

出现过这样的实体。黑格尔把由人类学、现象学[①]和心理学构成的《精神哲学》的前一部分看作对主观精神的**典型的**论述，这对他来说是很方便的。原因是这一部分的主要目的在于探索“主观性”的发展，即精神高度发展的人的出现，他会意识到他自己，意识到他的思想和目的，并确信他的“主观性”——他的个性——不同于一切来者。

但是，这本书的后一部分是以客观精神为题探讨在意识的全部历史的任何时刻都可能注意到的一种必然会有的含义，尽管在较早的时刻只能靠预见来判断它与精神有关。

然而，现在这个问题不能再拖延下去了。“自由的精神”并不能解释其本身，也不能单独存在。它的冲动不能靠命令产生，或者换句话说，除非在由许多自我组成的一个实际的制度中，它的目的是不能确定的。它必须按照一种涉及他人的有秩序的生活的关系来表现自己，否则就不能存在。因此，它在其中作为社会和国家来 237
表现自己的那个实际的组织结构，并不是可能存在也可能不存在的某种外加的并与它平行的东西，而是它自己真实而确定的行动的一种必要的形式。这就是黑格尔在《精神哲学》的第二部分中以客观精神为题所探讨的问题。对他来说，这并不是最后的探讨。一个特定的社会总有一天会停滞不前，而且容易遭到批判和破坏。现实存在于它之外，会随着国家中已知的精神继续向前发展，前者易于腐朽，而现实则是永恒的，它会作为绝对精神在艺术、宗教和哲学中供人类体验。

① 参看上页注释①。

在下一章中我们将探讨黑格尔把现代国家作为客观精神所作的分析，他的分析可以说是柏拉图的《理想国》的放大了的翻版，使一些原来模糊不清的特征和关系变得一清二楚。

第十章　对现代国家的分析 238
黑格尔的《权利哲学》

（一）我们准备按几类事实也就是几种观点来分析一个现代国家。这也许会引起一个问题，即这几类事实或观点会被认为是有联系的，应当从什么意义上去理解这种联系。如果说乙类事实或乙种观点被提出并成为必要的，是因为甲类事实或甲种观点有缺点，那是不是说甲类事实或其意义发生在前，而乙类事实或其意义则发生在后或是由前者引起的呢？这种关系是否可以像类似国家的统一体的各个组成部分之间的关系那样得到合理的维护呢？

可以作出如下回答。我们是在社会和国家中探讨一个**理想的事实**。作为一个事实，即生活的一种形式，社会一直是个多方面的存在物，它以多种功能满足人性的多种需要。然而，作为一个理想的事实，它的前进带有理论上提高的性质。在不断努力满足有理智的人的多种需要时，精神，即有理智的意志一直是时而注重它的某个功能，时而又注重另一个功能。按这样的规律前进并不是偶然的。它在第二步强调和修改的东西，无论从积极方面还是从消 239
极方面来说，显然都取决于第一步所强调和修改的东西。从积极方面来说，由于彻底完成了一个步骤，就肯定会尝试下一个步骤。从消极方面来说，由于一个步骤所取得的一定成就暴露了已取得

的东西的限度，也就揭示了采取另一步骤的必要性。在每个阶段，意志对它本身已有的表现都感到不满。不确立某种公共秩序，道德便难以表现出来；但是当一个法律制度完全生效时，法律条文中是多么缺乏法律精神这一点又会变得很明显。我们看到智力在纯理论中起着同样的作用。科学的每一次胜利都导向一个新的起点。它的成功启发了它，它的失败也要求它这样做。

现在，科学上可能有也可能没有这种情况：导致一种发现的联想作为一个可辨别的因素永远地进入知识结构。经验的改组会把取得经验的步骤扫除。但在社会的生动事实中，情况却并非如此。因为它的许多方面是实际的和持续的，而且，不时地强调每一项原则——如关于实在法、家庭关系、经济联系的原则——只是要强调一个在整体中占有永久位置的因素。因此，家庭关系和经济联系必然总是存在的。只是有时倾向于用血缘关系来解释一切，有时又用交换来解释。这种倾向既意味着有不同的理论，也意味着功能之间实际平衡方面的情况有差异。这类因素的积极联系和消极联系，即每个因素的确实位置与范
240 围永远植根于人性之中，但可以根据它们给整个社会组织定调的尝试和失败的明确的逻辑加以说明。因此，社会统一体，就像一种伟大的理论一样，是为适应它的实际需要而发展起来的；而意志对自己的表现的不满，换句话说就是实际的智力不断试图消除的那些矛盾，是变得更像是启示而不像是绝对的矛盾——或如我们所说，变革变得不那么富于革命性了。社会统一体和一种科学理论看来是有区别的，前者在发展过程中会由于创造了新的矛盾事物而造成新的困难，如文明世界的种种社会问题；

而后者则如我们所想象的那样，是探讨一种不变的经验。但是，这一区别实际上并不像看上去那么大，而且和一种理论的发展相比较，往往可以使人们看清意志的真实性质及其为使自己满意而作出的不断的努力。

（二）权利或法律可以在最广泛的意义上理解为包括意志在一个现实世界中的全部表现——这个世界是“自由的全部条件的实体”，[①]是“实现了的自由的王国，即由精神本身产生的作为第二本性的精神世界。”[②]德语“Recht”（权利）一词[③]的价值在于它维持了法律与法律的精神之间的联系，[④]而且几乎是自行阻止把实在法与意志、习俗或感情区分开，而这种区分正是像奥斯汀所坚持的那样一种理论的基础。

这个权利或法律的整个领域，即在社会和国家中实现了的精 241
神，会按照前面阐明的原则自然地分成三类相互联系的理想的事实或观点。第一类事实，或最简单和最不可避免的事实，可称之为“法律条文”，在涉及所有权的法律——夏洛克[⑤]的法律——时我们特别要求助于它们，这似乎是纯粹的事实，它表明这个世界为合法的“人们”所占用了。

第二类事实从积极的方面和消极的方面来说显然都受第一类

① 黑格尔：《精神哲学》(英译本)，第 104 页。参看本书第 188 页引用的格林的一些论述。

② 《权利哲学》，第 4 节。

③ 比较希腊的“nomos”（法律）观念。

④ 参看上文第 2 章关于孟德斯鸠与卢梭的论述。

⑤ 夏洛克是莎士比亚的剧本《威尼斯商人》中的角色，一个狠毒残忍的放高利贷的犹太人。——译者

事实的制约，可以称之为良心的道德；这是意志对法律条文的反抗，尽管是它自己对自己的直接表现（如在把一些东西看作财产时）；这也是意志的要求：只承认它自身作为善良意志提出的要求才是权利。

至于第三类事实，则存在着前两类事实或观点都可以从中找到它们的正确位置和正当理由的实际情况或具体经验——可以说是一种完整的理论，它会调整并阐明根据片面接触生活而得出的比较狭隘的观点。据认为它存在于“社会惯例”或“道德习惯”之中；这是活动的精神体系，在那里，真实的意志像一个人一样出现在一种生活方式中。应当记注，这和其他两类事实一样，也是一种事实，虽然它类似一种理论。它不仅可以解释和证明其他因素，而且是它的存在使得它们能够存在，正如它们的存在也一直是它所必需的。不过，这三类事实中的每一类事实，作为在某些影响下可能引人注目的社会的一个方面都曾间或要求——实际上是不断地要求——突出自己，从而消除了它本身的缺点和对补充观念的需要。我们将依次说明这三种精神状态或经验，在谈到第三种时还
242 要进一步加以分类。

（三）“法律”，按尽可能直接的意义——可以说是最低限度的意义——而言，是文字表明的不容置疑的事实：各种事物被人们占用乃是我们生活于其中的这个世界的一项法则。这是这个世界从单纯的物质变为精神工具的第一个或最低限度的变化，而且是一种必要的变化。事物并没有它们自己的意志，它们之所以成为生活的组成部分是由于意志的判断。同样，正是由于对外部事物的判断，意志才第一次成为物质世界中的一个事实。财产是“第一个

实际存在的自由”。[1] 它不是纯粹关于需求的规定，而是意志的物质对应物。契约属于这个范围，即财产的范围。它是人们就某种物质的东西达成的协议——一种“共同意志”，但就其本身的性质而言，并不是像国家所包含的那种“公共的”或“普遍的”意志。

因此，将契约的观念应用于国家是混淆了不同的领域，因为国家是有理性的人性的迫切需要，而契约则不过是自由的人们就某些物质的东西达成的协议。社会契约的思想同中世纪把政府的权利和职责当作私人财产的思想是同一种类型的混乱。私人财产所标志的不过是“个人”存在的条件，如果把它们当作国家的职责就会导致荒谬的结果。

至于按照法律条文把法律的这个方面或观点看作最高的和绝对的规则，黑格尔认为可以用斯多葛派关于只有一种美德和一种罪恶的观点来说明；也可以用德拉古[2]认为只要犯了法就应处以 243
极刑的思想来说明；还可以用“传统的道义准则的残酷无情”来说明，“这种准则认为任何伤害行为都是不可原谅的侵犯”。也许还可以用奥斯汀关于法律是靠刑罚强制实行的命令的理论来说明；或用只根据占有了某个东西或对它付出了劳动的事实来解释所有权的理论来说明。这些观点的共同之处是，没有把法律看成一个现存制度的一部分，它最终要依靠意志维护某种类型的生活，[3]而是把它看作处于孤立状态的某种绝对的东西，而且在它发生任何

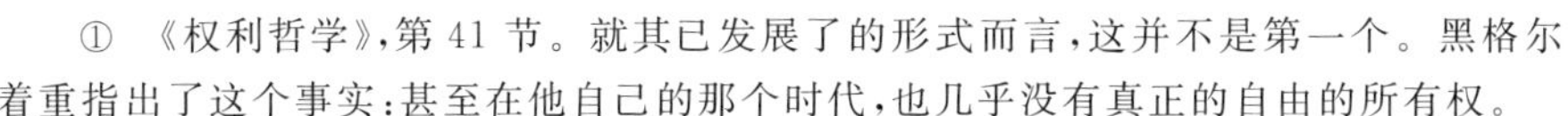

① 《权利哲学》，第 41 节。就其已发展了的形式而言，这并不是第一个。黑格尔着重指出了这个事实：甚至在他自己的那个时代，也几乎没有真正的自由的所有权。

② 德拉古(活动时期约公元前 7 世纪)，雅典的法典编纂者。——译者

③ 参看如上文第 214 页，关于权利制度的思想如何可以减轻处罚的论述。

事故和偏差时仍然是神圣不可侵犯的。

现在,这样强调和看待法律是夸大了一种单一的和直接的需要,即秩序和财产的需要性,所以可以说它是“原始的”或野蛮的,不过当然不能把它等同于历史学或人类学所了解的社会权力的最初状态。那时的法律也许与习俗和宗教感情没有区别,因而尽管十分严厉,也没有我们所讲到的那种片面的绝对性。我们只能这样说:一旦忘记了法律的活的精神并赋予法律一种不真实的绝对性,就必然会这样看待它;而且这种根本性的联系证明它本身是经常发生的历史现象和反复出现的谬误中的一个事实。

(四)在权利或实现了的意志的整个结构内,自然地会通过反对法律条文来表现自己的那个因素就是良心的道德,即道德心或
244 善良意志的观念。如黑格尔所说的,它正是依据错误的不同程度与法律条文发生联系的。这就是说,意志会发觉它同它作为实现自由的直接和必要的步骤而建立的法律和财产的秩序不一致或相抵触[1]。它的已实现了的理论,由于同创立它就是为了去满足它们的那些需要有矛盾,可以说它在某一点上会遭到失败。“Summum jus,summa injuria.”(“最严厉的法律最不公正。”)我们可以不赞成这种说法:反法律的意志是完全错误的。可能是这样,也可能不是这样。不管对不对,意志已经认识到的是:只要不是它认为能实现它自己的原则的东西,它就不能默认。凡是它认为能实现

① “不一致”的情况是:我的意志和权利本身并没有抵触,只是声称对某个东西的权利是我的而不是你的——民事纠纷。“相抵触”的情况是:我的意志反抗并尽量通过行动来否定和破坏整个权利结构,如不宣称有占有某个东西的权利就把它拿走——偷窃,即一种犯罪的行为。参看第213页。

它的原则的，就是它所谓的“善”，而它不认为是善即不符合它自己的观念的任何秩序或需要，它都不能接受。

这种反应被推到其逻辑的极端时，便产生了近代关于我的良心和我的纯意志的学说。那就是内在的自我同外在世界的冲突，这一点在历史上曾通过斯多葛学派和某些形式的基督教意识（特别是新教意识）表现出来，在哲学上则是通过康德关于善良意志的学说表现出来的，它集中体现在一句名言中：“在这个世界内外，除了善良意志，再也想不出还有什么东西可以毫无保留地称之为善”。[①] 除了一个人应当做的**事情**，并**因为**是应当由他来做的以外，没有什么事情是值得去做。

这个原则受到的批评是研究伦理学的人所熟知的。批评的要 245
点简单说来就是：不可能把任何独特的行动都和纯粹是关于一个纯意志的观念联系起来。当我们想把内在和外在或把“应当”和“实际”完全分开时，就会陷入这种困境，黑格尔以其无比的精力和敏锐探讨了避免陷入这种困境的种种方式，虽然对这一想法的毁灭性批评实际上主要应归功于他。这个问题的实质是：为了善而追求善的纯意志和任何具体的行为都没有实际联系，因而无论支持什么行为，都可能以自我欺骗的方式提出来，并可能由此产生关于“纯意向”的全部诡辩和伪善。黑格尔机敏的评论[②]至今仍然值得注意，他认为极端的新教道德教义会采取伦理上的空虚或不稳定的形式，而这在他那个时代一直是许多新教徒跑到罗马去的原

259

① 康德：《道德形而上学的基础》（*Grundlegung zur Metaphysik d. Sitten*），德文版，第 1 节。

② 《权利哲学》，第 141 节。

因，他们的目的如果不完全是为了思想的稳定，也是为了求得某种依靠。

即使没有这种片面性，仍然存在着这种永久的必然性：一个有理智的人只能默认符合他的意志的事情。正是他的意志肯定了他的本性要他追求的目标，因而他绝对不会信赖任何他的意志所不喜欢的东西。主观意志是使自由能够成为现实的唯一土壤。

这样，在这个权利的一般有机体或实现了的自由意志之内，我
246 们已发现了两类相互对立的事实——因为有理智的人的种种追求都是事实——或者说两种倾向或理论，它们的关系是对立的，但对表达同一个根本需要来说又都是必要的，它们就是法律条文和良心的自由。

（五）黑格尔用来表达如他所说这些极端看法的"真实性"的第三个术语的名称可以译为"伦理体系"，或"道德生活"，或"社会道德准则"。它能表达这些极端看法的"真实性"，犹如完善的理论可以表达两种片面观点的真实性。不过，如我们已经说过的那样，它既是一种理论，又是一个事实，因而它实际上含有这两种观点所要求的东西，并能做它们和它们所依据的事实表明必须做的事情。这个关系并不是难于理解或没有先例的。每一种制度，每一种生活，都是作为一种理论在起作用，它或者支配着它的事实，或者不能支配它们；尽管并不是每一种理论都是一种生活或一种制度。

上述词语试图表达德语"Sittlichkeit"（"道德"）一词的意思。这个词的意思源于"Sitte"（"道德"）一词，在日常用语中等于"习俗"。黑格尔在他的后期著作中使用这个词时是与"Moralität"（"道德观念"）一词相对的，并通过与后者比较指出生活的一种更

完美、更真实的状态，他这样做是有意对康德的纯善良意志的原则宣战，也是在概述他的伦理政治观点的要旨。[①] 这个词可以非常自然地应用于一个在其内部尚未十分明显地将法律、习俗和感情加以区分的共同体的生活。按照已被接受的观点，古希腊的各个共同体在与苏格拉底和诡辩派的名字有联系的思想运动使它们动摇以前，可以说是“Sittlichkeit”这个词所表示的一种生活安排和 247
生活秩序的实例。如黑格尔早在 1802 年就写成草稿的那本书[②]所表明的，他正是从希腊的各个共同体中发现了关于法律与习俗，即责任与意向在其中达到完全一致的整体的思想。继而他又按照现代的自由观修改了这个概念，更加强调和突出其各个组成部分，并坚持（例如和柏拉图的《理想国》对比）个人有选择权、创制权和所有权的原则，认为这是有理智的人组成的完善团体所必需的。如我们刚刚看到的，他确实把反思的道德或道德心引进了权利的领域，以说明精神的完整性质，因为精神的完整性只有在追求它的目的的自觉意识中才能显示出来——这些目的是由它自己选择的，也是为了这些目的本身而去追求的。

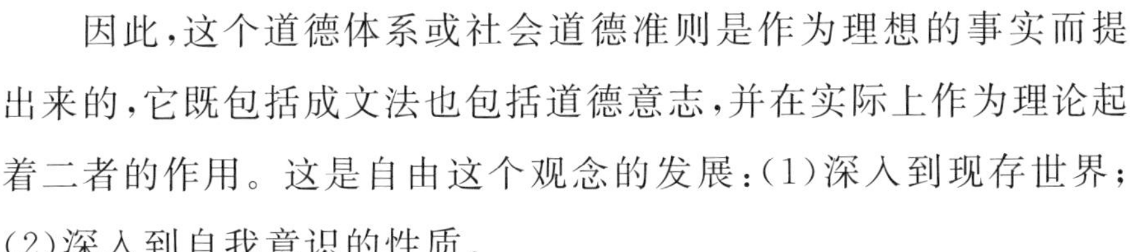

因此，这个道德体系或社会道德准则是作为理想的事实而提出来的，它既包括成文法也包括道德意志，并在实际上作为理论起着二者的作用。这是自由这个观念的发展：(1)深入到现存世界；(2)深入到自我意识的性质。

① 最引人注目地阐述这个观点的英语著作是布雷德利先生的《伦理研究》(1876)。

② 《道德体系》(*System d. Sittlichkeit*)。《权利哲学》的初稿直到 1817 年才出版。见华莱士的《黑格尔的精神哲学》，第 187 页。

因为(1),首先是这个道德体系或构成社会道德准则的种种行为方式构成了一个现存的和现实的世界。迄今为止,它一直具有成文法和秩序即维护财产所有权的制度的性质,正如我们已看到的,这几乎是个自然的事实。我们可以说,社会道德准则是一个确
248 凿的事实。它体现在一个民族的生活习惯和外部行为中。它可以改变一个国家的面貌,“驯化这个野性的尘世”。[①] 每一个人都以一定的方式作为社会道德生活的一部分而保有自己的肉体存在。正如已说过的那样,道德生活的种种准则和传统都是“理所当然的”。它们跟“日、月、山、河以及所有的自然物”是一样确实、一样“客观”的正常状态。[②] 人类不知不觉地按照它们来生活,而且在很大的程度上并不知道自己是在这样做。作为这类事实,或者说从这一观点来考虑,道德体系是道德世界的主体。

(2)但道德体系也同样是自我意识的本性。它和“纯意志”本身完全一样,也是人类智力的一种要求或一种内在的普遍法则。[③]二者的区别在于:即使把意志看作内在的,就是说看作满足意识的要求的动机,即使从这个观点来看,道德体系也是一种体系,即一个世界。因此,它具有一种十分系统的理论的性质,与善良意志这一观念迥然不同,后者只是个一般的观点。正是因为有这种系统性质,它才能把个人的或特殊的意志同社会的普遍精神联系起来。只有在一个系统中才能把特殊事实同普遍法则联系起来,就像把

① 埃斯库罗斯:《复仇神》(*Eumenides*),第 14 行。

② 《权利哲学》,第 146 节。

③ 关于这个问题的这一部分,可参看布雷德利先生的《我的岗位及其职责》一文,载《伦理研究》。

行星运动同引力定律联系起来一样。如前所述，特殊的意志因其
与有系统的目的的关系而普遍化了，因为它部分地含有并部分地
实现了这个目的。一个人希望得到某个东西，但不会不惜任何代 249
价的。他知道由于生活的其他目的与要求，他需要保留的愿望只
是一部分；但是，如果这些保留能够完全表示出来，就会构成他在
社会的普遍生活中实现了的生活方式。这恰恰类似于一种普通的
直觉判断变成科学真理时必须经历的过程——必须把各种含义充
分阐明，并根据这些含义来修正感性认识。做到了这一点，我们得
到的就不再是一个事实，而是一门科学。

从这个观点来看，作为个人意志的实质，道德体系就是道德世界的灵魂。

在分析道德体系时，我们将完全不谈“义务”或“美德”。义务在任何情况下都是关系所要求的——把普遍的意志体系和个人的生活联系在一起。美德乃是被认为体现在一个人的本性中的这样做的一种习惯。按照黑格尔的观点，美德和德行的观念对一个道德国家的成员是不完全适合的。这种观念不如说是属于不发达的社会生活的时代，那时道德原则及其实现都被归因于一些特别有才能的人的本性。例如，对希腊道德家来说，美德或优点是表示做了比一般水平更好的事，或在某方面具有特别才能，还倾向于表明有作出特殊成就的愿望，而不仅是感到你自己真正有用。这些词的意思现在往往变得仅指某些特殊的关系，并不是指统一体的成员的生活，而后者才是我们真正重视的问题的实质。

因此，道德体系或社会道德秩序——基督教世界中公民的精 250
神和行为——可以被认为是在必然相互联系而又相互补充的三个

主要方面肯定了自由。这三个方面表面看来是三类不同的事实——不同的制度;它们实质上是一个完整而不可分割的人类精神的不同状态或意向。

因此,黑格尔的分析是从三种观点来看待社会统一体或社会道德体系的。第一种观点是关于家庭的;第二种观点是关于他所谓的资产阶级社会的;第三种观点是关于政治组织或严格意义上的国家的。

必须牢记的是:像权利领域中的三个主要部分一样,这三个题目既代表三类事实又代表三种明确的社会学说。

(六)我们要再次在一个正常的社会范围之内,从最接近于自然界并且可以说业已进入目的与意识领域的道德因素入手,所以就从家庭谈起。当家庭存在于一个现代的文明共同体中时,它是社会和国家所必需的,但又与二者完全不同。

1. 首先它反映了社会关系的自然基础这个**事实**,它是自然感情以爱的形式在父母之间和儿女与父母之间的体现。黑格尔正是根据他对一种体系的意义的总的看法,把主要由家庭所体现的这种精神因素理解为一个被保持下来而又**特别**经过分化的组织——它不是或不仅仅是不确定地分布于整个共同体中的。因此,在他
251 看来,现代家庭代表着文明的一个较高的阶段——一个更加充分地体现精神的组织——胜过氏族或部落,简言之,就是胜过任何一种其**整体**结合力只以自然感情、仁慈、慷慨或慈爱为基础的共同体形式。在民族国家中,确实还残存着一点自然亲情的味道,即根据血缘关系而和睦相处的色彩,就像感情贯穿于个人的心理中一样。不过,国家的显著特征是清醒的理智、明确的法律和体制,因而感

情的自然基础虽然有保留并使之精神化的必要，但它是在作为一个特殊组织的家庭中而不是在国家本身内达到这些要求的。

因此，一切想通过降低国家的水平或提高家庭的水平将前者比作后者的理论（柏拉图的《理想国》、法伦斯泰尔[①]、家长式政府，以及诸如此类的理论），在黑格尔看来都只会造成关系的混乱。这些理论都认识到了一个为社会所必需甚至可以说是社会基础的因素。但是，它们没有看到这个因素在整体中的直正位置，也不懂得这个道理：为了达到一种比较牢固而有深度的团结一致（简言之就是一种比较坚定而深刻的精神），必须让各种不同的因素更加突出和更加清晰可见，而且不应忽视或草率地对待它们各自的特点。

2. 但是其次，家庭是有理性的整体即国家中的一个要素，尽管它的作用**首先**是作为社会的自然基础。因此，它的性质和约束力是伦理的——它一方面不仅仅依靠感情，另一方面也不仅仅依靠契约。它具有社会的一面，以明确的语言（作为普遍性标志的语言）向社会宣告它承认一项普遍的义务，这是婚姻必不可少的组成部分，而不像感情的信徒们所极力主张的那样，只是偶然的或附带的条件。这个观点是为了防止把感情当作婚姻的唯一要素而引起 252
混乱。这是个反复争论不休的问题，在黑格尔的时代为弗里德里希·冯·施莱格尔的小说《路琴德》(*Lucinde*)描述过，它想证明婚姻的形式会破坏爱情的价值。黑格尔的分析对这种不能理解一个多方面的事实所具有的不同侧面的表现总是持反对态度的。

① 法伦斯泰尔(the phalanstery)是法国空想社会主义者傅立叶幻想建立的一种社会主义社会的基层组织。——译者

3.家庭的道德面貌[1]表现在家庭单位的性质和组织方面,因为家庭单位是体现两个家长持久的利益和关系的一个组织,也是对子女身心的培育负有社会责任的一个组织。两个家长的持久的和平等的关系作为家庭的道德面貌包含在家庭单位的性质之中,即意味着一夫一妻制,而且只有一夫一妻制的家庭才算得上是道德秩序的真正的因素。

4.家庭单位是确定父母在家人中身份的真正和有效的伦理组织,与像氏族那样的血缘关系较少的形式相反,是需要受到国家的尊重和保护的单位。真正的家庭始于婚姻和家庭单位的建立,而且我们发现在法律的早期发展阶段,国家是凭公正的本能保护家庭单位不受氏族干预的,例如通过授予遗赠权力来这样做。这种权力尽管现今可以说主要是用来对付家庭的一种财产处置权,但在早期的法律中却是使独立的家庭单位长存下去的一种手段,以抵制氏族用来干预家庭财产权的借口。

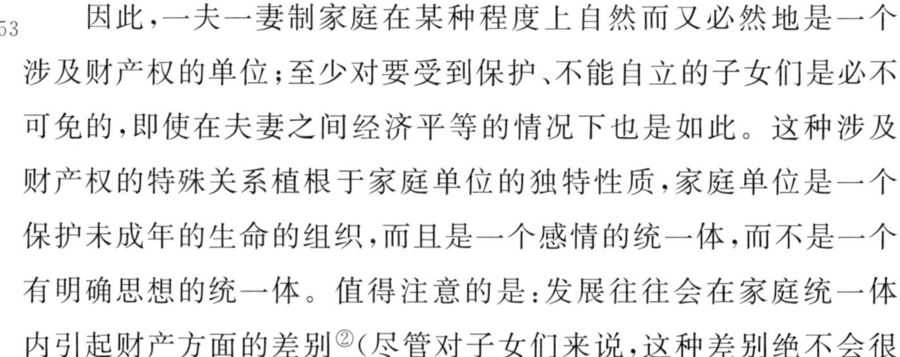

253 因此,一夫一妻制家庭在某种程度上自然而又必然地是一个涉及财产权的单位;至少对要受到保护、不能自立的子女们是必不可免的,即使在夫妻之间经济平等的情况下也是如此。这种涉及财产权的特殊关系植根于家庭单位的独特性质,家庭单位是一个保护未成年的生命的组织,而且是一个感情的统一体,而不是一个有明确思想的统一体。值得注意的是:发展往往会在家庭统一体内引起财产方面的差别[2](尽管对子女们来说,这种差别绝不会很

---

① 参看格林的《政治义务的原则》,第235页。

② 已婚妇女的财产,对子女收入的保护,家庭内部通过谅解分配给幼小子女的财产。

大)，而且很少会把家庭的种种关系传到外界去。只要造成了这些差别，在家庭单位的性质和作用不受干扰的情况下，必须会多少加强道德上的一致，这种情况本身也无疑会表现出来。

(七)当男人(或女人[①])成年后离开家庭这个安全的庇护所时，他会发现自己——初看起来——是在一个和自身利益冲突的世界里处于孤立的状态。他需要谋生或管理自己的财产。从表面上看，把他和别人束缚在一起的仅仅是需求和工作的制度——这个制度所必有的基本职能是维护治安和执行法律。

黑格尔用资产阶级社会[②]这个词所指的，正是社会生活的这个方面和与之相应的倾向或意向。在他看来，这个社会是家庭所 254
体现的生活与精神的相反的极端。从外部看，它是许多家庭的集合体——因为资产阶级社会的成员正是家庭单位的首脑——这些家庭生活在一个巨大的工商业体系中，每个人都必须在那里找工作做。这个社会所关心的是一些虽然有限却很明确的目标、计划和自身的利益。[③]

传统的政治经济学坚持认为资产阶级社会是社会统一体的一个方面，作为在把复杂的表面现象归纳成原则方面所取得的一项

① 黑格尔会说只有男人或主要是男人，因为在他看来，男人是家庭的自然的挣钱者和一家之长。

② 《资产阶级社会》(*Bürgerliche Gesellschaft*)。华莱士曾指出，"社会"在这里是与"共同体"相对而言的，是指一种较松散的联合形式。

③ 参看《威廉·迈斯特的学习时代》(*Wilhelm Meister's Lehrjahre*)第8卷第2页那个商人的说法："我可以向你保证，我有生以来从未考虑过国家。我缴纳各种捐税、费用和应付的款项，只是因为这已成为公认的惯例。"(引自华莱士的《黑格尔的精神哲学》，第201页。)

成就，它给黑格尔留下了很深的印象。此外，这种社会观也体现在纯法治[1]国家的概念中，而且有一批理论家把它的原则和国家本身的原则混为一谈，正如另一批理论家将其和家庭的原则混为一谈一样。

这正是黑格尔的观点的特色——也许在他的全部政治思想中是最有创见的，也是最著名的——即坚决认为社会的这个方面，连同属于它的意识形式，是现代国家所必需的。按照他的逻辑，每一个真正的统一体实际上必然会有“差别”的一面，即分成个别部分的一面。

正如在柏拉图的《理想国》中集中表明的，古代国家的原则是
255 脆弱和不成熟的，缺乏真正明智的要求，[2]这恰恰是因为它不敢真正对个人放手——让他如实地表现自己。那时“主观性”对它是个致命的原则。这并不是因为古代国家实行高压统治。在旁观者看来，那时个人是非常成熟的。他的局限在他自身，但并未使他受到压抑；倘若没有这一切，他不会有自由选择的机会，也不会得到有才能的人容易得到的职业。

现代的要求——这正是黑格尔的概念——更难满足，标准也更高。个人的生活不是由他的出身预先决定的，他被迫面对着经

① 关于术语的问题，可参看布伦奇利的《国家论》(*The Theory of the State*)，英译本第 69 页。该书第一版中使用的“警察国家”一词，比较确切地说是指我们所说的家长式政府。书中提到的试图把自己限于保护生命和财产的国家，不如说是“法治”国家。

② “不够理想”(黑格尔:《哲学史》，德文版第 2 卷，第 254 页；英译本第 2 卷，第 108 页)。对他来说，这个“概念”必须包含着同一、差别和重新统一；在这方面，古代国家缺乏正确的概念，现代国家则是认识到这一点的。

济的需求,这是一种普遍的结局。他不得不抛掉自己的粗野和自大,并自动地按某种要求来塑造自己。不走这一步就不可能有真正的自由——通过自己的行动使自己在外在需要的领域中得到一个确定的位置,即“成为重要人物”,或者使自己依附于一个提供工作机会的阶级。因此,当我们看到在资产阶级社会的题目下对文化或教育做一般的探讨并论及其必要性时,会大吃一惊。因为文化意味着从一个人自己的任性中解放出来并接受一项普遍的任务。这是一个艰难的过程,因而是不受欢迎的,但要获得真正的自由,这个过程是必不可少的。有人批评说,这样的世界和倾向是一种自私自利的世界和倾向,这种批评对黑格尔不会有很大的吸引力。我们有必要在下文比较详细地探讨这一点。[①]

可以顺便指出,随着现代经济关系的发展,看来可能要归咎于 256
对需求和工作的庞大体系的依赖的生活无保障的情况越来越被认为根本不成问题,除非是在缺少工业训练形式的“文化”的情况之下。实际上在现代生活中没有任何绝对稳定的地方。无论在什么地方获得最高度的稳定都是由于在各种需求相互依存的体系中能适应工作的要求。[②]

因此,如黑格尔所看到的,而且从他没有看到的更多的方面来说,资产阶级社会体系——经济界和工业界——并不是一个独立的实在,而只是更大的一个体系中的一个现象。它的成员也不是像他自己感到或认为的那样独立存在的。他处于国家一般生活之

① 见第 270 页。

② 我可以提到 H. 鲍桑葵的《生活水平》(*The Standard of Life*)中论“阶级斗争”(*Klassenkampf*)一文。

内，并受到它的支持，因为他在“商业”或工业方面追求的目标都没有超出他的智力的整个结构，而且是与之分不开的。

因此，资产阶级社会的世界——基本上是一种现金交易关系和完全由国家保护的世界——有它自己的结构或倾向，这种结构或倾向通过必要的步骤使它恢复与国家本身或显而易见的确定的社会统一体的联系。我们必须看到，它是在国家之后出现的。像资产阶级社会这样的一个世界，只有在国家本身的范围内并依靠其坚实可靠的权力才能出现，或者说才是可以想象的。像家庭一样，它先于国家考虑的问题是：范围较小或较简单的问题，涉及的
257 因素较少的问题，在虽然必要却更加特殊的方面体现人性的问题。也正是由于这个原因，它不能单独存在。它不具有在现实世界中为保存自己所必需的多方面活力。

所以，资产阶级社会的活动会显示并且可以说是会导致与国家本身的一种不可避免的联系。

首先，经济世界有执法的问题。在这个问题上，由于涉及一套成熟的文明法律，按最粗俗和最野蛮的意义解释“法律条文”的情况有了进步。一个现代国家的法律制度是而且应该是[①]对人的权利和关系的公平合理而又明白易懂的解释。根据这种解释，关于各种特定的需要和工作的经济制度可以说就会开始接近于一种原则的一致。法律实际上只宣称要**保护**财产与交易，但在这样做时不可避免地要承认特定的需要具有普遍的意义；因为成熟的法律制度的建立只是为了使各种需要得到满足，并根据需要的系统采

① 黑格尔极力主张编纂法典。

取一定的形式。关于法律使特殊的私人利益开始接近于具有普遍性，我们可以用迪尔凯姆先生提出的具有启发性的看法[1]来说明。他指出，“从身份到契约”这个说明社会变革的流行公式具有一种不易被认识到的微妙含义。[2] 因为，契约并不是真正不确定，仿佛是没有先例地凭空产生的。它发挥效应的形式要根据社会经验通 258
过法律和习惯来决定；因此，宣称以保护财产和交易为目的的法律就必须按它选定的保护方式来管理它们。

从资产阶级社会的利益中会产生一种与国家本身——也可以说是与关于共同利益的一项明确原则——更加密切的关系，这种关系的表现形式被一个德国人称作“警察加社团”，也就是国家管理加行业协会。

国家管理的基础是特殊利益系统中出现了各个方面的共同利益。特殊利益（供与求）的领域具有意外的一面，而国家则有扫除意外的障碍以保护共同利益的权利和责任。总的看来，生产者与消费者之间的正确关系无疑是自行产生的；但可能出现失误，这要求代表共同利益的明确[3]原则进行干预。个人得到他所需要的东西的普遍可能性就是一项公共利益，因而国家有权根据这一目的进行干预；干预既可通过兴建必要的公共工程和检查环境卫生等工作，也可通过查处向公众出售日用必需品中的欺骗行为。因为日用品的供应不是纯粹关系到私人的事情，而是有关公共利益的

① 《社会分工论》，第 225 页以下。

② “现今法律的进步是从契约到共同体。”M. T. 福莱特的《新国家》，第 125 页，作者在这里论及最近的，特别是美国的法律理论，是很引人注目的一章。1919 年。

③ 在黑格尔的著作中，关于共同利益的明确观念总是属于国家本身的。

问题。如果确实完全由官方管理，就可能产生使工作成为金字塔式的危险，根本不符合私人的需要；即便如此，在私人需要的系统中仍然存在着需要高度重视的公共利益。

259 资产阶级社会与国家的相似之处是由以等级的事实为基础的“社团”构成的。这个社会的每个成员都按其职业分别归属于某个等级，这种区分为等级的现象是由盛行于经济领域中的分工造成的，它把共同利益伪装成私人的利益或需要。但是，随着等级的形成，社会似乎开始从由私人利益引起的分散状态中恢复原状。作为等级[①]或“阶层”的一员，公民与他同等级的人取得了一致，他的特殊利益**事实上**就变成了共同利益。而且作为那个等级的成员，他也是或者应当是他的“行业协会”或“社团”的成员。他可以从中获得荣誉或承认，[②]一定的生活水平（离开了这一点，他就容易由于缺乏一个被承认的社会地位而用盲目的奢侈来表现自己），工作水平，预防不幸的保险和（作为应试人）接受技术教育的经济能力。

如果说家庭是国家的第一基础，等级或阶层就是第二基础。
260 社团或行业协会对其成员来说是第二家庭。它是私人利益[③]和共同利益之间的道德联系的基础，而国家则应该注意使这个基础尽

① 必须记住，德语的“Stände”（“等级”）一词是和议会的代表相联系的；法语的“états”（“等级”）一词则和法国封建时代的三个等级有联系。

② 参考英国工人的说法：“一把好手”，即本行的能人。

③ “我们只能说，这些人如果离开我们会非常后悔的。……一个人如果如此不谋私利，以致完全不关心自己或同人的利益，那么，随着岁月的流逝，他很快就会发现自己与白发和眼镜一起完全被排挤掉了。”——《1896 年 1 月全国鞋业工人联合会伯明翰分会的报告》

可能保持牢固。[①]

黑格尔写道，[②]“如果说近来‘社团’已经被取消了，这就意味着个人应当去自谋生计。这一点可以得到承认；但社团原来并没有改变个人自谋生计的责任。在我们的现代国家中，公民只是有限地参与国家的带普遍性的事务；但允许有道德的人从事高于其私人目的的带普遍性的活动却是必要的。现代国家并不总是向他提供的这种普遍性，他在‘社团’中能够找到。我们早已发现，在资产阶级社会中为自己提供生计的人也在为他人活动。但只有这种无意识的必然性是不够的；它还需要社团使之成为一种自觉的和关心他人的社会道德。当然，社团需要较高一级的国家监督，否则就会僵化、保守并退化成为一个可鄙的行会。不过，社团根本不是封闭的行会；更确切地说，它能使孤立的行业形成一种道德的联系，使它们进入一个可以获得力量和荣誉的领域。”[③]

（八）国家本身或政治结构，在黑格尔看来，是家庭和资产阶级 261
社会可以在其中获得本身的完善与安全的一种制度。正如我们所知道的，他早期曾对古代希腊国家的完美的统一留下深刻印象。而他描述现代国家时的主导思想就是对希腊国家观念发挥而成

① 《权利哲学》，第 201 节和 255 节。我略去了黑格尔描绘各阶级特征的部分，其中有很多与把职业当作决定性特征的理论相同的说法。他认为农业生活与工业或商业生活的差别，即农村与城市的差别非常重要。看来他几乎把资产阶级的工业主义限于城市居民的生活范围之内；尽管最终把整个社会划分为阶级仍是资产阶级社会的特征（参看 256 节和 305 节）。

② 第 255 节。

③ 显然，对工商业各阶级的联合组织的这种看法从原则上说并非只适用于行业或职业团体。还可以包括其他组织，如联谊会和合作团体，通过这些团体经济界人士相互结合在一起，以便促进、承认和维护他们的共同利益。

的，犹如把太阳扩大为太阳系一样。在现代国家中，家庭感情和个人利益都不受干涉，得到重视，加强到了最大限度；而且正是由于它的成员有如此广阔的活动范围，现代国家才具有“巨大的力量和深度”。它是典型的精神，是理性的本质，它的完善就是它的每个部分或每个方面或每个因素的完善；它坚持这种合乎逻辑的信念：感情和自我意识越强烈，就必然越有把握回到理性系统即它们本性中的原有的位置。作为最高的权力，国家一方面要对个人生活、家庭和经济生活的领域保持一种外在必要性的态度。它可以使用强制手段进行干预，以排除意外事件和不成熟因素在共同利益道路上设置的种种障碍。但是，国家实质上是这些生活方式内在的明确目的，并坚决要使普遍的目的和人类的特殊利益达到和谐一致。简言之，它是公共意志或真实意志的化身。它以家庭的道德
262 习惯和倾向为全部基础，并使之与职业领域的明确意识和目的结合起来。就国家的有机体而言，即就我们作为公民的感情和思想而言，感情会变成真挚的忠诚，而明确的意识则会变成政治见识。作为公民，我们既感到也看到国家包含着并保卫着我们所钟爱的对象和我们的利益；它们不是偶然凑合在一起的互不相干的项目，而是被它们与共同利益的关系改变了的目的，正如我们或多或少意识到的那样，这些目的必然要变成共同利益。这种感情和见识就是爱国精神的实质。做到高尚会比仅仅做到正确更安心，而且人们喜欢把爱国精神理解为乐于作出未经别人要求的巨大牺牲的精神。但是，真正的爱国精神是把国家看作我们生活的本质目的和基础的日常习惯。

国家的各种职能的划分是其合理组织的一个必要条件。但

是，正如卢梭所坚持的，把这些不同的职能看作各自独立或互相制约的是完全错误的。如果国家的这些职能是完全独立的和互相排斥的，就不可能有充满活力的统一体。它们之间的差别只是合理的分工。国家是一个合理的概念的化身；它是“理性的一个符号”。

因此，主权并不是存在于某一个因素中。它实质上是政治结构中的每个因素与整体形成的那种关系。[①] 这就是说，它只存在于**作为**有组织的整体起作用的那个有组织的整体之中。例如，如果我们按与国家的主权相对立的意义来谈论“人民的主权”——似乎在表达与调节共同体的意志的有组织的手段之上还有像“人民”这样一种东西——那么，严格说来，我们就是在谈论毫无意义的事 263
情。这正是卢梭的两种观点之间不一致的地方。我们知道卢梭曾说得很清楚，不通过一定的法律制度是不可能表达公共意志的。但是，他论述人民的主权时似乎要提示的（也被认为是他的看法的），无疑就是黑格尔所反对的观点。这实质上与如何制定宪法是同一个问题。严格说来，若不修改现有的宪法，就不能制定新的宪法。假定在某个超政治的殖民地中有一批彼此不相识的人，可以说他们在能够制定出宪法以前，必须先假定有一部宪法。法律和宪法都是国家精神的表现。

黑格尔分析的国家形式是一个现代的君主立宪制国家。它有一个行政机关（如他所谨慎地主张的，由身兼议员的大臣组成）和代表公民社会中已经形成的各个阶级的立法机关或国会。黑格尔坚持认为，议员是代表团体或利益的，而不是代表一群群的个人

① 参看《新国家》一书对主权的阐述，见上文第 lvi 页。1919 年。

的，社团或行业协会由于与行政部门有联系，[①]也直接占有重要的
264 地位。正如前面指出过的，总的原则是：重要的特殊利益和共同体的普遍利益的关系问题，可以说是由立法机关和行政机关根据社团和资产阶级社会的意见为寻求符合共同利益的解决办法而提出的。

用黑格尔的话说，符合逻辑的权力划分是：立法机关必须制定普遍的原则，行政机关必须把这些原则应用于特殊情况，而君主则必须使国家的行动"明确无误地"最终体现个人的意志。

黑格尔认为把国家分成君主制、贵族制和民主制的原则不适用于现代世界。它至多只适用于古代的不发达的政治共同体。现代国家是个凝结体，按照它的原则，一个民族的生活的全部因素都体现在国家这个不可分割的统一体中。

令人难以理解的是黑格尔坚信国家首脑的个人作用。他用两极相通的道理把这种个人作用和对自由个性的承认联系起来，而后者通常被认为是现代世界的民主原则。我们可以用实例来说明，按照现代关于法令的思想，一项法令如果不经某一个人最后确定，就不成其为法令，尽管在发达的政治体制下，国王的作用可能只在于签上他的名字。把这一观点同美国政府由一个人当权的趋势相比，至少是值得注意的。

所以，从一个方面说，国家是维持和调节作为实际生活的家庭

① 虽然工会、联谊会和合作团体的意见是由我们政府的各个部门通过一些视察员和委员会从立法着眼而征集到的，却与下议院无关。

关于国家和地方团体与职业团体的关系，可参看《国家与多元论》一文涉及福莱特小姐的《新国家》的部分，上文第 liv 页。1919 年。

与资产阶级社会的权利和目的的外部力量与自动机构。从另一方面说，也是从最基本的方面说，国家又是联系感情与见识的力量，265
能通过作为一个有内在联系的结构的组成部分的个人意识起作用，这些个人一致追求某种类型的生活，视之为他们可以在其中找到符合自己利益的共同利益。国家和宗教具有同样的内容；但是它采取一种不同于感情形式的明确而又合乎理性的形式。只是由于国家和教会的分离以及教会本身的分裂，才使国家有可能真正充分显示其在自由和道德方面的特性，摆脱了教义的权威和无政府主义的狂热。

(九)把各阶级或阶层在议会中讨论的情况公之于众，是进行公民教育的重要手段。如果说人人都知道什么对国家有利并必须提到议会去讲，那是完全不符合实际的。国家利益是在陈述[①]和讨论中通过调整个人对由批评证明了的事实与需要所持的观点而形成的。“一个人在家里向他的妻子和朋友自鸣得意地发表见解是一回事；在重要的会议上一种尖锐的见解压倒另一见解则完全是另一回事。”[②]

众多个人根据公之于众的政治讨论作出的自由判断就是“舆266

① 当前英国政治中值得注意的一点是：立法机关实际上受政府部门控制。一些议案被否决了，或者说“在委员会中被推翻了”；但是，在一个复杂的社会中提议立法所必需的大量有系统的知识，几乎只能从经常处理同类问题的机关所积累的经验中获得。这一趋势不止是证明了黑格尔的看法正确。如他所说的，表达“公共意志”的法令不仅必须通过公开的讨论和批评来酝酿，甚至必须根据大量的经验来拟定，这种经验是一般人没有掌握也不可能掌握的，但它能使他们的有代表性的愿望和目的体现在有效的形式中。

② 《权利哲学》，第 315 节。

论”。从舆论中可以看出实际存在的矛盾。作为公众的意见，它是真实可靠的，并含有国家的道德精神。个人根据其自鸣得意的特殊判断发表的意见充满了谬误和虚夸。这种特殊而且是自鸣得意的意见是错误的；合理的意见必然具有普遍性，尽管未必是共有的。舆论是一个矛盾的现象，真理会作为谬误存在于其中。不是偶然的原因，而是必然会产生的见识，导致人们用格言式的语言来表达这两个特点，如说“人民的呼声就是上帝的呼声”，与之形成对照的说法有阿里奥斯托[①]的

> “*Che'l Volgare ignorante ogn'un' riprenda*
> *E parli piu di qual che meno intenda*”；[②]

或歌德的：

> “*Zuschlagen kann die Masse*
> *Da ist sie respektabel*；
> *Urtheilen gelingt ihr miserabel*”；[③]

或卡莱尔[④]说的“多半是蠢材”。

既然舆论兼有真理和谬误的成分，公众便不会认真对待二者，即二者都不可能是公众的真实意志。但是，如果我们只限于把它表达出来，我们就不可能说明舆论当真赞成什么——因为它不知道。因此，对某种意见热情支持的程度如何并不说明问题，即不能
267 从“真实意志”的意义上说明公众真正赞成什么。要了解这一点，

---

① 阿里奥斯托（1474—1533），意大利文艺复兴时期诗人。——译者

② “无知的庸人对谁都指摘，而讲的多半是他最不了解的事情。”

③ “群众格斗是好手，判断能力却很糟。”

④ 卡莱尔（1795—1881），苏格兰散文作家和历史学家。——译者

只能根据独立存在的实在，因为它是舆论的“真实本质”。这种独立存在的实在，即任何事实的真相之所在，仅靠研究表达出来的舆论是了解不到的，但是，如果能成功地加以推断，舆论总会接近于它的。如果要问如何进行推测或了解，我们就得回到理论的类推问题。答案必须符合实际的情况或需要，而实际的情况或需要也只能随着答案的逐步形成而为人所知，就像科学发现的过程一样。能看清他所处时代的意志和要求并能予以满足的人，就是那个时代的伟人。所以，对舆论既要重视，又要藐视；就其基本根据来说要重视，就其有意识的表现来说则要藐视。不过，允许每个人发表意见乃是现代世界的原则。在一个人发表意见从而满足了突出自我的冲动以后，他就可能会默许已经做过的事情，他会觉得他已经对它提过一些建议或批评了。[①]

（十）在结束这一章时，我们要估量一下对国家的这种分析接近生活实际情况的程度，要承认某些与之相反的现象，但也要反对根据错误的抽象得出的悲观看法。

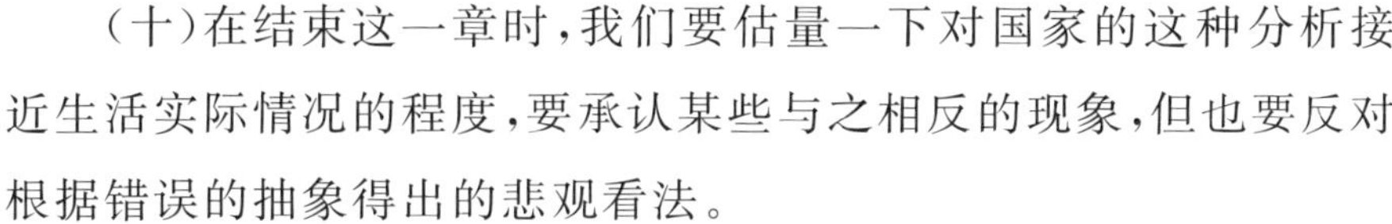

我要申述一下如 T. H. 格林所遇到的一些难题，他是一个审慎而求实的英国人，对本国的政治富有经验，并了解各个阶级的人。

“对一个也许惯于满足主人的贪欲的雅典奴隶说国家是自由的实现，那将是一种嘲弄；而对住在伦敦一个两旁都开着酒馆的院子里的没有教养而又营养不良的居民这样说，其嘲弄的程度也相 268

① 《新国家》的作者很有道理地认为，如果我们能在“共同生活的艺术”方面取得长足的进展，“真实意志”的真实性就会大大超过现在。上文第 lvi 页。1919 年。

差无几。”[①]“确实，国家加于个人身上的负担他多半已很习惯，以致不再表示反抗了；但是，我们可以追问一下，这难道不是一种外加的负担吗？个人把它肩负在自己的身上就跟承受大气压力或暑热与严寒的威迫一样，它迫使普通公民缴纳各种捐税，服兵役，不践踏乡绅的田地，不诱捕乡绅的野兔或到乡绅圈为禁地的河里去捕鱼，交付地租，尊重那些显然只对财主有利的人为的财产所有权，甚或（如果他是个“无产者”）在他一无所有的时候也不许碰一碰邻人过多的财富。”“任何一个概念都不是浮在空中的。它必定是某个人的想法。那么，这些惯例所体现的公共利益的概念又是谁的想法呢？”“当国家的要求如此大量地出自种种自私动机的压力，而服从这些要求的动机却是由畏惧心理所决定的时候，说这些要求具有共同的根源，认为其实质是无私和自发的美德，这难道不是严重的欺骗吗？”

我引用这些段落——全部内容都应仔细阅读——是为了清楚地表明自始至终有一种对有关社会的理论产生影响的悖论。它不断出现在对经济动机、政治动机和日常社会生活动机所作的悲观评论中。

269 整个问题实际上取决于我们对抽象概念和具体事物的关系的理解。正如格林所说的，共同利益这个观念显然从来就不是对国家的形成或维护起作用的唯一力量。而且，就它起过的作用来说，也只是以很不完善的形式实现的。格林甚至认为，黑格尔关于在国家中实现了的自由的论述似乎并不符合社会现在的实际情况，

① 《政治义务的原则》，第 8 页；参看第 127 页以下。

甚至不符合在人性不变的条件下任何时候可能发生过的实际情况；尽管无疑存在着精神解放的工作——社会通过它的各种机构一直在为个人进行着这项工作。

因此，我们可以像承认知识（按照通行的理解）或道德的不完善那样在同一意义上承认上述评论是正确的——不完善并不是偶然的，而是人类经验的每一种特殊形式所固有的。利益的冲突、权利的不能协调以及——比如说——法律和习俗对个人精神造成的压力和困惑与道德领域和理论领域中产生的矛盾属于同一类型，也是由于同一类的原因。而且，虽然社会中出现的种种新的关系在不断地引起新的矛盾，但没有理由在这方面把国家与道德或科学进行不适当的比较。事实上，这些矛盾是构成国家组织的材料。[①]

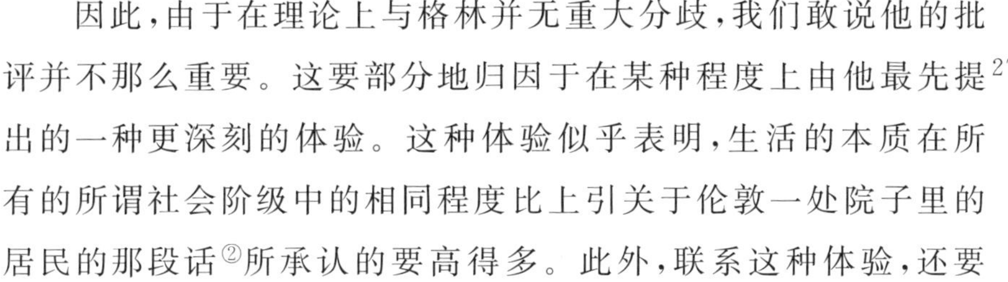

因此，由于在理论上与格林并无重大分歧，我们敢说他的批
评并不那么重要。这要部分地归因于在某种程度上由他最先提 270
出的一种更深刻的体验。这种体验似乎表明，生活的本质在所有的所谓社会阶级中的相同程度比上引关于伦敦一处院子里的居民的那段话[②]所承认的要高得多。此外，联系这种体验，还要

---

① 以伦敦医药慈善团体的混乱状态为例。一方面作出各种努力，要做到扶危济贫，另一方面这些努力又未能互相配合。这样，就像在理论上取得进展过程中那样，各种调节的失调造成了始终需要重新调节的新矛盾。

② 不应太强调这种孤立的说法，这是用以说明他基本上支持的一种理论所遇到的困难的，而且要把这些困难尽量讲得严重一些，这是他的习惯。不过，值得注意的是，任何对如此着重描写的这个阶级真正有所了解的人，都不会在他们那里体验到使生活对比较幸运的人来说是值得的那些同样重要的关系和承认，而且由于他们的感觉非常敏锐，这种体验往往比富有阶级更为显著。就基本情况而言，富人中无教养的和在各种诱惑中间成长起来的人所占比例也许与穷人是一样的。

归因于前面几章中提出的那些心理学概念，根据这些概念，真正害怕受到惩罚的心理在维护社会制度方面所占的比重实际上很小，而养成基本上是合乎道德的习惯所占的比重却较大。使我们不那么看重格林对黑格尔的批评的这些看法，完全符合他自己的信仰的总倾向，而由于诸如格林本人为了缓和他自己的批评而提出的一些考虑，我们最后也会遇到表现为悲观主义的这个带普遍性的难题。

我们可以从这个方面来探讨这个问题。我们提到的悖论是：如果你仔细察看使国家得以产生并继续存在或在国家的管理下和范围内继续进行的那些活动，你在任何地方都能强调指出这些活动是出于私利和野心——不是出于实现共同利益的愿望。那么，

271 我们怎么能说国家是为了共同利益而存在的呢？黑格尔关于社会结构和维护这个结构的精神倾向的广泛的概念应该是有助于回答这个问题的。不过，我们还可以对这个明确的难题考虑得更周密一点。

没有比单纯用心理分析来估量一个有才智的人的意图更靠不住的了。每个行动都必然带有行为者所特有的自我的一面。他会从中得到这样或那样的满足。所以，悲观的或肤浅的心理学家总是能够——不只在某些行动中而是在所有的行动中——发现某种追逐私利的形式。生活是由个别事物组成的一个整体，一般概念是这些个别事物内部的一种联系，而不是在它们之外的另一个别事物；认为任何行动都可以超出影响敏感的自我的目的、冲动和感情的结构，是一个原则性错误。伟大的意图是通过这些感情因素起作用和改变它们的，但是，要想毁掉这些因

素而不毁掉生活是不可能的。“敏感并不是坏事。”[①]但有人却用这样一种目光来看待所有这些个别事物：把它们同使它们具有了特征的那些带实质性的目的分开，认为似乎只有它们是对行为者起决定作用的动机。黑格尔称这种评论家——他特别想到历史学家——为“心理学的仆从，在他的心目中没有英雄，这并不是因为英雄们不成其为英雄，而是因为这样的评论家只是个仆从。”总的看来，一个人就等于他的所作所为。如果他的一系列行动有其内在的根源，那么，无论是阻止他还是对他提出苛刻的批评都是错误的，因为这些行动会给他带来好处或荣誉，或通过活动与兴奋使他感到满足。在采取行动的特殊时机面前，一个人如果由于他的自我可以从中得到满足而畏缩不前，那就是 272
退回到只是一般地向往抽象的善。而“用单纯的向往编成的桂冠只不过是一堆从未发绿的枯叶。”

我们可以根据国家普通成员的生活和一个伟大的统治者或征服者的生涯来说明这些看法。[②]

例如，一个英国工人可能一辈子都不会关心“国家”或“共同利益”这类词语所表达的抽象观念。[③] 但首先，他是个守法的公民。他希望别人不要干预他和属于他的东西，他也按照同一原则对待别人。[④] 他承认公平交易，并准备公平地对待别人，也希

① 《权利哲学》，第 123 节。

② 格林：《政治义务的原则》，第 121 节和 128 节。

③ 虽然有文化的阶层往往会严重低估他们不熟悉的种种思维方式的意义。

④ 诸如我们依赖生命与财产安全的习惯之类的各种习惯是从属性的无意识的习惯，即与一些观念有非常密切的关系。参看第 8 章。

望别人这样对待他。这就是说，他知道自己的要求要依赖他和他人之间的某种共同的东西；若是他实际上不承认有任何这样的共同性，“他就是实际上自动成为不受法律保护的‘危险阶级’的一分子。”[①]

到此为止他还只是个忠实的臣民。如果他要有比较强烈的社会利益感，他就必须参与国家的活动或至少关心他的同胞参与其中的情况，并关心把他的阶级利益与公共利益联系起来的那些组织，从而熟悉这类活动。他的精神不应仅限于在它在社会精神中所占地位的范围内活动，而必须在某种程度上意识到它所处的地
273 位与整体之间的关系——意识到它所属的统觉结构。总之，他必须对黑格尔所说的资产阶级社会和国家本身之间的联系有所了解。而这一点在现代国家中原则上他是可以做到的。

此外，他还必须对他的国家有感情，这是与故乡和祖国的观念有联系的。在现代民族国家中，家庭的气氛并不局限于实际的家庭。共同的居住地、共同的历史和传统、共同的语言和文字赋予日常的公民意识以感情的色彩，这对民族国家来说，就像家庭中亲人的感情一样。

因此，认为现代国家中普通公民的日常生活缺乏形成一种共同利益意识的感情或见识的看法是不正确的。日常生活中也许像是充满利己的考虑，但这只是一种狭隘的看法。如果看一下整个生活的精神，我们就会发现它实质上有赖于对某种利益的承认，而且会具体地感觉到这种依赖关系。

---

① 格林：《政治义务的原则》，第 121 节和 128 节。

其次，如果按这种悖论的极端形式来理解，国家的秩序就像是从一些最不讲道德的人的自私自利的野心中产生的。这种看法的矛盾之处可以用下述论断说明：坏人的行为会被彻底“制服”。不过，这大概意味着“心理学的”评论家或历史学家首先把原因讲错了，然后就用毫无意义的话来纠正他的错误说法。例如，由拿破仑的生涯促进了的那些伟大的观念和目标，无论是它们的性质还是它们的存在，都不是由他的自私自利的野心造成的。然而，它们也不是任何非人的原因造成的，即不是由人的精神之外的任何观念的作用造成的。它们的出现是无数有才智的人按照社会发展的固有逻辑，以不同程度的道德眼光追求种种客观目的的结果，而拿破仑的生涯之所以能对它们起促进作用，是凭借着把他的目的—— 274
仅就其合理的一面而言——和为他那个时代的理想力量所掀起的运动联系起来的那种共同的性质。如果我们不是故意用狭隘的观点去看问题，就没有理由怀疑善的概念对原因所起的作用一如对结果所起作用——如对意大利的统一来说。我们不能试图只根据伦理哲学和政治哲学来探讨存在恶的问题，我们也不想否认或极力低估贪婪与自私的存在，它们是人的精神或国家的组织中扭曲的力量。我们原来需要说明的只是：创建并维护[①]国家本身的是

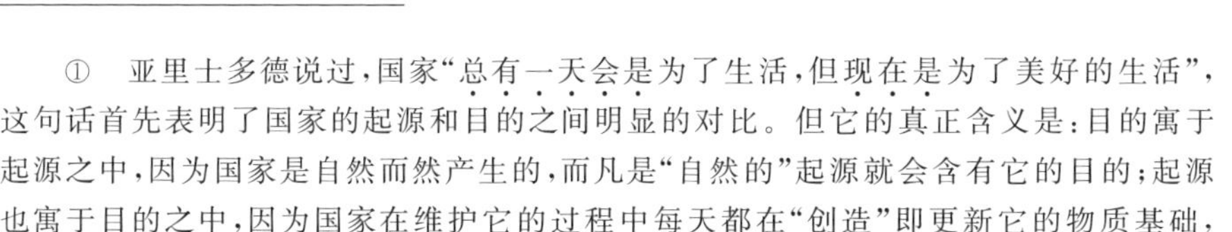

① 亚里士多德说过，国家“总有一天会是为了生活，但现在是为了美好的生活”，这句话首先表明了国家的起源和目的之间明显的对比。但它的真正含义是：目的寓于起源之中，因为国家是自然而然产生的，而凡是“自然的”起源就会含有它的目的；起源也寓于目的之中，因为国家在维护它的过程中每天都在“创造”即更新它的物质基础，而且为了“存在”也必须这样做。

意志而不是暴力，是共同利益的观念而不是贪婪或野心；[1]而且，这一原则是不可能由于普通公民有私心或那些决定国家命运的人自私自利的事实而被推翻的。

---

① 不应忽视这一点：国家的职责要求它显示并使成员获得一种与他们的自然的冲动和愿望相应的真正满足。它的稳定和权威取决于处理好这个问题。这是斯宾诺莎阐述国家的有力的论点。“他强调国家正是根据这个道理（人的愿望——自然法则＝潜能），即认为在我们仓促地接触道德、文明社会和宗教的过程中，并没有恰当地认识到所有这些的‘自然的基础’。如果人没有这类社会的和反社会的感情，就不会有道德，不会有宗教，也不会有国家。”达夫：《斯宾诺莎的政治哲学与伦理哲学》，第161页。

第十一章　作为道德观念的制度 275

（一）我们的论点的指导思想一直是：某一特定的精神和社会的精神[①]的关系可以同我们对某一物体的理解和对整个自然界的看法之间的关系相比。就任何一种情况来说，我们都不能不认为前者是后者个性化了的实例。后者似乎必然含有与前者每一特点都相符的普遍原则。我们绝不可能完全看清每件事实内部的种种关系以及这些关系之间的联系——如引力的和颜色的各种联系。但是，作为理论家，我们的最终目的是要分析出物质对象的特征，每个特征都应该是某一自然法则的一个实例，而把全部特征归纳到一起就应该是整个自然法则体系的一个实例，这就是我们的科学的世界观。

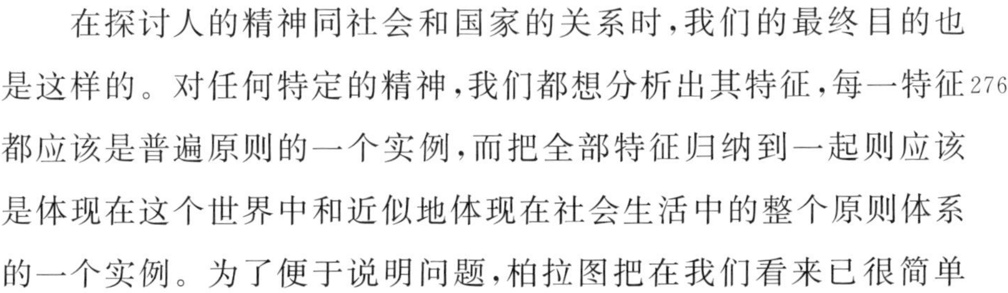

在探讨人的精神同社会和国家的关系时，我们的最终目的也是这样的。对任何特定的精神，我们都想分析出其特征，每一特征 276
都应该是普遍原则的一个实例，而把全部特征归纳到一起则应该是体现在这个世界中和近似地体现在社会生活中的整个原则体系的一个实例。为了便于说明问题，柏拉图把在我们看来已很简单

① 我暂时不考虑社会精神和处于最佳状态的精神之间的区别。这种区别实际上相当大，但在本章中我将尝试使它表现为一种发展上的差别，而不是倾向上的差别。

的城邦加以简化，用图解的方式把一个共同体描述为有三重的等级结构，这个结构体现了他在个人灵魂中辨认出的三个主要特征——生活所必需的欲望、行动的精神和从整体上理解事物的能力。

（二）组成一个社会的原则既是观念也是事实，既是事实也是目的。这种三重特性统一存在于我们用“制度”这个一般的术语所描述的事物之中——“制度”一词也完全适用于柏拉图的“等级”，因为他曾赋予它们明确的关系。

制度作为物质世界中的事实，它的外在方面是没有必要去强调的；但是通过探讨一些重要“制度”的性质以概括我们分析问题的指导思想，却是值得的——在这里制度就是观念，即构成精神的要素，同时也是目的；也就是道德观念。一种制度可能无需特别的法令而逐渐形成，也可能是由公众意志的一项行动促成的。但它总是具有能得到承认的特性，**似乎**它是为了达到某个公共的或准公共的目的而被“创立”或建立的。[①] 一个老仆人有时会被说成“简直就是个制度”——他的特点是具有保持一所学校或一个家庭

277 的某些共同传统的作用——每年一次的例行活动也同样可以被认为是一个制度；礼拜天是一个制度；实际上这个词使用时是很含糊的，因为几乎每一个物体或事件都可以开玩笑地或认真地使它具

① 为什么表达公众观念的纪念性塑像或建筑物只有它本身的价值，而不是一种“制度”呢？这显然是因为它不具有要把人们集合到一处或引导他们按某种方式行事的概念。而且，“制度”是属于被设想为由若干人组成的社会这一层次的。因此，一件艺术品难以成为制度，尽管它表明了许多人的“共性”；但每周举办一次的音乐会却是一个制度，因为有许多人一起参加演出和欣赏它。

有这种含义。尽管如此，我们还是能够相当清楚地看出习惯用法的含义。一个制度包含着不止一个精神所共有的一种目的或思想感情，而且或多或少是它的持久的体现。它是“不止一个精神所共有的”，因为正是为了稳定这个精神的汇合点，外部的体现才是必要的。

所以，我们可以从制度中看到个人精神的汇合点，这就是社会精神。但是，“汇合点”是个不祥的词，会使人想到空间的物体在某些地点相撞。倒不如说我们可以从制度中看到理想的实体，它作为普遍的结构就是社会精神，但就其各不相同的实例来说，则是个体精神。必须看到，这一结构的材料是有确定的来源的。精神不是个空白点。它是被体验到的现实世界。制度作为道德观念构成精神，它们和理论一样，是在面对周围种种需要、压力、事实和意见的情况下为求得一致而作的尝试，而且对每一次尝试，精神都显示出不同的性质；就像一幅风景画的每一种色调都给人以不同的感觉一样，否则，它的细微差别就永远不会显现。产生完整的精神需要完整的世界。不过，如果我们能通过一些突出的例子来探索一种制度的性质——它既是应付环境的一种手段，① 又是一种道德 278
观念和一项社会原则——也就足够了。

（三）家庭是从父母的身份这个普遍的客观事实开始的，但是，它的道德价值主要产生于导致形成家庭单位的父母关系的特殊阶段。在一个家庭单位中，父母与子女的联系是由经济状况决定的，

---

① 当然没有绝对的环境。感受在任何时候都要依靠精神。但是，我们在任何时候进行观察，都应该把某些事实看作是比较特定的。

在分化出新的家庭单位之前，这种联系是持久的。想到这些词的本义时，我们发现，原来我们是在断言家庭单位的形成是由“家庭单位”[①]的条件决定的。而这不止是个双关语的问题。无论有利于形成家庭单位的环境条件是什么，即不论是使父亲的持续照管成为必要的谋生的困难，[②]还是农业给稳定的组合提供的机会，它们都是作为人类世界的构成因素在起作用——这个世界是由“周围的事物”（环境）汇集成一个整体而构成的。已经成为“经济条件”的各种条件就不再是物质性的了。它们是动机、利益、达到目的的手段。它们把这个世界带进了精神领域，但在这样做时，它们变成了合于目的和重新调整的因素，因为作为统一体表现在各种意见中的精神正在努力促成这一点。例如，由于要求具有持久性，经济条件就会在父母和子女的关系中引起道德观念所必需的最单纯的普遍形式。

279 我们不会冒昧地论述家庭生活各个阶段的历史，只想概略地说明家庭生活在典型的现代国家文明中的地位与价值。不过我们必须再次坚持这一点[③]：作为一个道德结构的家庭或家庭单位并非先于国家而存在，而是依靠国家的精神和保护发展起来的，并在国家的有意鼓励下抵制不能公平对待父母身份的道德作用的种种亲属关系。

因此，作为一种道德观念，一夫一妻制的家庭——它在正常情况下也是一个家庭单位——在公民的精神结构中占有独一无二的

---

① “经济”＝管理家庭。

② 据说，家庭单位并不是在很安逸的生活条件下毫无困难地形成的。

③ 参看第 251 页。

地位。

它的特色在于感情和理想目的的自然结合。这就是说,理想的目的,即对一种比较持久而客观的生活的持续的关心,会通过微妙的环节依附于动物生存的最普遍的小事件。家庭成员一直在一起是他们的肉体需要的要求,仅是这一点就几乎足以把他们不可避免的相互依赖关系转变成一种有意识的互助关系,这种关系具有深厚的感情基础,并带有某种程度的深谋远虑。

此外,由于是“自然的”,家庭观念就对整个人类有了无与伦比的支配力。在这方面,它早已发挥了对美好事物的热爱所要求具有的力量。人的动物本性和各种欲望在没有自觉努力或道德干预的情况下,都被改变成为社会服务的因素了。一个人独自进餐[①]
也许最多可以说是一种高雅而合法的享受。但是,全家人一起进 280
餐,在完全没有过分紧张的宗教狂热时也显然具有圣餐的基本成分,尽管他们没有想到圣餐这个词,效果却是一样的。如果能够使父母一直胜任他们一生的工作,并能训练子女达到同样的目的,家庭的自然的道德标准就会对社会意志所熟知的比较明确的共同利益具有不可缺少的合理的支配力量。

最后应当指出的是:这种感情和气氛并非只存在于实际上生活在由家庭关系形成的家庭单位的成员之中。据说,没有哪个种族会像盎格鲁-撒克逊人那样乐于同自己的孩子分开,并像他们那样持久地保持他们之间的感情。这种模式与精神一旦形成了,就

① 不过,要注意后面对第二种或已改变了的家庭观念的说法。譬如说,独居的人可以“根据信仰”参加家庭的宗教活动。

会具有感染力并能持续下去；它们能感染一切看到或了解它们的人，甚至能感染从未因亲属关系而成为一个家庭单位成员的人。

如果把家庭单位的观念同不要家庭的修道生活以及作为家庭单位的放大形式的部落国家或法伦斯泰尔相对照，我们就会最清楚地看到它的独特性。它的基础的自然性和家庭观念所依据的相互关心的彻底性（包括一夫一妻制）使它有别于所有其他形式的两性关系的结合或分离。还可以补充一点：家庭，而且只有家庭具有恰当地调节人口的能力。受过充分训练和教育的人在这个世界上永远不会过剩。而造就这样的人却取决于组成正式家庭和满足其
281 要求的能力，一旦由这种能力和思想调节两性的结合，人口的增长或明显降低就无须令人担忧了。

讨论在没有家庭的情况下文明能否想象这个问题，似乎和讨论人性是否能改变一样，是毫无价值的。作为哲学家，我们只能试图弄清家庭概念在人类生活中所起的独特作用。我们可以看到，只要人是有灵性的动物，就必然会有某种这样的观念——一种涉及家庭生活的道德观念。不过，这种观念在我们还不了解的环境中会由什么恰当的“制度”来体现，这恐怕不是哲学家的审慎所能预见的。

财产制度可以说是这种独立的家庭的必然结果。它的自然基础和道德价值与家庭的自然基础和道德价值有着非常显著的关系。它实质上包含的对生活的看法，是与家庭单位所要求的看法一样的，尽管在获得和交换的关系中还可以给它加上许多权利和义务。它取决于这一事实：要表达个人生活（如果不是一个家庭单位的生活，就不完满）中的某种意志，必须有一种能以种种观念影

响物质世界的力量——这种力量要受自由获得和自由利用的制约。所以,财产制度作为一种道德观念存在于这一思想中:个人生活(确切地说是家庭单位的生活)就其对生活的各种物质手段的处理来说,是一个统一体。这不仅仅意味着要为将来作好准备;更不仅仅意味着要保证满足日常的各种需要。这乃是这样一种观念:认为对生活的物质条件的所有处理方法都是一个紧密关联的体系的组成部分,我们的思想和能力都要在这一体系中表现出来。这 282
种观念会把对衣食的必要关心同善于利用我们的生命和依赖我们的其他生命的种种观念结合起来。没有意志的人不会拥有财产——从间接的意义上说,幼儿实际上是有财产的,根据罗马的法律,奴隶也有财产——没有财产的人就不会有实际的意志。一个家庭单位的"法人",或承担责任的家长(或家长们)是真正具有财产观念的人,因为他就是我们通常认为具有个性化的意志的人,是社会精神的独特体现。幼儿还没有这样的意志;一群成年人则不止有一个。由于承认已婚妇女具有独立的意志而在家庭单位内外引起的变化对这一点很有启发。她们能够拥有和支配自己的财产,因为人们承认她们能够有自己对生活的看法。没有人认为幼儿应该保有和支配财产,因为大家都知道他们没有自己对生活的成熟看法。由于有更多的家庭成员得到法律的承认,家庭单位的法人已不复存在;从理论上说,最重要的是要注意这一点:这种承认不是削弱了家庭单位的一致性,而是使它加强了。

(四)如果说我们所在的地区与我们的家庭的关系就像空间与时间的关系一样,这看起来也许是毫无根据的;但这种说法对于那种可以用来很好地考察我们的道德观念结构的观点是会有所启发

的。需要了解的是,我们周围事物的最简单的特性及其种种必然的联系怎么会具有道德上的重要性,这不是因为这些特性和联系迫使我们去接受什么东西,而是因为它们对我们内心的某种东西
283 有反应,或者更确切地说,是对这个世界要去实现的一种可能性有反应,好像在我们心中这个世界的种种表现力求趋于一致那样。我们知道,父母的身份原是一种普遍的动物性事实,在有了能够做到协调一致和持久的经验之后,便从这种关系中形成了家庭及其对我们生活的全部含义。一个人的所在地,作为生活的一个要素,当然含有某种稳定性——是一个家,不仅是像西徐亚人[①]的篷车那样具有家的永久性,而且还坐落在某一地点上。我们应该想象得到,游牧民在很大程度上是和他的邻里关系——他的部落——一起迁移的,因此邻里关系的事实对他没有太大的影响。

不过,大概是随着农业的开创而把一个永久性的家定居在某一地点时,一种新的情况开始起作用了——对空间的"漠不关心"。也许我们想不到这种"漠不关心"竟然会成为一个道德上的促进因素。但是,我们周围事物的种种特性本身似乎是消极的或是最单纯的自然需要,而一旦被纳入生活的统一体便立即有了重要的意义,没有比指出这一点更具有启发性的了。所在地意味着潜在的邻里关系。也许除了你自己的亲戚、你的部落或民族的人以外,很久都没有什么人住到你的附近来。但是,对空间漠不关心的态度却具有持续的吸引力,可以相当肯定地说,总有一天会有陌生人成为你的邻居,而你在精神上就不得不对他们采取某种态度。历史

① 西徐亚人,也称斯基泰人,游牧民族,他们没有房屋,住在篷车里。——译者

学家和法学家都向我们描述过亲属关系和邻里关系两种原则之间的斗争。据说在罗马贵族的眼中，平民简直不可能使实际的婚姻生活与野兽有什么区别，但这并不是贵族有意傲慢的表现，因为它可能已经成为一种遗风。这倒不如说是当时特兰索姆太太对鲁弗斯·莱昂的那种精神状态：“绝对不能考虑他。”那时外来人暂住在 284
半途中的旅店被认为是他定居必须经过的一步，这证明对外来的居民采取新的精神态度有多么困难。据说根据住处承认亲属关系的说法纯属虚构，精神通过这种虚构有助于使它对漠视空间的态度促使他们迁入的那些人采取积极的态度。这种在摸索中前进的积极态度当然就是对人性的承认，即承认人类的平等——人类平等这个说法的含义是不明确的，这里是从它的最确切的意义上说的。

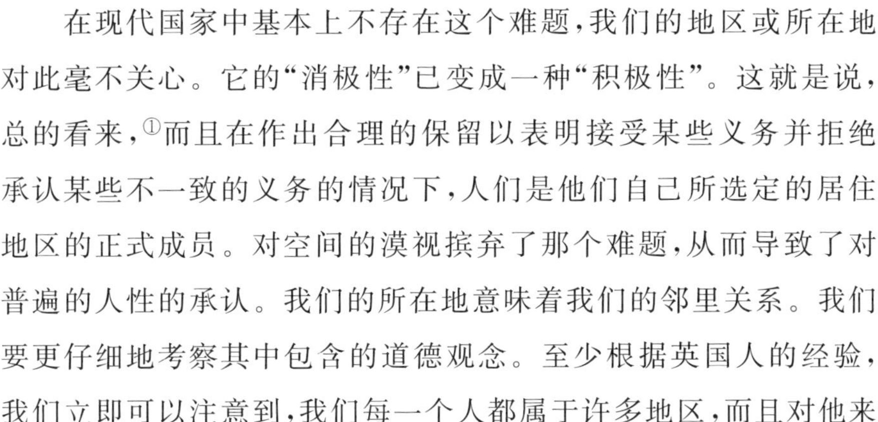

在现代国家中基本上不存在这个难题，我们的地区或所在地对此毫不关心。它的“消极性”已变成一种“积极性”。这就是说，总的看来，[①]而且在作出合理的保留以表明接受某些义务并拒绝承认某些不一致的义务的情况下，人们是他们自己所选定的居住地区的正式成员。对空间的漠视摈弃了那个难题，从而导致了对普遍的人性的承认。我们的所在地意味着我们的邻里关系。我们要更仔细地考察其中包含的道德观念。至少根据英国人的经验，我们立即可以注意到，我们每一个人都属于许多地区，而且对他来

① 定居，取得奖学金、研究员基金和救济金，一般都有居住地“限制”，也许还有户籍限制，都保留了与实际住处相矛盾的限制条件，要求忠诚，甚至在某种程度上要取决于出身。但是，有某种稳定性当然是方便的；而且我认为，意向加住处几乎可以抵消任何对立的限制条件。

说这些地区是同一中心的。每个地区各有其不同的目的，据说为
285 了种种实际的目的还会产生很大的混乱。但是，使我们了解自己周围的每个有组织的地区特有的目的，是一种有益的训练——各个地区都是按照我们的意图关心我们的健康，维护公共秩序，兴办教育，负责济贫和处理宗教事务。这种意图以不同的或可能不同的分界线体现在地图上。每一条这样的分界线都表明，在一个地区居住的人们的精神中有某种思想和感情上的共同因素——某种共同利益，而分界线的差异（在它们有差异的地方）——例如非教会的行政区与教区的差异——则可能有长期的观念发展的背景。不管怎样，这一切都是道德的或物质的需要，它们像我们的家庭必需品一样，使我们超越自我，看到我们的自我是一个更大的精神的具体体现。

所以，每个地区，无论多么不完善和无意识，都是一个具有某种精神的整体。作为进入我们心中的某种观念，它是邻近我们的人和自然环境在精神上的反映，正如家庭是我们的动物性血缘关系在精神上的反映一样。对精神来说，邻里关系就是它对世界的直接写照，是它必须适应整个社会发展前景的框架，或者换句话说，是必须适应它的各种直接关系的范围。家庭是由种种自然的关系构成的；邻里则是以不同的方式由自然的关系构成的，即不是凭借血统，而是凭借交往。它不是可供选择的东西，而是作为一个整体的生活的一个标本，因为它通常必定会含有社会结构的一切必要因素。它包含着我们每天直接感知的一切；包含着我们同家庭以外的那些人的一切偶然的接触和交往，还包含着也许是对所有社会问题和政治问题的比较接近而可靠的说明。因为它涉及生

活的各个方面，我们能通过它的全部作用来了解和感知它，这是只靠书本或传闻所无法得到的。 286

作为对我们周围事物的这样一种反映，它给我们的整个感情基础染上了色彩。我们每天经过的街道或田野以及见到的面孔都带上了使人感到愉快、焦虑、沮丧或坚定的特殊情调。这些感受会在多大程度上真实地解释我们所看到的事物，又会在多大程度上产生于肤浅的或多愁善感的联想，是检验精神和感情的最重要的标准之一。我们能在住宅、街道、耕地、工场或庭园中看到心灵，看到品格和幸福的象征吗？

没有其他精神因素能代替邻里关系。就其体现在我们同感官世界的联系中来说，它是我们据以生活的信念。邻里关系是人类的一个缩影，在这里，由于对空间漠不关心，我们容易受到各种可能因素的直接影响。它尤其是在友爱与谦恭的领域，是在各种可能的直接人际关系中采取正确态度的领域。

总之，地区或邻里关系，作为一种道德观念，是我们与之发生感官联系的那个地方的统一体，正如家庭是由血统或日常需要把我们联结在一起的统一体一样。例如，地方自治就从坚持自治的那些人彼此熟悉的可能性中获得了一种特性。一个人一旦在地方上崭露头角，他的整个生活方式就会被人议论，虽然结果也许往往是腐化或庸俗，[①]这也只是因为没有和当地人建立起一种处于最佳状态的正确的公民关系。

① 一个教区委员会或教区会议的互相指责或出于私心的过分亲近实际上是基于个人的认识，对个人的认识如能正确地利用，当地的生活就会有保障。

287 像对家庭那样，我们可以通过邻里关系没有及时得到承认以致其他一切都没有得到承认的情况来说明邻里关系的重要性。

在现代城市生活特别是带有郊区的城市生活中，这个原则在很大程度上被忽视了。在大城市中，实际的邻里关系是人们应付不了的，而且往往没有任何显著的外在特征——至少是没有吸引力——因而与它有一种特殊关系的观念也就消失了。这种情况实际上并不像经常讲到的那样普遍，而且空间上的接近和地方政府现在和将来都对精神保持着一定的支配力量。完全无视把我们和周围与我们最接近的事物联系起来的合乎道德的目的，就会使一般的生活失去活力，失去感官的健康、力量和美。这一直接因素可能会以也许是迂回的但最终还是有效的多种方式在国民精神中重新取得适当的位置。可以说，只要把选区当作纯粹是有或多或少的选民的地区，聚居区的生活就会被忽视。使选区的居民变成一个纯粹的数字(黑尔计划[①])大概是这种趋向的顶峰。[②]

288 另一方面，在古代城邦中，地区是强大无比的。这种国家几乎

---

① 黑尔(1806—1891)，英国政治改革家，他的计划是一种比例代表制。——译者

② 如果像我所理解的那样，比例代表制的目的是要使代表大会成为全体选民的一个缩影，我确信这是错误的。全体选民和代表大会的作用是不同的，全体选民的作用无疑是决定一般的政策，而代表大会和政府的作用是具体执行政策。如果有人教育选民说，他的责任不在于裁决政策并决定他认为可靠的和能够执行政策的人选，而是集合一群与他有同样倾向的人，选出一个与他们有同样想法的代表，那就会抹杀这种区别。现在大概没有人会支持完全漠视聚居区的黑尔计划。在虽然有限制但范围很大的选区中有少数派的代表似乎是比较合理的。但是，这整个想法容易受到这样的批评：这是要用具有同样缺点的办法来拙劣地弥补可能会变成纯粹用数字表示的一种代表制的缺点。“阻止多数派控制的计划大多是想千方百计地扶持少数派。”两种情况具有同样的缺点。《新国家》，第 146 页。

是个可以时时感觉到的事实。国家的成员基本上是朋友和邻居，他们整天在一起办事或取乐。当国家这样近似于地区时，虽然可能有充分的无拘束感，但是并没有我们所说的自由。这种国家及其理想的目的都没有被明确地置于人的全部自然本性之上。一个名副其实的法律制度直到国家不再等同于一个聚居区时才建立起来。个人的亲密关系[①]和“棘手事情”使普遍适用的法律的观念变得模糊不清了。建立代议制政府这个一时还行不通的政治信念，其可能性还没有为人们想到。作为一个自然的事实，地区最初不过比亲属关系这一自然事实在自由的程度上稍高一些。[②] 那时还没有人想到：一个人作为人是“既不属于这个地方，也不属于耶路撒冷”的。这类想法与现代民族国家理想的统一体很容易协调，聚居区会赋予它们人的自然本性而不遮掩它们。

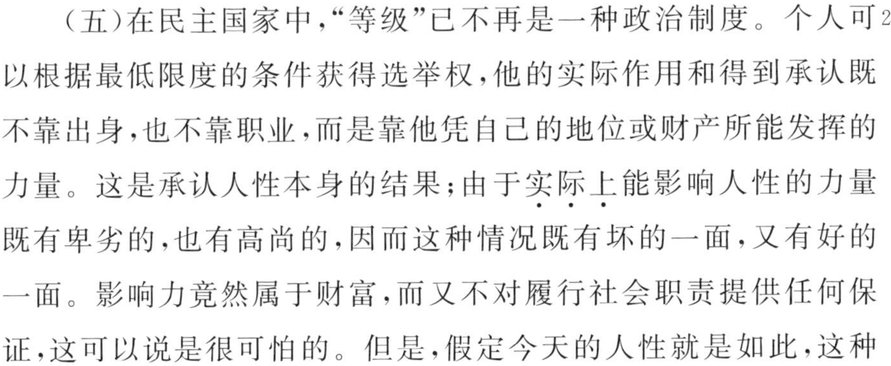

（五）在民主国家中，“等级”已不再是一种政治制度。个人可 289
以根据最低限度的条件获得选举权，他的实际作用和得到承认既不靠出身，也不靠职业，而是靠他凭自己的地位或财产所能发挥的力量。这是承认人性本身的结果；由于**实际上**能影响人性的力量既有卑劣的，也有高尚的，因而这种情况既有坏的一面，又有好的一面。影响力竟然属于财富，而又不对履行社会职责提供任何保证，这可以说是很可怕的。但是，假定今天的人性就是如此，这种

① 请想象一下，有人像德摩斯梯尼* 对雅典的陪审团发表讲话（代表他的当事人）反对潘特尼特斯一样，对一个罗马法官或英国法官说：“我知道我走路快，嗓门大，令人讨厌；但我生来就是如此，我同样有要求公道的权利。”这听起来好像是在对一个由学童组成的评判委员会讲话。

* 雅典著名的雄辩家（公元前 384—前 322）。——译者

② 上文第 282 页。

情况也是因为我们能不无道理地夸口说：一个人在总的社会生活中的地位取决于他的能力、性格和行为，我们并不知道也不关心他是靠当矿工还是当公爵维持生活。财富具有影响力是因为人们重视它；但在政治生活或社交生活中是无需重视财富的，除非你愿意这样做。所以，承认自由的人性的结果是："等级"不再是一种有关政治权利的制度，而在社交活动中，虽然它实际上作为一种制度而存在，但它要表明的是人们的身份和行为，任何苛刻的契约也无法使等级的差别依附于职业的差别。[①]

但是，虽然在由任何正式契约所规定的等级差别的意义上，职
290 业已不再决定社会等级或政治等级，但是从较狭窄的意义上说却依然是并必然始终是等级的一个决定因素，而且是构成精神的道德结构的主要观念之一。

曾被我们大体上与时间和空间相比较的两个必要条件——近似永久的团体和毗连的地区——赋予人的日常肉体生活以价值，并赋予他的日常感觉领域以意义。只有当劳动分工，即用一种服务换取另一种服务，在一个共同体中变得很明显时，才会进一步了解个人意识的独特地位，但必须把构成其可能性的范围的环境条件计算在内。我们仍然要根据一个人的行业或职业来回答这个一般性问题："他是干什么的？"家庭和邻里关系支持并影响个人的生

① 这一点可以得到证实：一个"绅士"可以当工人或技工来维持生活——至少在不合理的传统比英国少的美国是这样——而且无论从实质上说，还是从这个词在上流社会使用时的意义上说，这个人依然是个绅士。既然如此，那些一出生就被作为工人或技工加以培养的人要具有同样的身份就不是生来不可能的。如果说没有那些身份也可以达到社会等级的完全平等，交往可以十分愉快和自由，我认为这是言不由衷。

活，而职业则给个人的生活打上标记并塑造它。有组织的社会——智力在这里当然是能动的，它总是从陈规中看出新的目标——的比较明确有力的号召从独特的意识中心得到较深刻的反应，或在其中采取比较具体的形式。在个人被号召使他自己适应于为共同利益作出特殊贡献时，他就会显示出自己的特性。他成为“重要人物”；成为社会观念中的一个因素的化身。

古罗马的“class”（“等级”）一词已被英语吸收，但不是用来指单个的职业，而是指大体上与某一类职业有关的身份和地位，所以 291
这个词的来源值得回顾一下。柏拉图的 classes 是“genera”＝氏族，即扩大了的家庭。德语的 classes 是“Stände”＝身份、地位、等级（和法语的“état”相比较，这个词实际上＝职业）。但是，罗马的“classis”是为社会服务而发出的“号召”；第一等级和第二等级就是一级号召和二级号召；[①]这在当时实际上就是按财产分先后服兵役的意思。但这个意思也许仍然存在。我们说的“阶级”（“class”）可以被认为是指要求我们作出独特贡献的集体或团体。

因此，一个人的等级，从表明他的职业涉及什么样的地位和服务的意义上说，非常接近于他的个性的核心。从原则上说，作为一种道德观念，它会使这个男人或女人超出家庭和邻里关系的范围；并因此使他更了解自己。他会从中获得复杂的品质和能力，特别能适应为维持家庭而谋生的一般需要。当他个人提供的服务是他有意识地采取社会整体的逻辑所要求的形式时，

① 蒙森：《罗马史》（*Rom. Hist.*），英译本第 1 卷，第 101 页，“Classicus”的原意是“喇叭”。

他所提供的服务在原则上**就是**社会精神。由于他按社会的要求提供服务，他就是“一个社会劳动者”。[①] 也正因为这种服务原则上是特殊的、独一无二的和有特色的，他便感到自己是一个由差
292 别构成的统一体的成员。而且，从这个意义上说，社会的结合力不在于相似性，而在于最高度的个性或特殊性，其基本特点是感到我在给社会提供必需的并且除了我就没有人能提供的服务——这是可以想象的最紧密的结合力，从某种意义上说也是在任何情况下都确实存在的一种结合力。你的特殊能力和作用满足了我的需要，我的特殊能力和作用满足了你的需要，我们每一个人都承认这一点并为之感到高兴。这种独特的服务或一个独特等级的服务的道德观念在差异中当然会含有或多或少的有意识的同一。这就是说，个人的精神没有被简化为他的独特服务，否则他就无异是一部机器。相反，整个社会意识都反映在他心中，不过是按照对它的看法以一种改变了的形式反映的。这个问题就是由柏拉图对等级所作的概略的说明提出来的。政治家的任务是为社会出谋划策；木匠的任务是为社会做木工。但是很明显，政治家知道他必须为之出谋划策的那个社会应当包括木匠的生活及其工作条件，木匠也知道他必须为之干活的那个社会应当包括政治家认为应有的某种秩序和组织。简言之，个人是独特的或者说是属于一个独特的等级，但不是一个原子，而是某种法则的一个实例或某种联系的条件。这就是按准确的

① 希腊语 δημιοῦργος 是“手艺人”。荷马曾谈到“那些社会劳动者——占卜者、医生和木匠”。

意义所说的个性；是一个具有大量的作为他的自我因而同他不可分的个性的人的特性；他不是一个几乎没有什么个性以致可以想象从他身上去掉什么的人。这种个性从某种意义上说是完整的道德观念，更具体地说，是某种职业观念的体现。我们的职 293
业像邻里关系一样（通常也当然和它有联系），会给我们的身心都打上烙印；我们内心深处所考虑的的确就是我们现在所描述的道德观念的结构，并带有作为这些道德观念的根源的种种感情和习惯，但是这些感情和习惯无不受到这些道德观念的修改。

和我们谈到的其他观念一样，等级或专门功能的观念可以用两个极端来说明：一个是无足轻重，另一个是重于一切。一个社会的差别越少——当把它看作一种精神时，它已形成的对比强烈而确定的地位就越少——它的结构在一个又一个家庭单位中重复的情况就越多，[①]而且不能呈现出整个社会组织的轮廓。戴西[②]的《农民国家》[③]就给人一个这样无差别的社会精神的概念，没有等级，没有抱负，也没有利害关系。无论是根据这一实例，还是根据德兰士瓦的布尔人的实例，一个局外人如果对这种生活已有的价值武断地发表意见，是很鲁莽的。不过，作为社会结构和社会精神的实例，它们可以说明我们现在的主题。如果说没有专门功能，那就等于说没有发达的智力。

“等级”在失去或未获得能使其本身适应功能并使功能适应社会逻辑的能力时，会显得重于一切，好像是关于优先权和特权的一

① 迪尔凯姆的《环节结构》一文，载《社会分工论》，第 190 页。

② 戴西(1832－1911)，英国新闻记者。——译者

③ 同时参看 H. 鲍桑葵的《生活水平》，第 8 页。

种绝对而不可动摇的准则。这种对自由调节,即对有才能者自由择业的否定,可能表现为混淆等级原则和出身原则,甚至会与私有
294财产的原则相混淆。在前一种情况下,功能和地位都是继承下来的,在后一种情况中则是可以买卖的。这两种混淆甚至可能结合在一起,如把社会功能像一座房子或一份产业,或者与一座房子或一份产业一起被继承下来时那样。[①] 这样一种“等级”制度,对其成员[②]或社会,或者对二者都是一种压迫。但这种弊病的实质,是使精神的功能失去它在社会制度内自由地合乎逻辑地适应变化的特点。这个制度已经僵化了;它不是像一种理论或一个活的有机体那样使自己适应客观存在的事实和需要,而是固守着一个异己的原则,从而变成了社会逻辑中的一个谬误或社会机体中的一个死器官。

在这两种极端的情况下,个性被缩减到了最低限度。在前一种情况下,个人不会自称有什么高级身份。在后一种情况下,他就会自称有重要的身份,但由于脱离了整体的原则,自认为重于一切——要独立存在,或者说要为它本身而存在——便失去了赋予它价值的那种联系,而成为纯粹的自负。

有一种奇怪而有害的制度,可以说是把这错误的两个极端结合在一起了。这就是把“穷人”当作一个等级的制度,它作为现代精神中的一种道德观念,代表着同情和自我牺牲的一个永久性的目标。据说,“贫穷已成为一种身份。”“失去社会地位的人”已成为

① 如布雷德沃丁男爵之流的司法特权。

② 约卡伊的小说《美丽的米歇尔》(*Die shöne Michal*)中那个世袭的刽子手。

一个社会等级，具有促使他人行善的消极的社会功能。[1] 任何人 295
都可以按照把道德观念视为人类或社会的目的的体现这种观点来
认真考虑一下英国教堂中举行奉献仪式时所唱的圣歌。不需要强
行提出批评，因为很可能不会有人否认我们这里有一些观念是从
别的地方搜集来的，而且只有按照其精神而不是按照其字面才能
正确地应用。“施舍你的钱财吧，绝不要厌恶穷人；这样上帝就绝
不会厌恶你。”“怜悯穷人就是信奉上帝，看吧，他所付出的必将得
到报偿。”在一个受到严格管理的小规模社会中，像犹太人那样由
于促进工业而遭到不幸是一回事。在一个以个人意志为工业组织
的基础的规模巨大的社会中，承认有一个以依赖的功能——用一
个矛盾的说法——为标志的等级，则是另一回事。我认为，怜悯和
自我克制的观念主要是从犹太教的经典中，但也是从《新约全书》
中继承下来的，这种观念在现代生活中已倾向于变成死板的观念，
并且同一种错误的等级概念结合在一起。凡是了解大约三十年
前[2]基督教福音派信徒内心生活的人都会承认，在这类极为诚挚
的信徒当中，什一税的概念——为了宗教目的或慈善事业而把十
分之一或更多的收入奉献出来——已被继承下来作为一种指导思
想，几乎是按照奉献的字面意义来体现一个本身具有价值的目的。296
我不是要对来世思想提出任何一般的指责，而是在回顾一个真正
的信念：交出一部分收入给社会中不那么幸运的等级，实质上是合

① 社会各阶层中患了不治之症的人和无依无靠的人无疑是可以恰当地起到这种消极的作用的。

② 或者就一个更早的例子来说，见《克拉丽莎·哈洛》(*Clarissa Harlowe*)，第 3 卷，第 154 页。

乎需要的，也是一种宗教义务。

真正的最高的基督教博爱观和把依赖地位视为社会的某一部分所固有的这种观念相去甚远，要说明这一点并不难。和道德与宗教的许多方面的问题一样，这里需要的似乎是把现代人的灵感与**放任**和古代城邦所特有的目的明确与计划清楚的特点结合起来。

社会主义处于最佳状态时①会与新近的政治经济学以及那些试图“组织”慈善活动或使之合理化的人联合起来，以反对那种要把贫穷视作一种永久性的等级功能的偏见。而且当关于直觉法的争论被忘却时，这种大胆的否定态度可能仍然被认为是值得称赞的。

我们可以用几句话来说明这样一种趋向：对国家有了比较清楚的概念时，体现在照顾“穷人”的制度中的道德观念将自行补充和修改。通过引导可以看到，认为希腊人缺乏爱心和同情是非常严重的误解，这是因为我们没有从他们的言论中听到关心穷人的宗教声音。② 最真实的博爱观念在很大程度上就包含在关于希腊
297 国家的原理中。希腊人很少谈到“穷人”，因为他们不承认这样的身份。③ 在他们看来，这也许是一个不起任何作用的等级，是国家

① 我认为详细说来，它的鼓吹者在这一点上是和他们的原则不一致的。不过，我不打算在这里争论。

② 当然这并不完全符合事实。荷马就写过这样的诗句：“所有的陌生人和穷人都是从宙斯那里来的。”

③ 如果以为所有这些问题都由奴隶制自动为古代人解决了，那是一种误解。那时全体公民是完全依赖工业生活的，这种生活容易由于其本身的混乱而带来灾难，但这种情况极少发生，因此能够维持下去，这就是真正的成就。

的一种失常现象。事实上当贫民开始成为希腊人的负担时，情况就是这样，于是那位哲学家[①]立即来诊断这个弊病，并使用“没有收入的人”，即无法维持生活的人的说法来代替那个会使人想到“‘施舍’对象”的旧词。他**根据实际情况**想到的办法是使这些人再起作用，即有“收入”；而不是为他们这些**失去社会地位的人**创造一个新的道德观念。

如果“穷人”一定要成为一种制度的话，那么现代关于这种“穷人”的整个概念至少应当避免犯默认的错误。姑且承认基督教徒的热情和爱心是有好处的，也应当使它的目标和一种精神或一个国家的真正意义联系起来。不应当把对处于最弱状态的人的关心和对处于最强状态的人种种可能性的关心——不论是现存的可能性还是在那些不起作用的穷人的最不幸状况中至少成为象征的可能性——分开。为穷人作出自我牺牲不应意味着出钱去维护一种堕落的情况，而应意味 298
着一种必须使弱者变强的具有普遍持久意义的要求。

（六）我们已经提到过，民族国家是具有建立共同生活所必需的共同经验的最广大的组织。这正是它被认为对个人具有绝对的权力，并在对外事务中是他的代理人和保卫者的原因。

① 亚里士多德：《政治学》，1320，b29。旧词是 πτωχὸs，意思是“低头弯腰或卑躬屈膝的人，即乞丐”；这个词在四福音书中被赋予褒义以前一直具有贬义（利德尔与斯科特*）。亚里士多德用的词是 ἄποροs，意思是“没有办法的”。πένηs 和这两个词都不同，由于“穷”这个词已为依赖这个观念损害了，我们找不到一个适当的词来解释它。它指的是不劳动就不能生活的穷人。阿里斯托芬的喜剧《财神》（*Plutus*）中把贫穷（πενία）与富有对比从而为贫穷辩护，并表示与行乞（πτώχεια）有别的那些话，虽然掺杂了一些谬见，却是很精彩的。

* 利德尔（1811－1898），英国精通古典文学艺术的词典编纂家，曾与斯科特合编《希英词典》（1843）。——译者

很明显，就它与任何一个人的关系而言，这种绝对的权力只能有一个；而且，只要社会生活是有组织的，就必然会有一个；事实上，一个人若不再效忠于它，只能是由于他已开始效忠于另一个这样的权力。前一章的分析使我们不用列举结成民族国家——作为在实现道德生活要素的各个领域之间进行调节的至高无上的权力这一概念——的种种因素。然而，应当注意的是：家庭、地区和等级的原则不仅会以这些明确的形式成为民族的一部分，而且会通过种族意识、国家意识和一种普遍流行的生活和文化标准的意识影响民族国家的总结构。用观念中的疆界——子午线或纬线[1]——代替自然疆界的趋势可以说明观念的统一对国家自然条件的反作用。

因此，作为一个道德观念，民族国家乃是一种信仰，或一个目标——可以说是一项使命，如果使用这个词不是太狭窄或太过分的话。民族国家与其居民的关系似乎比不上城邦与其公民的关系；但这在很大程度上是因为像精神获得的各种较高成就
299 一样，它包含的内容太多，使人不容易理解。现代民族国家与其说是一个明确的观念，不如说是一部历史和一种信仰。作为一种观念的力量，它的力量要试过才能为人所知。对南北战争中美国人的思想和感情的力量，局外人，甚至连美国人自己，都几乎是无法预先估计的。[2] 民族国家的观念在全部道德观念中的

[1] 例如，参看北美洲地图。

[2] 法兰西共和国现在（1898 年 12 月）受到的各种威胁实质上是对民族观念的力量的考验。如果这个观念坚持不住，我们一定不愿想象是它不应该坚持——即这种共同的生活缺乏必要的深度。这个问题似乎已由其本身作出了回答。1919 年。

地位可以用希腊人的幸福观来说明，他们认为幸福在于安排好各种目标，使生活达到最大的和谐。我们曾经认为，国家的职能只限于维护一种美好生活的外在条件；但是，对于这些条件，不能离开它们为之而存在的生活来设想，因此，可以说，民族国家的观念至少包含着借它的力量而实现的一种生活的轮廓。总之，不能离开民族来理解国家，也不能离开生活来理解条件，尽管在运用政治力量时对这些条件加以区别是很重要的。作为一个道德观念，即一个目标的观念，如果我们不想盲目行事，就必须把这两个方面结合起来。

（七）我们对民族国家的分析提出了一个观点，可以将其应用于这个争论不休的问题：是否要按照评价个人行为的道德标准来评价国家的行为。[①]

首先要对国家行为的性质有个明确的观念。任何人都会想 300
到，国家的行为应只限于以国家的名义并以某种近似于代表国家意志的行为的方式所进行的活动。我们只是对个人的意志行为作出道德的评价，我们应把同样的公正原则扩大到国家。有一个事实使这个问题复杂化了，即有一些人被委任为国家的代理人，在正常情况下国家必须承认他们的行为。但是，除了在一些几乎不能想象的情况下，[②]很难要国家对他们个人干的坏事承担道义上的责任。国家本身除公共目的外，不能有别的目的；而且实际上除了它的各个机构认为是公共目的的目的之外，它也没有任何目的。

① 参看上文第 1 页。1919 年。

② 即国家实际上竟然会指令进行盗窃、谋杀之类的活动。

如果某个代理人干了不道德的事，即使是出于他的行政上级的命令，确定是为了他认为是国家所期望的某个公共目的，他和他的上级也肯定应受到谴责，但不道德的行为却几乎不能归咎于公共意志。

实际上，给国家的行为下严格的定义也许会引起像给公共意志下定义一样的困难——如果发生不道德的行为，那真的会是国家**本身**想要干的吗？撇开这个仅有细微区别的问题不谈，有一点似乎还是很清楚的，即至少是与不道德的个人行为有很大关系的自私自利或耽于声色很难像出现在个人意志行为中那样出现在公共意志的行为中。国家本身肯定不会犯个人那种不道德的罪过，也很难想象它怎么可能犯道德意义上的盗窃罪或谋杀罪。谈到这个问题时，如果说它与政治家及其代理人的品行有关，而不是与国
301 家本身的意志有关，那就似乎是想造成混乱。我们现在讨论的是公共行为与个人行为之间的对比情况，而且有人要求我们首先把公共行为看作个人行为。[①]

有人可能会说，这样区分公共行为和个人行为将导致关于意图纯正的诡辩。我们现在说的是——有人也会极力主张——国家始终是纯正的，因为，无论它的代理人犯了什么罪，它的意志基本上是为了公共利益的。而且，毫无疑问，实际上往往是这么做的。成功的代理人发现他干的坏事被有意忽视；不成功的代理人则没有人为他承担责任。在这两种情况下，国家都可以说自己是清白的。但是，这种危险并不

① 参看上文第1页关于西奇威克的文章的注解。1919 年。

能改变道德行为的条件，因而我们不能把它当作应由国家来负责的一种行为，因为国家对它的细节毫无所知，也绝不会要求这样做，而且它实际上也简直不可能是公共意志的目的。国家有责任注意其代理人的品质并惩罚他们的过失；但是，使一个人对其代理人承担法律责任的种种条件极少能应用于一个公共团体与其代理人的未体现公共目的的行为的关系上。

不过，允诺和协议却是体现公共目的的行为。在这方面国家一定要保持自己的良好的信誉；但是，如果它的代理人把国家的责任和他的个人名誉混在一起，他就很可能犯错误。如果他不得不信守或违反政府的承诺，那么对他来说，问题就是国家实质上应对什么负责，而不是假如他以个人身份作出这项承诺或保证的话，他应负多大的责任。他，或者采取行动的政府，必须把国家的责任和目的作为一个整体来考虑，并努力使它们作为一个整体圆满实现。这个问题也许与个人的名誉问题相类似，但问题并不在于他的名誉，也不在于他的承诺。正因为如此，如 302
果他把他自己对宗教或道德的是非观引入他代表国家所采取的公共行为，就可能造成可怕的迫害或灾难。宗教迫害和我们在印度的处境都可以作为例证。

所以，国家的存在是为了促进美好的生活，它的行为不可能是不注意道德的；但是，不能把国家的行为等同于它的代理人的行为，也不能像评价私人的意志行为那样从道德上评价国家的行为。国家的行为本身始终是公共行为，作为国家，它不可能在存在着系统的道德观的私人生活关系的范围内活动。它在一个更大的共同

体中并不具有确定的功能，但它本身就是一个至高无上的共同体；①是一个完整的道德世界的捍卫者，而不是一个有组织的道德世界中的一个因素。道德关系是以有组织的生活为先决条件的，但是，这样的生活只存在于国家的范围内，而不存在于国家与其他共同体的关系中。

不过，也许有人会极力主张这一切都与这个问题无关。问题不是国家能否等同于一个有道德的人（虽然这肯定是个问题），而是国家的利益是否可作为正当的理由来为一个国家官员的不道德行为或错误辩护。

此外，我认为还必须分清实质上的私人行为和实质上的公共
303 行为。例如我们说过，偷盗或谋杀，撒谎或个人道德败坏都不可能是公共行为。这类行为不可能体现公共意志决意要实现的共同利益。为了获取情报或取得外交成果而采取这类行为的国家代理人，不能以这不是他的行为而是国家的行为为理由来为他自己辩护；他的这类行为像其他任何人的这类行为一样，都是不道德的。实际上说到底，如果采取某种极端的说法，也许确实没有任何一种行为不能找到为之辩解的理由；而从这个意义上说，也只是从这个意义上说，如果像看待任何其他道德上绝对必要的利益那样看待一个国家的利益，这类行为相对说来也许是能够为之辩解的。不过，这种辩解只能说明这类行为对某种最高利益有帮助，而不会与

① 参看上文第 lvi 页和第 lix 页论主权和国际联盟的部分。如果国际联盟成为事实，把“至高无上的”这个词用于民族国家就会引起误解，因为它可能表示不存在任何更高的组织。不过，民族国家的主权将不会被削弱，而是会增强。一个统一体不会由于发展而变小，而是会变大。1919 年。

假定的这种利益的公共性质有任何特殊关系。另外，这也是任务之间相互矛盾的一种情况。而比较常见的产生可疑行为的情况也许就是，某个承担了某项公务的代理人发现促成这件事的最容易的办法是采取某种卑劣的行动，并按自己的想法行事。但是，过于想利用任务之间的明显矛盾的情况既不会因其中一项任务是国家的公事而变得更坏，也不会因而变得更好。[①]

使对方遭受损失的公共行为，如战争、充公、拒付债款等，是和谋杀或盗窃完全不同的。这不是私人行为，也不是违法行为。[②]其动机很难说是出自严格意义上的私人恶意或贪心，也不是在一个已经确立的道德秩序内依靠这个秩序组织和保护自己日常生活 304
的人破坏这个秩序的行为。这是一个最高权力的行为，这个权力负有捍卫它所保护的那种生活方式的最高责任，而且它本身并不受关于种种作用或关系的任何计划——如规定一种调和各种权利的方针并保证它有效的计划——的保护。这样一个最高权力为了把它的各种职责作为一个整体来履行而采用的手段，当然容易引起人们的这类评论：这些手段所包含的善的含义是什么，用它们来实现这种善是否合适。但是，如果把关于个人在共同体中的类似行为的种种名目借来应用于它们，似乎是为了在受到指责时把责任归于个人，而且用评价个人行为的同样标准对它们作道德上的

① 据说残忍在很大的程度上是由于懒惰。坐在荫凉的地方把红辣椒擦进一个人的眼睛来逼他招供是比顶着烈日到处奔走去搜集证据要舒适一些的。我凭记忆引述的这些话，我想是出自莱斯利·斯蒂芬先生的一篇讲演。

② 违犯本国法律的行为不是国家的行为。国家也不受任何别的国家的法律管辖。

评价，那就只是在制造混乱。我们所能想象到的最接近于公共的不道德行为的表现是：为国家执行任务的机构在代表国家采取的公共行动中，表现出关于整个国家利益的一种狭隘、自私或残忍的[①]观点，而在这一点上，就可以判断的情况而言，当时的舆论是一致的。在这种情况下，国家本身的行为才可以说确实是不道德
305 的，即违背了它的主要职责：维持尽可能美好的生活的条件。如果我说得不错的话，就应当把这种情况和国家代理人个人为求私利而贪污腐化的情况[②]区别开来。因为，在后一情况下，国家这个代表公共利益的机构没有得到发言的机会，而只是被代表它发言的那些人欺骗。

因此，我们并不是认为国家的行为超出了道德批评的范围，也不是说个人为了他们自己的利益而采取的行动会高于或低于道德规范，除非认为必须经常把一种道德要求置于比另一种要求次要的地位。但是，我们认为不能把国家看作其代理人声称是为了国家利益而采取的私人不道德行为的参与者，或者说国家不能受这种代理人的个人名誉和良心的约束；此外，我们还认为，不能把最高权力公开承认过的造成损失或损害的公共行为以个人犯法的名义归咎于个人；也不能说在国家发动战争时某某人犯了杀人罪，或

---

① 例如，在议会知道而没有表示反对的情况下，奖赏杀害一个敌对的政治家或将军的人，或者在某个附属国中实行一种残酷的剥削制度。在这种情况下，犯罪的国家是要在人类和历史的法庭上受到审判的。但只是把它作为一个国家，也就是要按照它不能尽国家的职责的程度进行审判，并把各种情况都考虑进去。把国家的行为和个人的行为进行类比是徒劳的。这条注释除给其中的一句话加了着重号外，我未作任何改动。1919 年。

② 如被外国当权者收买或者搞证券交易牟利。

在国家采取拒付债款、充公或兼并的政策时某某人犯了盗窃罪。

（八）显然，关于人性的观念，即关于被看作一个统一体的我们这个世界的有理智的人的观念，在任何还算完整的哲学思想中都应占有这样一个位置：能够以某种方式支配关于某些特定国家的观念，并总结人类生活的种种目的和可能性。[①] 人性的观念是具有普遍性的，无论我们在精神上不言而喻地受到什么限制——无论当希腊思想家把人和野兽之间的区别作为其伦理学的基础时精神上受到什么限制——只要我们依赖把人当作人的观念，我们就 306
必须以某个方式探讨人类世界。

1. 我们必须注意的第一点是：当我们谈及人性时不言而喻地会有的那种观念并不适用于大部分人类。毫无疑问，我们完全知道家庭和国家都有不完善和不协调的地方。但在人类的问题上，这一点表现得更为突出。按照目前对我们的文明所持的观念，从体现使生活对我们显得有价值的种种特性这个意义上说，人类过去和现在的生活有很大一部分是没有价值的。[②] 这一点是确定无疑的：凡是被我们称之为人的，我们认为从他们具有与兽类不同的理智这一点上说，都有可能过有价值的生活。但是，这种可能性，就其大部分而言，几乎都未能实现，而且就我们所能看到的情况来说，它与任何现实性都没有自觉的联系。我们的人类观念并不是靠单纯计算人数形成的，而是靠构想出一种法则，以此参照比较完善和协调的事实来解释那些不够完善和协调的事实。

① 参看上文第 lix 页。

② 这一观念具体表现在只限于少数人的救世主张中，因而也许包含着类似的错误。不过，乍一看它是有道理的。

2. 既然如此，那么似乎可以说，我们关于人性的道德观念的对象并非真正是作为一个独一无二的共同体的人类。[1] 姑且撇开随着时间的推移而出现的种种不可能性不谈，我们认为不能预先假
307定全人类有一种为一个共同社会的正式成员和执行公共意志所必需的完全相同的经验。但不能因此得出结论说，从人类作为人所具有的过美好生活的资格中产生的种种权利不能得到普遍的承认。这些权利虽然是以不同方式付诸实现的，而且并非尽善尽美，不足以成为一个有效的共同体的基础，但就已经实现的来说，却可以成为贯穿于有效的共同体所依靠的较具体的经验的一个共同的连接因素或组织。像英国和印度的关系就可以说明这一点。英国人不能和印度人一起组成一个有效的自治共同体。那对双方来说都会是痛苦的和无效的。但是，我们的国家可以承认在它的印度臣民生活中已得到确认的人类基本权利，而且不管印度是附属国还是独立国都保证或尊重这些权利。这个问题同关于世界通用语的观念所引起的问题并没有什么两样。作为民族语言的代替物，世界通用语可能意味着对每一种现实的民族精神都不适应的一种死板的智力标准，意味着文学与诗歌的毁灭。作为现有语言的一种补充，或者更简单地说，如果各个民族已习惯于了解其他民族的语言，那就会有同样可靠的共同理解，并会大大提高而不是降低鉴别和欣赏的水平。正是在这些方面，那种经由以经验的有机统一

① 关于一个世界共同体的问题，我认为有两点非常重要，并要在原则上加以坚持：(1)必须使差别完全一体化，正如世界通用语这个问题所表明的那样，参看第 307 页；(2)必须有一个绝对始终一致的公共意志，这和根据暂时的利益一致所达到的表面一致不同。我希望并相信我们会以某种方式实现这两点。参看第 lix 页。1919 年。

为基础的共同体对人类权利的承认，可以与包括全人类在内的一 308
个世界性社会的观念相比较。

3. 人性和人类的区别总是通过一种二分式的表达法表现出来——犹太人和非犹太人，希腊人[①]和野蛮人，回教徒和异教徒，基督教徒和异教徒，白人文化与黑种人和黄种人。人们立刻就会注意到，这些区分中有一些是互相矛盾的，这一事实会使人想到大概每一个民族都觉得自己的生活似乎是最高级的，人类的其余部分则不过是其余部分而已。这种想法也许与我们所讨论的问题真正有关，我们在后面还要谈到它。然而，与此同时，很明显，人性[②]作为一个道德观念，与其说是一个事实还不如说是一种模式或一个问题。它意味着某些特性，这些特性既是由我们所认为的最优秀的种族表现出来的，又包含着对这个种族本身提出的各种要求的敏感性。对该种族要求的这种敏感性在该种族所共有的特性中是最不重要的。所以，国家和个人对人性的尊重实质上毕竟是维持一种生活方式的责任——不是一般的生活，而是我们所知道的最好的生活，我们把这种生活称之为最人道的生活，并根据它来辨认和处理异己的个人和共同体所拥有的权利。这一概念是反对把 309
所有的人都视为同一共同体中具有相同身份和权利的成员的。这

① 值得注意的是：在提出一种统一的观念时，我认为总会预先假定地球表面的局限性。对希腊人来说，德尔斐就是地球的中心；对我们来说，地球乃是一个球体，可以环行一周，因而可以肯定它不会无边无际地伸向远方，使它的全体居民的联合成为无法想象的事。这话我想是康德讲的。

② “Humanity”（“人性”）＝“humaneness”（“人道”）。苏格兰语中的“Humanity”＝Latin（拉丁语、拉丁人）。牛津大学的“Literae humaniores”（“古文学”）＝古典文学和哲学。希腊语的 φιλάνθρωπον 是指人应有的思想感情，如劝善惩恶的思想。

是遵循我们的这个一般信念:决定生活的价值的不是人数,而是特性。当然,如果这些特性不能满足人数强加于它们的种种要求,它们也会变得自相矛盾的。

这样,我们又回到前面提出的一种想法。每个民族通常似乎都能从自己的生活模式中得到满足。在我们看来,这和我们必须有自己对最好生活的看法不会发生矛盾。但是,这种情况会使我们审慎地对待关于社会进步的一般理论,并乐于承认人性的某种模式不可能普遍适用于人类本性的种种可能性。毫无疑问,我们的行为应当受我们所能理解的人类需要的指导,而这最终要取决于我们自己的生活模式。不过,我们是从假设出发,认为我们的文明本身代表着进步的目标,还是承认必须有一种可普遍适用于人类本性的东西,这是有区别的。而在普遍适用的情况下,我们的国家可能会走其他国家已经走过的路,但也不会听任一切自然发展。此外,如果说国家不是至高无上的,也不是不可批评的,那么,任何一种关于人性的观念亦复如此;而提到“人类的利益”也只是提出了问题,即根据要加以实现的那些人类的特性来了解这些利益是什么。

4.然而,无论是国家,还是关于人性的观念,还是人类的利益,都还没有定论。甚至连政治理论至今也还必须向前看,以表明它
310 知道应向哪里继续发展。[①] 我们一直认为,社会和国家在作为手段发挥人类的能力方面是有价值的,在这样做的过程中,它们的社会的一面是不可避免的条件(因为人性在与外界隔绝时是不完整

① 参看上文第 lxii 页。

的)，但是，由于它是由众多的人群形成的，它本身并不是目的。因此，当数目众多的人的直接参与，即由许多自我的要求和关系直接影响生活的情况消失时，连续性并不会遭到破坏；人的精神在得到社会的支持而增强后，会沿着排除各种矛盾，形成自己的世界，使自己达到统一的道路继续前进。艺术、哲学和宗教虽然从某种意义上说是社会的生命线，但它们的形成并不是也不可能是直接为了适应大众的需要和应用，它们的目的也不是从这个意义上说的“社会的”。相反地，应当把它们看作国家为了实现人性而开始的工作在国家范围内并以国家为基础的一种继续；看作“公共意志”以比较不确定的形式显示的那个普遍的自我的更充分的表达；并从全体的意识所固有的这个意义上把它们看作只要他们能够占有就会属于他们的某种遗产。

这样，我们已试图概括地描绘出自我的内容，它蕴含于现实的个人意识中，但并不完全，而且是以不同的方式实现的。正是由于这种内涵，才会意识到某种优于我们现状的东西对我们来说是绝对必要的，意识到自治具有意义；自由——才能的发挥不受阻碍——在给不驯服的自我加上重担并“迫使我们自由”的一种制度中才能找到。我们感到纯粹是暴力的东西不可能就是自由；但是，正如我们已试图解释过的那样，在我们的微妙而又复杂的本性中，对一种暴力的承认可以支持、调整并重新唤醒一种善的意识的作用，保持这种作用是我们乐于看到的，如果我们的理智自身不能保持它来抵制即使是我们自己身上的懒惰、无能和反叛的话。这就是自治的根源，而真实可靠的政治体制就是自治。

索　引

（按中文笔画为序，页码为原书页码，即本书边码）

一　画

二　画

三　画

四　画

五　画

六 画

七 画

八　画

九　画

十　画

十一画

十二画

十三画

十四画

十五画

十六画

十七画

十九画

图书在版编目(CIP)数据

关于国家的哲学理论/(英)鲍桑葵著;汪淑钧译.—北京:商务印书馆,2017
(汉译世界学术名著丛书:120年纪念版:珍藏本)
ISBN 978-7-100-14531-2

Ⅰ.①关… Ⅱ.①鲍… ②汪… Ⅲ.①国家理论—哲学理论 Ⅳ.①D03

中国版本图书馆CIP数据核字(2017)第153951号

汉译世界学术名著丛书
(120年纪念版·珍藏本)
关于国家的哲学理论
〔英〕鲍桑葵 著
汪淑钧 译

商 务 印 书 馆 出 版
(北京王府井大街36号 邮政编码100710)
商 务 印 书 馆 发 行
北京新华印刷有限公司印刷
ISBN 978-7-100-14531-2

2017年12月第1版 开本710×1000 1/16
2017年12月北京第1次印刷 印张21¾
定价:108.00元